DIENST AM WORT

Schiller · Epistelpredigten

DIENST AM WORT

herausgegeben von

C. H. PEISKER

28

EPISTELPREDIGTEN I

EHRENFRIED KLOTZ VERLAG
STUTTGART UND GÖTTINGEN

EPISTELPREDIGTEN

ERSTER TEILBAND

von

JOHANNES SCHILLER

EHRENFRIED KLOTZ VERLAG
STUTTGART UND GÖTTINGEN

ISBN 3-525-59078-4
 Satz und Druck: W. Röck, Weinsberg
Bindearbeit: Hubert & Co., Göttingen

Inhalt

Schriftstellen-Register

Zum Geleit

Die hier vorgelegten Predigten sind in den Jahren 1967/68 sonntäglich zweimal von den Kanzeln zweier Dorfkirchen in der Nähe einer größeren Stadt gehalten worden. Wenn sie hier nur ganz geringfügig überarbeitet vorgelegt werden, so geschieht das nicht auf Veranlassung des Verfassers, sondern auf das Drängen des Verlegers hin. Sie wurden ursprünglich am Tag nach der Predigt lediglich zur Selbstkontrolle niedergeschrieben, denn die Predigt war frei gehalten worden — gewiß nach sorgfältigster Vorbereitung, aber doch nur nach Stichworten, damit das, was gesagt werden mußte, dem Verständnis der jeweiligen Hörer angepaßt und notfalls der eine oder andere Gedanke in anderer Form wiederholt werden konnte. Denn so sehr eine Predigt von ihrem Auftrag her lebt, so doch auch von dem aufmerksamen Zuhören, das der Prediger unmittelbar spürt.
Einige Freunde wußten von diesen Niederschriften und baten darum, eine Abschrift mit einigen Durchschlägen machen zu dürfen. Der Gedanke an eine Veröffentlichung oder Vervielfältigung wurde strikt abgelehnt, da es sich um gesprochenes Wort handele. Aber im Lauf der Jahre hat es sich gezeigt, daß doch so mancher Hörer gern dieses gesprochene Wort noch einmal nachsinnend bedenken möchte. Wer ist heute schon noch in der Lage, eine gehörte Predigt einigermaßen vollständig auch nur einige Stunden lang zu behalten. So erfolgt dieser Druck zunächst um der Hörer willen. Und dies Geleitwort schreibt darum auch nicht der Verfasser, sondern der Verleger, der den größten Teil dieser Predigten damals selber mitgehört hat.
Aber der Verleger, der in seinem langen Leben vielerlei Predigten verlegt und noch mehr gehört oder in der Hand gehabt hat, ist der Meinung, daß diese Predigten durchaus manchem Prediger, der sich mit den oftmals schwierigen Episteltexten herumquält, Anregungen für seine eigene Predigtarbeit geben könnten. Diese Predigten sind in dieser Form gewiß nicht wiederholbar, es sei denn, sie werden als Lesepredigten gehalten. Aber die Art und Weise, wie hier immer wieder von dem längst vergangenen Text die Bezüge zur Gegenwart hergestellt werden und dennoch die Predigt streng an den Text gebunden bleibt, enthält eben Anregungen und Gedanken, die

sich in anderer Form auch in andere neu zu gestaltende Predigten umsetzen lassen. Theologisch aber suchen diese Predigten immer wieder bei aller Vielfalt der Zugangswege die Mitte der biblischen Botschaft, wie sie damals galt und heute und alle Zeit gilt, und vermeiden die gerade bei Episteltexten bestehende Gefahr, in gesetzlichen Paränesen stecken zu bleiben.

Für die Amtsbrüder sei noch etwas davon verraten, wie diese Predigten entstanden sind: Nur zum kleineren Teil am Schreibtisch. Natürlich galt es am Montag gleich den Text zu lesen und zu bedenken und möglichst gleich das ganze Kapitel oder den ganzen Brief, um den Zusammenhang zu erfassen, und es galt die historischen Zusammenhänge zu ermitteln.

Am Mittwoch oder Donnerstag folgte eine exegetisch-homiletische Arbeitsgemeinschaft mit einem oder mehreren Amtsbrüdern — oft auch einem katholischen — und in der Nacht zum Sonntag flog gelegentlich morgens gegen 1/2 3 Uhr der vierte Entwurf in den Papierkorb, auch wenn das Gerüst feststand. Das Anschauungsmaterial aber lieferte nicht nur eine sorgsam ausgewählte Lektüre keineswegs nur theologischer Natur, sondern in der Hauptsache Begegnungen mit unzähligen Menschen, nicht nur in den beiden eigenen Gemeinden, sondern zugleich auch als Religionslehrer an einem Gymnasium und als nebenamtlicher Standortpfarrer einer größeren Garnison.

All dies vielgestaltige Tun und gar manches Gespräch in einem mehrfach in der Woche zusammenkommenden Freundeskreis hat in diesen Predigten seinen Niederschlag gefunden, ohne daß es unmittelbar erkannbar wäre. Denn in ihren wesentlichen Aussagen sind sie eben ganz und ausschließlich von dem jeweiligen Text her bestimmt und darum ist es auch möglich, sie jetzt nach 6 Jahren erst vorzulegen, ohne daß sie etwas von ihrer „Aktualität" verloren hätten. Der Leser möge prüfen, ob es sich so verhält und ob diese Predigten ihm etwas zu sagen vermögen.

Günther Ruprecht

1. Advent

Römer 13, 11-14a

Liebe Freunde!
Ihr wißt doch längst Bescheid! — sagt Paulus, — und das wissen wir natürlich auch. Wir wissen längst Bescheid, daß heute 1. Advent ist. Wir brauchen dazu gar nicht in die Kirche zu gehen; es brauchte dazu auch gar kein Adventskranz auf dem Taufstein zu liegen; es brauchte dort nicht eine Kerze zu brennen. Wir wissen ja spätestens Bescheid, wenn wir durch die Straßen irgendeiner Stadt hergegangen sind. Alle Jahre wieder werden die Dekorationen herausgeholt. Das macht die Stadtverwaltung genauso pünktlich wie die Geschäftsleute. Und jedermann weiß Bescheid: Es ist Advent, so sicher wie wir diese Signale sehen, und es wird natürlich auch Weihnachten werden. Motto: Alle Jahre wieder!
Meint Paulus mit: „Ihr wißt, daß jetzt die Zeit ist" wirklich die Zeit, die in jedem Kalender gedruckt steht und alle Jahre da eben wieder gedruckt steht, oder meint er etwas anderes?
Er meint doch wohl etwas anderes. „Die Stunde ist da, aufzustehen; das Heil ist jetzt näher, denn da wir gläubig wurden." Er redet hier, als sei von uns schon längst etwas verlangt worden, was wir immer wieder verschoben hätten. Er redet, als werde uns eine Rechnung präsentiert, und sie wäre uns schon mehrfach vorgehalten worden, wir hätten aber bislang nicht gezahlt. Immer näher rückt aber der Termin, an dem gezahlt werden muß.
So meint er das. Es ist schon längst etwas fällig wie eine Rechnung. Wir verschieben und verschieben, aber der Termin, an dem man nicht mehr verschieben kann, ist uns näher auf den Hals gerückt. Da kann einem unbehaglich werden.
Ihr wißt doch Bescheid; ihr wißt doch, was zu tun ist! Was ist eigentlich so dringend zu tun? Wir meinen, wir hätten verstanden, was Paulus will; er sagt ja deutlich genug, was endlich aufhören soll: Fressen und Saufen, Heimlichkeiten und Unzucht, Hader und Neid. Das heißt ziemlich derb reden.
Wir hören solche Redensarten manchmal gar nicht gerne. Es würde uns nicht passen, wenn jemand über uns so reden würde: Er frißt,

er säuft, er hat seine Heimlichkeiten, er ist ein liederlicher Kerl, er ist ein Zänker und ein Streithans. Das möchten wir nicht gerne hören. Aber wenn so allgemein über die Welt gesprochen wird, daß sie in Fressen und Saufen versunken sei, dann stimmen wir kräftig mit ein und schimpfen auf den uns für kurze Zeit einmal beschert gewesenen Wohlstand, als sei er eine Gottesgeißel gewesen, die alle Menschen verdorben hätte. Haben wir Paulus richtig verstanden, wenn wir so reden?

Über andere Leute sollen wir ganz sicher nicht reden. Also dann über unsere eigenen Entgleisungen? Nun, vielleicht sind wir sogar dazu bereit. Es läßt sich merkwürdigerweise nicht leugnen, daß wir — bei allem Unbehagen über peinliche Vorwürfe an unsere Adresse, und jetzt kommt das Merkwürdige — dieses Unbehagen zugleich ein bißchen genießen.

Mit anderen etwas einfacheren Worten gesagt: Es ist häufig so, daß wir eine ganz gehörige Buß- und Strafpredigt einmal brauchen und auch haben möchten. Es tut einem richtig wohl, wenn der Pastor mal nicht immer so gelinde redet, sondern ordentlich ausholt. Warum tut uns das so wohl? Einmal, weil wir es immer irgendwie verdient haben, und zum anderen, weil doch jeder von uns, der etwas älter geworden ist, eine unheimliche Erfahrung gemacht hat: Alle solche Ermahnungen sind genauso gut, wie wenn man einen Sklaven, der mit den Beinen am Baum festgebunden ist, peitschen wollte und sagen wollte: Nun los, nun lauf einmal! Er ist ja festgebunden, wie soll er denn laufen?

Wir sind ja auch längst festgebunden in unseren Gewohnheiten, aber solange man uns kräftig ermahnt, behandelt man uns, als wären wir nicht festgebunden. Man behandelt uns, als wären wir freie Leute und könnten alles das ändern — und einen Augenblick lang glauben wir auch selbst an unsere Besserung, — um dann freilich feststellen zu müssen, daß sie leider nicht glückt.

Ich setze einen abgrundtiefen Zweifel in die Möglichkeiten, durch eine kräftige Bußpredigt auch nur irgend jemanden aus seinen Gewohnheiten herauszutreiben, sogar dann, wenn er selber heraus möchte. Und doch hört man Bußpredigten ganz gerne, weil man da gewissermaßen behandelt wird, als wäre man ein freier Mensch, der man eigentlich gar nicht ist.

Nun hat aber hier der Apostel den Römern kaum den Gefallen

tun wollen, ihnen einmal ein bißchen den Kitzel einer Bußpredigt zu bereiten. Was er hier schildert, ist übrigens — kurz und derb gefaßt — die Wiedergabe dessen, was man auch bei uns „das Nachtleben" nennt: Erst leistet man sich einmal eine ordentliche Mahlzeit, dazu trinkt man etwas, und dann ist man natürlich in Stimmung, und wenn man in Stimmung ist, nun — dann kriecht man in irgendwelche Winkel und schließlich endet alles mit Zänkerei, Kater und Auseinandersetzung. Und ein „Nachtleben" nennt Paulus das ja auch.

Aber dann sagt er: Das braucht ihr nicht mehr; dieses bißchen „Erquickung" nach dem Arbeitstage, das doch meistens sehr wenig einträgt außer einem ausgesprochen schweren Kopf und einem jämmerlichen Kater; meint doch nicht länger, das einzige, das euch hier noch erfreuen könnte, das sei in so eine Art von Nachtleben hineinzutauchen.

Bemerkenswerterweise redet Paulus ja hier zwar sehr bitter, aber im Grunde will er uns nicht in Verzweiflung bringen, sondern uns aus unserem verzweifelten Trott herauslocken. Voll froher Zuversicht sagt er: Ihr wißt doch Bescheid; ihr habt den Tag; ihr kennt zwar die Werke der Finsternis, bei euch wie bei anderen, aber ihr habt ja jetzt die Waffen des Lichtes, gebraucht sie nur recht!

Waffen des Lichtes — ich weiß nicht, ob ich das richtig verstehe. Mit Waffen des Lichtes sind bestimmt nicht lichtvolle Sticheleien gegen die Mitwelt gemeint. Was sind aber die „Waffen des Lichtes" und was können wir damit durchfechten?

Ich glaube, diese „Waffen des Lichtes" soll ich gegen mich selber gebrauchen. Mit diesem klaren Licht soll ich einmal meine ganze Verkleidung, meine ganzen Beschönigungen und meine ganzen Heimlichkeiten durchleuchten.

Meine Heimlichkeiten — bei Lichte werde ich entdecken, wieviel in meinem Leben ich nur in eine Scheinordnung bringe; wieviel ich beschönige; wieviel nur ein Mäntelchen ist, das ich mir umhänge. Und da gibt es beispiellos schön geschneiderte christliche Mäntel.

Auch du brauchst dich nicht länger zu beschönigen. Das scheint mir doch in den Worten des Paulus zu stecken. Leg ab und zieh an, nimm die Waffen, mit denen du deine eigenen Heimlichkeiten endlich einmal aufdecken kannst.

„Zieh an den Herrn Jesus Christus!“ Das ist sehr merkwürdig gesagt. Und es könnte jetzt ein sehr interessanter Versuch gemacht werden, die Eigenschaften Jesu als eine Art von Garderobe zu beschreiben, die wir Stück für Stück „anziehen“ sollten: Geduld, Liebe, Barmherzigkeit. Das mag richtig sein. Ich glaube nicht, daß es so gemeint ist. Was unsereiner anzieht, das trägt er auf der Haut. Laß dir diesen Herrn Jesus endlich einmal wieder auf die Haut kommen! So würde ich es sagen.

Das ist natürlich zunächst auch nur eine Redensart. Ich will aber noch dazu sagen, wie ich mir vorstelle, daß ich das in der kommenden Woche probieren möchte: So, wie Paulus hier redet, hat er uns im Grunde genommen daran erinnert, daß wir getauft sind; daß wir — nackt und bloß wie wir sind, genauso kümmerlich, wie uns Gott längst kennt — ertränkt und abgetan worden sind. Und doch hat zugleich er, der uns genau kennt, uns in seine Hand genommen. Du liegst in seiner Hand, du liegst in seiner guten Hand und lebst vor seinen Augen.

Paulus treibt uns in diesen „Tag“ unserer Taufe zurück. Da ist Todestag und Geburtstag beieinander. Weil du getauft bist, darfst du es dir leisten, ständig schon am jüngsten Gericht zu leben.

Denn etwas als Christ tun bedeutet, sich fragen: Würde ich dies tun oder dies unterlassen, wenn ich nur noch eine halbe Minute zu leben hätte. Was würde mein Herz beschweren, wenn ich jetzt vor Gott treten müßte?

Das darfst du dir leisten, so gründlich zu fragen, und darfst hoffen, daß dir Kraft gegeben wird. Der Tag ist da. Und dir soll geholfen werden — mit deinen Beschönigungen, mit deinen Heimlichkeiten, mit deinen Gewohnheiten fertig zu werden.

Den „Tag“, an dem du neu anfangen kannst, den hast du nicht durch das Vorstellen einer Uhr herbeigeführt, du hast dir dieses „Licht“ nicht verschafft, indem du — grotesk gesagt — solange dich vor die Augen geschlagen hast, bis da Sterne zu sehen sind oder dergleichen. Licht ist das nicht.

Ein anderer schenkt dir Licht; du brauchst dich nicht im Finstern zu quälen. Der Tag ist gekommen. Es ist doch wunderbar; Paulus redet hier, als wären wir noch einmal Kinder und es wäre Sonntagmorgen, wir brauchten uns bloß die Augen zu reiben, die Beine aus dem Bett zu nehmen, der Anzug läge auch schon da und den

brauchen wir nur anzuziehen und wir könnten in den schönen Tag hineinlaufen!
Paulus redet nicht so sehr von unserer Not; vielmehr von unserem ungenutzten Reichtum: Vergeßt bitte nicht, was ihr alles habt, wen ihr bei euch habt und was das bedeutet! Ihr braucht weder euch selbst noch andere zu täuschen, und zu Advent und Weihnachten schon lange nicht. Was uns da so oft schon „präsentiert" worden ist und längst fällig wäre, das ist ja gar keine Rechnung, das ist ja ein Guthaben: Tage in Gottes eigenem Lichte! Nimm getrost, was dir gegeben wird.
Gottseidank, Paulus hat ja recht. Helf uns Gott, daß wir ihn auch jetzt recht haben lassen in dieser ganzen Woche. — Amen.

2. Advent

Römer 15, 4-13

Liebe Freunde!
Hier geht es um Einmütigkeit: Nehmt einander an, seid einmütig! Und nach der Einmütigkeit, oder ob wir das nun „Harmonie" oder „einträchtig beisammensein" nennen mögen, sehnen wir uns alle. Darum versuchen wir gerade in dieser Zeit des Jahres die Einmütigkeit und die Harmonie herzustellen, indem wir uns in den kleineren Kreis zurückziehen: Der Kreis um den Adventskranz vielleicht mit einigen Freunden, und schließlich in den engsten Kreis, der dann um den Weihnachtsbaum versammelt ist. Der Weihnachtsbaum ist ja das Zeichen für den ganz engen kleinen Familienkreis.

Deswegen ärgern wir uns ein wenig und manchmal sogar ein wenig unchristlich, wenn wir vor Rathäusern und auf Straßen und an Dorfeingängen geschmückte Weihnachtsbäume sehen, vor der Zeit und draußen vor den Häusern. Wir sagen: Da gehören sie doch eigentlich gar nicht hin; der Weihnachtsbaum ist doch das Zeichen des kleinsten, engsten, innersten Familienkreises!

Gut und schön — aber vielleicht ist das gar nicht wahr. Wir wollen zwar die weihnachtliche Einmütigkeit und Harmonie dadurch gewinnen, daß wir den Kreis verengen und verkleinern, bis zuletzt nur noch die beisammen bleiben, die eben zusammengehören. Ja, aber vielleicht soll der Weihnachtsbaum mehr sein als eine stimmungsvolle Beleuchtung des engsten Kreises? Er ist ja doch wohl das Zeichen für jemanden, der gekommen ist, Einmütigkeit und Gemeinschaft in die Welt zu bringen. Und das will er offenbar nicht dadurch, daß er ausscheidet und immer kleinere Kreise zusammenführt, bis zum Schluß nur noch übrig bleibt, was ohnehin zueinander gehört, sondern das macht er, indem er immer weiter hinausgreift und immer neue Menschen einbezieht, dazuruft, dazunimmt. Es heißt eben nicht: Geht hin in den hintersten Winkel! — sondern: Gehet hin in alle Welt!

Wenn wir zu Weihnachten an ihn denken wollen, dann müssen wir mindestens einmal hören, was er denn eigentlich mit uns anfangen will. Ich meine, der Apostel Paulus wird davon wohl etwas verstanden haben. Da schreibt er hier an die Römer — und er schreibt nicht wie einer, der hohe christliche Ideale entwickeln will und sich an den eigenen Worten berauscht, sondern als ein erfahrener Christ, der scharf ins Auge faßt, was ihm von innen und außen her schwer macht, nach dem Willen seines Herrn zu leben, und was es unter den Christen in Rom für Schwierigkeiten gibt. Da wird nicht vertuscht, daß es in der Gemeinde scharfe Auseinandersetzungen gibt, Unterschiede, Spannungen; und am allerschärfsten sind die Spannungen, bei denen man sich auf Jesus Christus beruft.

Darin liegt ein gewisser Trost für uns. Das ist also schon in Rom so gewesen und nicht nur in Berlin oder anderswo, daß man sich auf Jesus Christus beruft aus ganz entgegengesetzten Gründen und für einander völlig entgegenstehende Entscheidungen. Das gibt es also auch schon in Rom und in der frühen Christenheit. Das gibt es wahrscheinlich immer, daß Christen zueinander erbittert sagen: Um der Wahrheit willen ... ! Und sie zerstreiten sich, und beide Seiten — oder noch viel mehr Gruppen — fühlen sich als Heroen der Wahrheit.

Und die Wahrheit ist ja auch keine kleine Sache. Wir können es ja auch nicht einfach so machen, wie es manchmal empfohlen wird, nämlich einfach beschwichtigend sagen: Es ist im Grunde genommen eine Meinung so gut wie die andere! Das klingt zwar herrlich tolerant, aber genauer betrachtet sagt es uns, daß überhaupt keine Meinung wert ist, ganz ernst genommen zu werden. So einfach ist es aber auch wieder nicht.

Worauf will aber hier Paulus hinaus, wenn er sagt: Nehmt einander an, ihr, die ihr ganz verschiedener Meinung seid; ihr gehört zusammen! Er beruft sich dabei auf seinen Herrn. Und um festzuhalten, daß es dabei nicht nur auf seine ganz persönliche Auffassung von den Absichten seines Herrn geht, beruft er sich gleich am Anfang nachdrücklich auf „die Schrift", also auf die Bibel. Die Bibel — das bedeutet in diesem Fall das Alte Testament, die Schrift — das Gesetz und die Propheten. Nur die Schrift kann angemessen sagen, was Gott durch Jesus eigentlich bewirken will! Das stellt er wie einen Lehrsatz an den Anfang: Die Schrift lehrt uns, was unser Herr mit uns vorhat.

Dahinter kommt man nicht, wenn man sich die Bedürfnisse der Menschen ansieht, sondern bei der Schrift muß man immer wieder nachfragen und darauf hören: Was hat Gott eigentlich hier in Gang bringen wollen?

Und dann zitiert Paulus einen Spruch nach dem anderen, damit nur ja keiner meint, Paulus habe das nur zufällig irgendwo entdeckt, worauf hier hingewiesen wird: Gott will sich und wollte sich schon immer einlassen mit allen Menschen, auch wenn sie weit „auseinander" sind wie Juden und Heiden!

Es ist für uns vielleicht gar nicht gleich durchsichtig, daß das der stärkste Gegensatz ist, den man sich denken kann: Der Jude, der sich von Gott kein Bild machen darf, aber durch Jahrhunderte hindurch darauf eingeübt wird, in seinem täglichen Leben ab-zubilden, was Gott will — und der Heide, der möglichst vielen Philosophen lauschen will und es für fromm hält, vielen Religionen in vielerlei Tempeln Obdach zu geben, die verschiedenartigsten Auffassungen und Maßstäbe nebeneinander gelten zu lassen.

Paulus stellt aber keine Betrachtungen darüber an, sondern sagt: Hört euch doch das an: Gott nimmt Leute, die aus so verschiedenen Richtungen kommen, alle in seine Hand, die will er bei sich und damit beieinander haben.

Den Juden hält er seine Zusage — er ist treu; und wenn er redet, dann redet er die Wahrheit und hält, was er versprochen hat. Die anderen nimmt er aber ebenso liebevoll zu sich, weil ihnen seine Barmherzigkeit gilt.

Wem der Satz etwas sagt, der kann ihn sich merken: Bei uns stehen Wahrheit und Barmherzigkeit immer im Widerstreit. Wenn wir die Wahrheit auszusprechen meinen, geschieht das meist auf Kosten der Barmherzigkeit — und umgekehrt. In dem, der durch Jesus mit uns reden will, sind Wahrheit und Barmherzigkeit ein und dasselbe; sie sind nur zwei verschiedene Worte für dieselbe Sache: Er nimmt die auf, die sich auf die Wahrheit seiner Zusage verlassen — und nur seine Barmherzigkeit gab ihnen diese alte Zusage. Auch sind sie bei ihm nicht, weil sie sich bis zu ihm vorgearbeitet haben, sondern weil er schon von den Vätern her nach ihnen greift. Und er greift auch nach den anderen, weil es die Wahrheit ist, daß ihm die Menschen so lieb sind, daß er keinen verlieren will. Er umfaßt mit gleicher Liebe Menschen, die einander für völlig verschieden — ja, beinahe für Todfeinde — halten mußten. Das tut er, der „Gott der Hoffnung".

Damit fällt das große Stichwort „Hoffnung". Das steht schon zu Anfang. Dort heißt es: „Daß ihr durch Geduld und Trost der Schrift Hoffnung habt". Und am Schluß heißt es noch einmal: „Daß ihr völlige Hoffnung habet, dazu erfülle euch der Gott der Hoffnung". Was auch sonst an Worten aus diesem Text uns vielleicht aufhorchen ließ, die Worte „Geduld", Trost", „Einmütigkeit", das Wort „Hoffnung" enthält den Schlüssel für sie alle.

Das Wort „Hoffnung" scheint uns zunächst ein ganz vertrautes Wort zu sein. Die „Hoffnung" soll man dem Kranken nicht nehmen, daß er wieder gesund wird, denn das ist seine letzte Kraft, die ihn noch aufrecht hält. Sicher — sicher, das ist eine sehr gute Einsicht: Hoffnungen halten uns aufrecht! Mit Geduld, Trost, Einmütigkeit steht es bei uns nicht sehr gut. Aber Hoffnungen haben wir alle. Nur daß diese „Hoffnungen" uns bestenfalls eine Weile aufrecht halten, so wie ein Halm auf dem Felde eine Weile brav aufrecht steht; aber eines Tages wird er doch umgebrochen und liegt am Boden. Was auch immer bei uns „Hoffnungen" genannt werden mag und was so wichtiger Halt unseres Lebens ist, daß ein kluger Mann sogar gesagt hat, der Mensch müsse prinzipiell an der Hoffnung festhalten — Prinzip Hoffnung, tiefsinniger Gedanke! — das Wort „Hoffnung" heißt hier etwas völlig anderes. „Hoffnung" bedeutet im Munde des Paulus und der Christen immer schon etwas, was begonnen hat, Wirklichkeit zu werden; immer schon den Anfang von neuem Leben, bewirkt durch jemanden, der zu uns gekommen ist. Wir haben noch nicht das volle, aber wir haben den Anfang.

Wenn es darum geht, abzubilden, was hier in diesem Buche „Hoffnung" heißt — und was eine Quelle von neuer Kraft sein soll — dann verstehen wir das am besten durch einen Vergleich mit der Lage eines Menschen, der — wir wissen kaum noch, wie das vor 30 Jahren war — bei einem Luftangriff verschüttet ist. Da sitzt er nun unten im Bunker, über ihm Berge von Schutt. Er weiß nicht: Findet man ihn noch — oder muß er ersticken?

Vielleicht hofft er, daß noch ein Wunder geschieht und er irgendwie gerettet wird. Aber das ist erst „Hoffnung", wie wir sie kennen. Nicht „Hoffnung", wie sie hier gemeint ist.

Wenn er aber dann merkt, daß die Leute arbeiten und hacken, aber er weiß noch nicht, ob sie ihn meinen oder ob sie in den Nachbarbunker wollen, ist das schon solche Hoffnung? Noch immer nicht!

Wenn es aber dann endlich so weit wäre, daß die Spitzhacke das erste kleine Loch gemacht hat, ein Loch, durch das gerade die Hacke paßt, durch das nur ein bißchen Luft und Licht hereinkommt, durch das du ganz bestimmt noch nicht herauskommst, aber jetzt weißt du doch: Man hat *dich* gesucht und *dich* gefunden! — dann hat der, der im Bunker sitzt, das, was in der Bibel „Hoffnung“ heißt. Er ist noch drin, er ist noch nicht heraus, aber bis an ihn heran hat sich einer gearbeitet: Du bist gemeint, du sollst gerettet werden.

Solche „Hoffnung“ ist das Stichwort dieses Textes. Und an diese „Hoffnung“ erinnert uns der „Zuspruch der Bibel“, der uns sagt, was alles Gott schon unternommen hat, um sich ganz an uns heranzuarbeiten und uns zu sich herauszuholen. Und darum können wir schon heute so froh werden in seiner Nähe, daß wir sogar Loblieder singen können mitten in dieser Welt, in der wir doch noch stecken und von der Paulus weiß, was das für eine Welt ist. Es geht also nicht so zu: Unter Aufbietung äußerster Geduld ringen wir uns empor bis zu einer gewissen Hoffnung! — sondern wir sollen wissen: Ich sitze zwar noch drin, aber Gott hat sich bis zu mir schon durchgegraben!

Wer das nun erfährt, der kann jetzt wohl auch unter dem Schuttberg stille sitzen, der braucht sich nicht mehr den Kopf einzurennen an der Wand seines Bunkers. Die Geduld, die kommt aus dieser Hoffnung und auch die Kraft, mit dem anderen, mit dem man im gleichen Gefängnis sitzt und der mit dir ausgegraben werden soll, sich nicht mehr zu zerschlagen, sondern zu vertragen. Das Miteinander-Auskommen, das Einander-Annehmen, das ist hier keine Kunst, die entwickelt werden soll, sondern das ist eine Kraft, die wir kriegen sollen und die erbeten werden kann.

Denn seht ihr, zweimal hören wir hier ein Gebet: „Der Gott der Hoffnung, der Gott der Geduld und des Trostes gebe euch, daß ihr einerlei gesinnt seid!“ Es heißt eben nicht: Nun strengt euch einmal an! — sondern: Herr, gib es ihnen doch auch, diese Kraft, denn dazu bist du doch ihnen so nahe gekommen! Und dann: „Der

Gott der Hoffnung" — das heißt: der sich bis zu euch durchgegraben hat — „der erfülle euch mit Freude und Frieden im Glauben, daß ihr willige Hoffnung habt!" Und dann habt ihr nämlich auch Geduld und alles das, was dazu gehört, miteinander zu leben.

Das hat Paulus uns hier zu sagen, das meint er hier. Die Kraft kommt aus der Hoffnung, die Gottes Nähe spürt und in der Nähe Gottes bleibt. Gekommen ist er bis zu uns — wir dürfen ihm nahe bleiben.

Und in dieser „Hoffnung" werden manche anderen Hoffnungen, an die wir uns sonst klammern, überflüssig. In dieser Hoffnung auf den, der sich bis zu uns herangegraben hat, kann die Hoffnung überflüssig werden, daß mir dies oder jenes zufalle, daß mir dies oder jenes erhalten bleibt, meine Gesundheit bewahrt bleibt. Sie kann überflüssig werden, diese meine bisherige Hoffnung. Es wäre besser, wenn der Kranke auf seinem letzten Bett die Hoffnung hätte, von der hier die Rede ist. Dann hätte er die Kraft, die verwelkende Hoffnung auf eine Frist nochmaliger Gesundheit loszuwerden.

Und aus dieser Hoffnung können wir auf das „unbedingt allein Recht haben" verzichten. Aus dieser Hoffnung, an die wir von Paulus erinnert werden, kämen wir zur Einmütigkeit, zur Kraft, miteinander auszukommen. Wir können uns auch in den Kreis wagen, der weiter und verschiedenartiger ist; und wir sollen uns nicht ängstlich in dem Winkel verstecken. Der, der hier ruft, will immer eine weite Gemeinde bei sich haben. Und dazu ruft er den Einzelnen, daß er zum anderen hin finde und sich mit ihm verbinde.

Hoffnung, die haben Menschen, die aus Gottes Nähe leben! Übermorgen ist der 11. Dezember! Da war ein Mann, dem hat die Schrift „Trost und Zuspruch" gegeben, und nichts anderes konnte ihm den sonst geben. Er war ein Schriftsteller und damals gerade 33 Jahre alt, als er 1936 wegen der jüdischen Herkunft seiner Frau unter die Sondergesetze und Sondergenehmigungen fiel und zunehmend merken mußte, wie Raum und Lebensmöglichkeit für die Familie immer kleiner wurden. Demütigungen und Zurücksetzungen nehmen ihm Stück für Stück die Möglichkeit zum schriftstellerischen Schaffen. Schließlich fällt der schreckliche Schatten der

Deportation über seine geliebte Frau und die 20jährige Stieftochter, die längst dienstverpflichtet ist und den Judenstern tragen muß. Kein Wunder, daß seine Schaffenskraft schließlich erlahmt und er in sein Tagebuch schreibt: Ich ängstige mich Tag und Nacht, weil ich ringsum die Gefahr wittere.

Ihm bleibt nur sein Tagebuch. Dem gab man, als es schließlich gedruckt erschien, den Titel: Unter dem Schatten deiner Flügel! — als wäre der Geängstete behütet!

Über jeder seiner Tageseintragungen steht ein Bibelspruch! Da gräbt er nach, er, der Mann, der am Anfang einmal ein ganz hartes Wort über die Kirche niederschrieb! Da sieht er seine Kirche, die in manchen Vertretern die damaligen Hoffnungen des deutschen Volkes allzu leichtfertig begrüßt, die zu der Verfemung deutscher Menschen jüdischer Herkunft allzu gedankenlos schweigt. Von dieser Kirche sagt er: Diese Kirche ist mein Todfeind, aber ich kann nicht aus ihr austreten; es hält mich etwas, was bis auf den ersten Jüngerkreis zurückreicht. Schärfer kann ein Gegensatz wohl nicht sein.

Aber in dieser Kirche bleibt er, ihre Gottesdienste besucht er, auch wenn ihm mancher Gottesdienst der Zeit nicht ganz gewachsen scheint. In ihrer Bibel liest er jeden Tag, und er sagt: Das Leben, das ist eigentlich ein Leben vom Begreifen eines Bibelwortes bis zum Begreifen eines anderen!

Aber das ist wohl mehr als ein Begreifen, was er meint. Da geht es doch wohl um Kraft, von einer Kraft zur anderen. Und er merkt es: Gott reißt das Übel nicht vom Menschen, aber er reißt den Menschen vom Übel los. In seiner Bibel findet er den, der mit uns redet, „wie ein Mann mit seinen Freunden redet".

Und dann kommt der 11. Dezember 1942 — vor 31 Jahren — und da heißt die letzte Eintragung: „Nachmittags die Verhandlung auf dem Sicherheitsdienst!" Der Sicherheitsdienst — vertreten durch Herrn Eichmann — war gebeten worden, die Genehmigung zur Ausreise der Stieftochter nach Schweden zu erteilen, das ihre Einreise erlaubt hatte. Aber — die am Vortage in Aussicht gestellte Genehmigung wird verweigert.

„Nachmittags die Verhandlung auf dem Sicherheitsdienst — wir sterben nun; ach, auch das steht bei Gott; wir gehen heute nacht gemeinsam in den Tod; über uns steht in der letzten Stunde das

Bild des segnenden Christus, der um uns ringt; in dessen Anblick endet unser Leben.“ 11. Dezember 1942!

Übermorgen ist der 11. Dezember 1973! Wir sind nicht erdrückt und erwürgt durch das Unrecht, wir können Gottes Wort hören, wir sind nicht eingesperrt in ein Haus, in dem wir den Untergang und den Tod und die Gefahr um uns wittern. Wir haben vielleicht viel zuviel freien Raum um uns und merken darum nicht, daß auch wir nur leben können aus der Kraft dessen, der hier diesen Jochen Klepper getröstet hat.

Er schaute auf Jesus und schrieb: „In dessen Anblick endet unser Leben.“ Weil man ihm verwehrte, mit denen zu leben, die er liebte und die ihm anvertraut waren, blieb ihm nur noch, im Blick auf seinen Herrn mit ihnen hier zu sterben — auf Hoffnung.

Das helf' uns Gott, daß wir heute sagen: In dessen Anblick beginnt unser Leben, nämlich auch heute wieder unser Zusammenleben mit den anderen. Das gebe uns Gott: „Der Gott der Hoffnung, der erfülle uns mit Freude und Frieden, daß wir völlige Hoffnung, die wirkliche Hoffnung haben und behalten.“ Nicht weil wir uns durchgegraben haben bis zu ihm, sondern weil er sich durchgegraben hat bis zu uns. — Amen.

3. Advent

1. Korinther 4, 1-5

Liebe Freunde!
Das bekommt man ja gleich heraus, daß Paulus hier von sich und den Aposteln, also von den Predigern des Evangeliums, redet. Und es stellt sich gleich der Gedanke ein, daß man seine Worte gewissermaßen als eine Predigt über die Pastoren auffassen könnte, die Christi Diener und Haushalter ja wohl ebenso sein sollten, wie das die Prediger und die Apostel zu allen Zeiten waren. Sie sollten es sein; wir sollten es sein. Ob wir es wohl auch sind?
Es hängt ja sicherlich viel davon ab, wie einer als Pastor zu reden weiß. Es hängt sicherlich viel davon ab, was ich von dem Menschen halte, der da redet. Ist er mir recht, und halte ich ihn für einen verständigen Mann, dann höre ich ihm ganz gerne zu und lasse mir von ihm etwas sagen. Wenn ich merke und meine, er sei ein nachdenklicher Mann, dann folge ich auch seinen Gedankengängen, und das bringt mir etwas ein. Wenn er mir zu wenig zumutet, dann halte ich ihn für dumm und höre gar nicht erst hin und denke: Der weiß ja gar nicht, worum es heute geht! Wenn er dagegen ein kluger Mann ist und seine Klugheit in hohen Gedankenflügen zeigt, dann kann ich ihm womöglich gar nicht folgen. Aber davon, ob ich ihn gern hören mag und ob ich ihm zuhöre und ob ich ihn verstehe, hängt ja sehr viel ab. Von einem Pastor hängt also viel ab. Aber ehrlicherweise muß man sagen: Den richtigen Pastor kann es eigentlich gar nicht geben!
Es könnte zwar sein, daß jemand Leute findet, die ihm gerne zuhören und die gerne zu ihm laufen, so daß jedermann sagt: Das ist aber einmal der Richtige. Falls aber dann, wenn er einmal nicht mehr predigt, die Leute sich wieder verliefen, dann wäre es mit Sicherheit ein schlechter Pastor gewesen. Dann hätte er nämlich das, wozu er da auf die Kanzel trat, nicht gegeben und nicht bewirkt. Was hat er denn zu geben und zu bewirken als Haushalter Gottes? Daß Menschen mit Gott, dem Herrn, und miteinander Verbindung finden! Finden sie die aber, so kann das nicht davon abhängen, ob nun ein ganz bestimmter Mann redet oder nicht.

Sagen wir es rund heraus: Es läßt sich viel leichter ein Katalog von Pastoren-Fehlern zusammenstellen, die wirklich vorhanden sind, als ein Katalog von dankenswerten Eigenschaften, die wir gefunden haben. Und — so leicht das jetzt auch klingen mag — es ist ganz gut, daß es so kümmerlich zugeht mit uns Pastoren. Denn wenn mich jemand fragt, was denn der Beweis für die Göttlichkeit der Kirche Jesu Christi sei, kann ich auf Grund dessen immer antworten: Der Beweis liegt darin, daß sie trotz uns Pastoren immer noch besteht. Eine Kirche, die so viel Torheit und Entstellung — unbewußt, unbeabsichtigt — aushält, immerhin einige Jahrhunderte — eine solche Kirche muß schon jemand anderen hinter sich haben und kann nicht von den Leuten leben, die da vorne stehen.

In Korinth, wohin dieser Brief gerichtet ist, hat es aber eine ganz besondere Schwierigkeit gegeben. Die Korinther haben nämlich — wie es scheint — zu viele gute Prediger. Es haben sich Gruppen um den einen und den anderen Mann gesammelt, und jeder hält seine für die beste Gruppe. Da sieht man, daß auch eine Fülle guter Prediger Nachteile hat: Die Leute laufen doch auseinander, der eine zu dem, der andere zu jenem. Und jeder weiß, was er für einen prachtvollen Vertreter da hat.

Da sollte Paulus doch wohl sagen: Ihr glücklichen Korinther, wie herrlich, wie viel besser seid ihr dran als irgendeine arme Landgemeinde, die immerfort denselben hat, ihr habt gleich vier! Und was für Leute! Männer, die euch begeistern, die euch mitreißen! Paulus aber ist sehr bedenklich. Warum wohl? Nun, etwas, worüber die Gemeinde auseinandergerät, kann nicht ganz mit dem einen Herrn der Gemeinde zu tun haben, der eigentlich die Gemeinde beisammen haben will und dessen eine und einmütige Gemeinde das sein soll. Ihr Korinther wollt wohl Christus zerteilen! — sagt Paulus.

Aber der darf nicht zerteilt werden. Mit den klugen Reden und mit eurem Beifall wird viel mehr zerstört, als aufgebaut werden kann. Ihr bringt euch damit um eure Zugehörigkeit zur Gemeinde Gottes, denn die erkennt man immer daran, daß sie sich nicht auseinanderredet, sondern daß sie immer wieder sich zusammenfindet. Sie hat einen Herrn, und jeder, der da steht, ist nur ein ganz einfacher Haushalter.

Ein Haushalter, das ist jemand, der im Altertum einen Haushalt verwaltet: Die Lebensmittel herausgibt, damit früh, Mittag und Abend gekocht wird, der die Arbeitskleidung ausgibt, der die Abrechnungen macht und der alles, was gebraucht wird, bei seinem Herrn anmeldet und seine Anweisungen weitergibt. Er ist für seinen Herrn da und zugleich für jedermann da, ihm zu geben, was er braucht, damit man alles an seinem Platze vorfinde und zur rechten Zeit habe, was gebraucht wird.

Haushalter, Diener — dazu wären also die begabten und die unbegabten, die redegewandten und die redeungewandten Apostel und Prediger da. Sie hätten einfach etwas weiterzugeben.

Vielleicht kann man an dieser Stelle noch einmal sagen, was mir doch wichtig scheint, nämlich, was eine richtige Predigt von einer richtigen Rede unterscheidet. Eine Rede, das ist entweder eine kluge und verständige Darstellung von Zusammenhängen, die für jeden Zuhörer so faßbar ist, daß er zum Schluß versteht, wie die Dinge zusammenhängen. Oder aber es ist eine Werberede, die jemanden dazu mitreißt, für einen Augenblick zu meinen, hier werde etwas ganz Besonderes geboten, und das könne man doch ganz gut gebrauchen.

Eine Predigt hat weder mit einer Werberede noch mit einer Darlegung, die man schließlich versteht, etwas zu tun. Eine Predigt ist am besten zu vergleichen mit dem, was eine Wetteransage ist im Rundfunk oder anderswo, etwa, daß da ein Sturm kommt oder eine Hitzewelle. Und bei dieser Durchsage kommt es bestimmt nicht auf den Stil an, den jemand redet, und auch nicht darauf an, daß er genau erklären kann, wie Stürme zustande kommen oder woher die Sonne leuchtet. Sondern da kommt es nur darauf an, ob das stimmt, was da gesagt wird, ob da wirklich die Sonne kommt und wann und ob da wirklich der Sturm heranzieht und aus welcher Richtung.

Darin liegt die Gewissenhaftigkeit bei einer Wettermeldung. Und so hat auch die Predigt gewissenhaft anzusagen, daß da jemand zu uns kommt. Das ist anzusagen — nicht weniger und nicht mehr. Und darin steckt, wie Paulus hier sagt, immer etwas von Geheimnis. So wie es im Grunde genommen ein Geheimnis ist — um bei der Wettermeldung zu bleiben — wie die Großwetterlage eigentlich zustande kommt, ob dabei Elektronen etwas zu tun haben oder Sonnenflecken oder wer weiß, was alles auch immer. Auch was in einer Predigt anzusagen ist, hat immer mit einem Geheimnis zu tun.

Aber dieses Wort „Geheimnis“ soll uns nicht etwa dazu verführen, zu meinen: Wenn einer unverständlich redet — also geheimnisvoll bleibt, was er eigentlich wollte — dann sei er der Sache am nächsten! Nein, was das hier für ein Geheimnis ist, das kann man schon sagen, nämlich: daß von weit außerhalb von Raum und Zeit bis hierhin, wo wir leben und sterblich sind, Gott, der Herr, zu uns kommt. Das ist das Geheimnis, das läßt sich nicht weiter erklären. Daß der ewig Lebendige zu den Sterblichen kommt und setzt sich neben sie und will sie anrühren, das entbehrt jeder Logik. Das kann sich allenfalls an den Sterblichen als wirklich erweisen, aber es kann ihnen nie vorher einleuchtend bewiesen werden.

Es könnte möglich sein, daß du lebendig wirst und hast sein Kommen überhaupt nicht für möglich gehalten und vorausbedacht. Aber auf einmal weißt du: Er ist wirklich gekommen!

Und das „Geheimnis“ steckt auch darin, daß das, was einmal war, und das, was Paulus damals geschrieben hat, beispielsweise noch heute gilt. Daß da nicht nur einmal Jesus herumzog, sondern daß er auch heute wieder selber dabei ist, wo zwei oder drei versammelt sind in seinem Namen. Das läßt sich weder heute noch damals erklären, aber es ist uns immer wieder anzusagen, daß er zu dir und mir gekommen ist. Und das sollen wir erfahren — auch heute noch!

Hier müssen wir bei dem „auch heute noch“ natürlich einmal einhalten. Viele Leute fallen uns da ins Wort und sagen: Hört ihr, das ist ja das Fürchterliche an dieser Kirche, sie redet immer noch so wie zu den Zeiten der Apostel; das waren ganz andere Leute, das waren — verglichen mit uns Bewohnern von Häusern mit elektrischem Licht und Fernsehen — die reinsten Steinzeitmenschen. Wir treten in ein neues Zeitalter ein, und so weiter und so weiter! Diese Rede kann sich jeder nach Belieben fortsetzen.

Dieser Einwand hat natürlich Gewicht. Selbstverständlich ist das alles richtig. Es bleibt freilich — und das soll nun keine tückische Anmerkung von mir sein — die Frage, ob ein solcher Schritt „von einem Zeitalter zum anderen“ immer ein Schritt nach oben sein mag. Es fragt sich natürlich, ob das nicht unter Umständen auch ein Schritt nach unten sein könnte, etwa vom Einzelnen zur Masse. Die Masse, das wäre zwar zahlenmäßig sehr viel, und sie brächte in gut funktionierender Zusammenarbeit Erstaunliches fertig, aber der Einzelne könnte in ihr verloren und einsam sein.

Wie das auch sei, selbst wenn wir annehmen, wir wären wirklich ganz gewaltig nach oben geraten, dann erinnere ich mich doch immer noch daran, was mir an einer ganz alten Geschichte in der Bibel so enormen Spaß bereitete. Es steckt in der Geschichte vom Turmbau zu Babel. Der Turm ist von den Menschen aus gesehen so riesig hoch, daß er nach ihrer Meinung bis in die Wolken reicht. Aber zugleich — erinnert ihr euch? — heißt es da: Der Herr fuhr herunter, daß er sich den Turm ansähe. Er muß — wenn es erlaubt ist, so zu reden — sich klein machen und sich bücken, damit er überhaupt dieses riesige Bauwerk wahrnimmt, das da unten so weit „fortgeschritten" ist. Gemessen an dem Geheimnis, um das es damals wie heute ohne jeden Unterschied geht — nämlich gemessen an dem Geheimnis, daß aus dem „Quell des Lebens" bis zu uns Verwelkenden und Sterbenden jemand kommt, um bei uns zu bleiben — scheint mir dieser Wechsel der Zeitalter doch nicht gar so entscheidend zu sein.

Aber damit wären wir schon wieder in etwas anderes geraten, nämlich in eine Betrachtung der Zeit und ihrer Anschauungen und Auffassungen. Wir sollen ja aber in der Gemeinde nicht über das Geheimnis Gottes reden, sondern ein „Haushalter" soll nur immer austeilen, damit jeder empfängt. Wir haben es auszuteilen jedem, der etwas braucht; jedem das, was er von diesem Herrn des Geheimnisses bekommen soll.

Paulus will sich hier bekennen als ein ganz schlichter Dienstmann und Bote dieses Herrn, der nicht nur ganz bestimmte Adressen berühmter Leute bedenken will, sondern zu jedem hin will; der nicht an bestimmten Häusern seine Boten vorbeigehen lassen will, sondern sie an jede Tür klopfen lassen will, — zu jedem! Dessen Bote will Paulus sein, und solche Boten sind auch alle anderen Prediger in Korinth. Paulus will, daß die Leute sich darüber nicht Gedanken machen, ob der jeweilige Bote geschickt oder ungeschickt, groß oder klein, hübsch oder häßlich sei, sondern daß sie das in Gebrauch nehmen, was bis zu ihnen gebracht wird. Haushalter teilen Nahrung und Vorräte aus, von denen man leben kann. Natürlich will unsereiner gerne sich erst einmal den Boten besehen: Wer ist denn der? Wirkt er vertrauenerweckend? Und das scheint so berechtigt.

Aber Paulus sagt: Ich bin ja nicht dazu da, daß ihr mich für besonders vertrauenerweckend haltet. Es könnte durchaus sein, daß ihr an mir allerhand auszusetzen habt, aber mir ist das ein Geringes, daß ich von euch eine Beurteilung meiner Fähigkeiten bekomme. Mir ist es gleich, wie ihr urteilt. Damit meint er bestimmt nicht, er sei fehlerfrei oder der ideale Apostel oder dergleichen. Aber er meint: Darauf kommt es nicht an, ob ihr etwas an mir auszusetzen habt. Das mag sogar berechtigt sein.

Ich rechtfertige mich freilich auch selbst nicht! — sagt er. Ich sage auch gar nicht, daß an mir weniger Entstellung zu sehen sei, als sie jeder Mensch — auch jeder Bote dieses Herrn — freilich immer an sich trägt.

Ich bin mir zwar nichts bewußt, ich habe ein gutes Gewissen, aber das spricht mich noch nicht frei! — sagt Paulus. Da denkt er offenbar bei „Gewissen“ an etwas anderes als wir sonst. Ein gutes Gewissen habe ich, wenn ich mit meinen eigenen Grundsätzen übereinstimme oder nach den Grundsätzen der anderen getan habe, was „man“ so tut.

Gewissen — das ist hier nicht nur auf menschliche Grundsätze bezogen. Paulus meint hier die Gewissenhaftigkeit, die sich darum müht, immer in der Nähe dieses Herrn zu bleiben. Er meint die gewissenhafte Bemühung, in dem Namen dieses Herrn immer wieder zu den anderen Menschen hinzugehen. Und der Herr selber, der ihn schickt, hat über diese Bemühung das letzte Wort. Nun muß ich nur noch eines sagen: Für uns Evangelische kann das natürlich nicht darauf hinauslaufen, daß wir hier nur eine Rede über Priester und Pastoren halten. Mindestens wissen wir ja noch ein Stichwort von Luther, und das heißt „allgemeines Priestertum“, und wir wissen: Bei uns steht auf der Kanzel ja nur ein bestimmter ausgebildeter Mann der Ordnung halber, damit nicht alle unvorbereitet durcheinander reden. Nur der Wille zur Ordnung führt bei uns dazu, daß einer für alle anderen das Wort ergreift und die gar nicht leichte Aufgabe übernimmt, gewissenhaft auszurichten, was dieser Herr alles ausgerichtet haben will.

Allgemeines Priestertum — das bedeutet nicht, daß wir gelegentlich meinen: Ich brauche als evangelischer Christ überhaupt keinen anderen und auch keine Gemeinde, ich versorge mich selber! Was wären das für Haushalter, die sich nur selber versorgten? Was wären das für Postboten, die nur zum Postamt eilten, um sich ihre Taschen vollzustopfen, dann aber schleunigst nach Hause gehen, um die Briefe zu öffnen, ob wohl in einem ein Zehnmarkschein für sie wäre? Das wären Postboten, mit denen wir völlig ruiniert wären.

Postboten sind dazu da, auszuteilen; Haushalter sind dazu da, weiterzugeben; allgemeines Priestertum, das heißt: Höre zu, du hast eine so hohe Würde und ein so hohes Amt, daß du, der du da durch deinen Alltag läufst, den Herrn da bei dir und in deiner Nähe haben sollst; und auch du selber sollst ihn dem anderen nahebringen.

„Nahebringen", das ist ein merkwürdiges Wort, ich gebe es zu. Aber ich glaube, das wäre ein ganz guter Ersatz für das Wort „predigen". Ich glaube, da verstünden wir unter „predigen" auch etwas ganz anderes als das bloße Reden. Du selber bringst den anderen diesen Herrn nahe — der sich zu den Sterblichen und Verwelkenden begeben hat — nicht weil sie seiner wert waren, sondern weil sie ihn brauchten. Du selber bringst ihn den anderen nahe, so oft du bei einem anderen Menschen bleibst, nicht weil er es wert ist oder weil es so schön ist, sondern weil er das jetzt braucht, daß du bei ihm bleibst, daß du auf ihn hörst, daß du ihn festhältst.

Ich will nur eines noch am Schluß sagen: Die Zeiten, an denen wir merken, wie schwer das ist, bei Menschen zu bleiben, sind ausgerechnet die Feiertage. Wir sind alle so gewöhnt, unseren eigenen Weg zu laufen, daß es uns wirklich nicht ganz leicht fällt, nicht einmal bei denen, die uns doch lieb sind und Liebe erweisen, zu bleiben, zuzuhören und ihnen zu dienen wie ein schlichter, ganz bescheidener Haushalter Gottes. Gerade das wäre es aber wohl, wozu wir hier ermutigt werden. Ermutigt, weil es bei all unseren Schwierigkeiten ja gar nicht darauf ankommt, ob wir uns das zutrauen, sondern weil es nur darauf ankommt, daß uns das dieser Herr zutraut.

Höre zu — spricht er heute zu uns — wie das auch mit dir und bei dir zu Hause stehen mag, ich will da mitgehen und dir helfen, daß du dich nicht zu Weihnachten da in Szene setzt als der große Beschenker oder wer weiß was, sondern daß du es fertig bringst, die anderen etwas davon merken zu lassen, daß ich mitten unter euch bin, damit auch ihr beieinander bleiben könnt. Das helf uns Gott, daß wir solche Haushalter sind. Er braucht viele, er braucht uns alle. Er hat ja so viele Leute, zu denen er das endlich „hingebracht" haben müßte. — Amen.

Christnacht

Titus 2, 11

Liebe Freunde!

Unter uns sind doch viele, die schon eine ganze Reihe von Weihnachtsfesten gefeiert haben. Ist das eigentlich nun jedesmal dasselbe, oder ist es das nicht? Zunächst einmal denkt ihr, das geht darauf hinaus, daß es einen Unterschied macht, ob man Geschenke bekommt oder Geschenke besorgt. Freilich macht das einen Unterschied. Aber es macht auch einen Unterschied, ob man vor der Tür der Weihnachtsstube steht oder ob man drinnen den Baum ansteckt, dann auf irgend eine Weise ein Glockengeläut macht, und dann kommen die Kinder herein. Natürlich ist das ein Unterschied. Aber es ist ein anderer Unterschied, an den ich dabei denke. Es ist jetzt rund 30 Jahre und noch etwas mehr vielleicht her, da konnte es doch passieren, daß uns Weihnachten geboten wurde mit der Vokabel: Deutsche Weihnachten! Und daß man da beisammensaß — es gab auch da durchaus einen Weihnachtsbaum — und eine markige Ansprache hörte. Natürlich nicht so etwas Weichliches wie von der Liebe. Und von Gott war nach Möglichkeit gar nicht die Rede.

Das war also ein Versuch, Weihnachten auf eine andere Art zu feiern. Und wie ich mich erinnere, da gab es das immer wieder einmal, daß plötzlich nach diesen markigen Reden in irgendeiner Ecke das Lied angestimmt wurde, von dem wir uns soeben überzeugten, wie gut wir das alle noch können: Stille Nacht, heilige Nacht! Dieses Lied, das setzte sich dann durch — wißt ihr noch? — trotz aller Versuche des Herrn Ortsgruppenleiters, der „aufhören!“ rief. Mit Verlaub gesagt, es waren keineswegs alle Ortsgruppenleiter so; manche stimmten es auch selber an. Dieses Lied hatte dann so eine Macht, daß mitten in dem, was so etwas ganz anderes sein sollte, auf einmal das altvertraute Weihnachten auftauchte.

Das ist zunächst nur eine Erinnerung an vergangene Zeiten. Wer hätte gedacht, daß wir das noch einmal erleben, wie der gebildete Bildzeitungsleser feststellt, daß nun wiederum protestiert wird gegen das Lied „Stille Nacht, heilige Nacht". Diesmal von einer anderen Seite. Es scheint gar nicht mehr so sicher, daß wir in unserem Jahreslauf diesen einen gemeinsamen Punkt, an dem alle dasselbe empfinden und wollen und meinen, so ungetrübt gemeinsam behalten. So viele Spaltungen es in unserer Zeit auch schon gibt, aber es scheint sich da eine neue Spaltung aufzutun. Eine Spaltung, in der auf der einen Seite diejenigen, die Weihnachten feiern und froh genießen, plötzlich sich einer anderen Seite gegenübersehen, harten Moralisten, die ihnen sagen: Wie kannst du Weihnachten froh genießen, während draußen Hunger in der Welt ist und Tod und Not; wie kannst du da Weihnachten feiern wollen? Das ist ja eine Herausforderung!

Es ist sicher, daß die Moralisten ihren Standpunkt unwiderleglich beweisen können. Sie sind nur von einer merkwürdigen, eigentümlichen Härte. Und vielleicht haben sie doch nur so weit recht, wie man uns vorwerfen kann, daß wir Weihnachten feiern in einer Art, bei welcher der dicke Strich unter „feiern" gemacht würde und es uns nur auf das ankäme, was dabei schön, ergötzlich und vergnüglich ist, während es eine andere Sache wäre, wenn wir „Weihnachten" feiern. Was ist eigentlich das, was an Weihnachten so viel wert ist? Was bleibt übrig, wenn man sonst nichts an Behaglichem hat? Wenn einem von der warmen Stube nichts bleibt, wenn der Weihnachtsbaum fehlt, wenn sich in den Eingeweiden nur der Hunger meldet, wenn um die Menschen herum nur die Kälte und vor ihnen nur die Verzweiflung steht?

Ein solches Weihnachtsfest hat sein Denkmal gefunden in einem kleinen Stück, das ich mir hier als Andenken aufgehoben habe, damit ich selber immer noch weiß, wie Weihnachten dann aussieht. Ich habe es mir hier heute in mein Buch gelegt.

Das ist ein ganz interessantes Stück. Es sieht aus wie Papier, man kann es auseinanderfalten; auf der einen Seite ist es bemalt, auf der anderen Seite nicht.

Es sieht aus wie Papier, es ist aber keines. Im Sommer 1945 hat sich ein halb verhungerter deutscher Hauptmann in Auschwitz in einen Lagerkeller hineingeschlichen. Das war riskant und schwierig obendrein. Neben einem kleinen Rest angeschimmelter Rübenschnitzel, den er als kostbare Beute mit herausbrachte für uns, die wir dort unter anderer Regie nun auch am Verhungern waren, fand er einen größeren Fetzen Pergament, beschrieben mit hebräischen Schriftzeichen. Offenbar war das der Rest irgendeiner hebräischen Schriftrolle aus einer Synagoge. Das Stück Pergament gab er mir; das ist dieses Blatt, und es stammt also aus einem Keller in Auschwitz.

Wer weiß, welche Tragödie sich dahinter verbirgt, daß da ein Stück von einer Heiligen Schriftrolle in den Rübenkeller von Auschwitz kam. Dieses Blatt behielt ich bei mir, wie Kriegsgefangene eben alles mitnehmen, was nicht niet- und nagelfest ist.

Und dann kam Weihnachten 1945. Unser Platz in der Welt war aber nur ein finsterer Winkel und Hunger und Elend und Krankheit dabei. Da war ein kalter Raum mit 20 fiebernden und kranken und hungrigen Leuten. Dort haben wir dieses Stück Pergament mit einer Glasscherbe geglättet und haben uns unser Weihnachten darauf gemalt. Es hatte einer als Kostbarkeit noch ein paar Farbstifte.

Was man darauf sieht, das ist in der Mitte erst einmal das, was man als Krippe kennt: oben ein Strohdach, darunter in einem Fenster sichtbar der Stern; natürlich sind Ochse und Esel auch dabei. Die sind sogar das Schönste daran, denn so etwas gelingt einem ja leicht. Nicht ganz so anmutig, wie sie sein sollte, ist die junge Frau vor der Krippe mit dem Kind, und Joseph und ein Hirte mit einem Schaf. Das ist das, was in der Mitte ist. Warum wohl malen hungrige Leute sich das auf?

Und auf der einen Seite, die man aufklappen kann, ist dann eine Stube mit einem Weihnachtsbaum zu sehen. Da steht eine Frau, und da sind zwei Kinder. Am Weihnachtsbaum brennen die Lichter, und ein bißchen was an Spielzeug ist auch da. So stellten wir uns Weihnachten vor. Und so stellten wir uns die Heimat vor — das war freilich ein gründlicher Irrtum. Die Frauen, die 1945 alleine zu Hause waren, haben kaum eine warme Stube gehabt.

Auf der anderen Seite ist nun das, was die wirkliche Gegenwart des Lagers darstellt. Da sieht man die kahlgeschorenen Männer in ihren Wattejacken und in ihren Filzstiefeln, und sie drängen sich — einer hinter dem anderen — und schauen in Richtung der kleinen Krippe in der Mitte.

Ich bin überzeugt, daß es schönere Zeichnungen gibt. Es gibt aber kaum Zeichnungen, die aus einer jämmerlicheren und dürftigeren

Umwelt stammen. Und ich bin mir völlig darüber klar, daß das Bemerkenswerte nicht ist, was hier aufgemalt ist, sondern daß wir — und wenn ich an uns 20 verhungerte Figuren denke, dann sind darunter einige, die von Weihnachten früher nicht das Mindeste mehr hatten wissen wollen —, daß wir dort wieder entdeckten, was „Weihnachten" ist, wenn alles Behagliche fehlt.

In dem Text, der eigentlich vorzulesen gewesen wäre, steht es. Es steht an einer sehr abgelegenen Stelle bei Titus. Da sagt ein alter Apostel einem jungen Mann, was eigentlich uns Menschen geschenkt worden ist, und er meint schon Weihnachten damit: „Es ist erschienen die heilsame Gnade Gottes allen Menschen!"

Und dann ist die Rede davon, daß diese „heilsame Gnade" die Menschen herauszieht aus ihrer gottlosen Angst, und herauszieht aus ihrer gottlosen Begehrlichkeit und Genußsucht und sie zu Menschen macht, die endlich „gerecht" werden, wie eben Gott, der Herr, sie haben will; fleißig zu guten Werken! — so heißt es dort. Der Text klingt zwar so schwierig und so altertümlich, daß ein Ortsgruppenleiter möglicherweise gesagt hätte: Herr Pastor, so etwas können Sie ruhig vorlesen, da denken sich die Leute sowieso nichts dabei! Stimmt! Der Text ist viel schwieriger als die Lieder, die wir gesungen haben.

Wir haben uns da in dem Lager auch nicht diesen Text vorgelesen. Wir haben uns die Lieder gesungen, und es war meine Freude, daß wir heute alle diese Lieder mitgesungen haben. Es ist in diesen Liedern, ohne daß man es aufrechnen und erklären kann, etwas von der Wärme und dem Licht, das aus diesem Kalenderabend Weihnachten macht.

Weihnachten wird es nämlich dort, wo die Wogen der Wärme und der Kraft Gottes uns erreichen, uns, die wir festgefahren sind, aufgelaufen sind, hoffnungslos festsitzen. Für solche hoffnungslose Menschen ist nämlich alles das unternommen worden, was Weihnachten heißt, und Gott selber hat damit angefangen.

Ich habe es großartig gefunden, was ein bekannter Professor in einem Weihnachtsartikel schrieb zu dem Wort, das zu Weihnachten — und übrigens in jedem Gottesdienst — wiederholt wird: Ehre sei Gott in der Höhe und Friede auf Erden ... !

Bei uns in der Luther-Bibel heißt es: ... und allen Menschen ein Wohlgefallen! In der katholischen Bibelübersetzung heißt es: Friede auf Erden allen Menschen, die guten Willens sind! Das, meint er, solle man richtiger so übersetzen: Ehre sei Gott in der Höhe und Friede auf Erden, denn Gott schenkt sein Wohlgefallen allen Menschen, die *nicht* guten Willens sind — denn zu solchen kommt er.

Zu solchen Leuten, die manchmal noch eine Stunde vor der Bescherung nicht wissen, wie sie dieses Jahr eigentlich mehr als ein Wort „Fröhliche Weihnachten!" herausbringen sollten.

Ich weiß euch nur einen Rat, den brauche ich auch, und nach dem richte ich mich auch: Singt die Lieder, in denen das dankbar besungen wird, daß er uns liebt, bis uns das Herz dabei warm wird! Gott sei Dank, wenn es dann warm wird für die Kinder und für alle im Hause!

Die Frage, ob wir Weihnachten feiern könnten, sollten, dürften, ist dahin zu beantworten, daß wir gar nicht genug Weihnachten feiern können, um nur ja das festzuhalten, was darin steckt. Hier berührt uns nicht etwas, was man aufrechnet, was man versteht, sondern hier faßt jemand liebevoll nach uns und birgt uns wie in seiner Hand, in der wir abgefrorenen Christen wieder auftauen und warm werden.

Das sind die Menschen, die er haben will, die gar nicht guten Willens waren, die aber jetzt spüren, worauf er mit unsereinem hinauswill. Das laßt uns nicht vergessen! Er hat es jedenfalls nicht vergessen, was er Weihnachten mit dir und mit mir anfangen will. Gott sei Dank! — Amen.

1. Weihnachtstag

Titus 3, 3-8a

Liebe Freunde!
Wenn man diesen Text vorliest, merkt man nicht gleich, daß man ein Lied hört. Es ist aber eines. Ein recht altes, 1900 Jahre alt; wohl ein Weihnachtslied der alten Christenheit: „Als aber erschien die Freundlichkeit und Milde Gottes, unseres Heilandes, rettete er uns; nicht um der Werke der Gerechtigkeit willen, die wir getan hatten, sondern nach seiner Barmherzigkeit durch das Bad der Wiedergeburt und Erneuerung im heiligen Geist, welchen er ausgegossen hat über uns reichlich durch Jesus Christus, unseren Heiland, auf daß wir durch dessen Gnade gerecht und Erben seien des ewigen Lebens nach der Hoffnung. Das ist gewißlich wahr." — Das ist eine bestätigte Tatsache!
Ein Lied, ein altes Weihnachtslied, also ein Gedicht? Man merkt das nicht gleich, denn nach unserer Meinung müssen sich Gedichte reimen. Aber dieses alte Lied ist nicht gereimt. Wenn man es näher betrachtet, ist es sogar — in einem anderen Sinne — noch viel „ungereimter". Da ist die Rede von Menschen, die absolut nichts taugen, und von einem Riesengeschenk neuen Lebens, das gerade sie bekommen. Wie soll sich das zusammenreimen?
Hören wir noch ein anderes Weihnachtsgedicht! Das ist moderner. Das ist aus dem Jahre 1965. Auch dieses Gedicht fiel mir auf. Es heißt: „Es begab sich aber zu der Zeit, da die Bibel ein Bestseller war, übersetzt in 197 Sprachen, und das Neue Testament noch 60mal mehr, daß alle Welt sich fürchtete vor selbstgemachten Katastrophen, Inflationen, Kriegen, Ideologien, radioaktiven Regenwolken und Raumschiff-Flotillen, die spurlos verglühten. Als die Menschenmenge auf dem Wege war, ungeheuer sich vermehrend, hinter sich die Vernichtungslager der Vergangenheit, vor sich die Feueröfen des Fortschrittes, und alle Welt täglich geschätzt und gewogen wurde, ob das atomare Gleichgewicht stimme, hörte man sagen: „Laßt uns gehen nach Bethlehem!" Das ist ein Gedicht. Ich kann auch dem, der es wissen will, verraten, daß es von Armin Juhre ist, entstanden 1965. Das ist sogar ein christliches Gedicht.

Nun, wir sind ja manches gewöhnt, aber das hätten wir nicht so ohne weiteres getroffen.

Die beiden Gedichte unterscheiden sich natürlich. Zunächst einmal dadurch, daß das erste aus dem Titus-Brief von der Freude redet, von Leben und Geborenwerden. Das andere aber redet von dem Entsetzen, von den Vernichtungsöfen hinter uns und den Feueröfen des Fortschrittes vor uns. Und es liegt uns vielleicht näher, vom Entsetzen und von der Angst zu reden als von der Freude. Beide Lieder haben aber — und das ist das Christliche an ihnen — eine unerwartete Wendung. Das Lied aus unserem Bibeltext begann: „Wir waren unweise, verirrt, dienstbar dem Bösen und den Begierden, haßten und wurden gehaßt" — und dann plötzlich kommt Freude, Rettung. Bei dem anderen Gedicht wird erst alles das aufgezählt, was uns ängstet, und dann heißt es unvermutet, als wäre das nicht längst überholt, sondern wäre der einzige Ausweg: „Laßt uns gehen nach Bethlehem!" Beide Male eine recht unerwartete Wendung.

Aber Weihnachten ist doch gar keine so unerwartete Wendung! Das haben wir doch schon lange gewußt, daß Weihnachten sein wird, und haben alle Vorbereitungen getroffen. Der Weihnachtsbaum, der hier in der Kirche steht, ist auch nicht unerwartet heute früh hereingekommen. Den haben wir längst gekauft. Weihnachten ist doch längst bekannt und bringt altgewohnte Wirkungen hervor: Sogar der Geizige fängt an zu schenken, sogar der Mürrische bemüht sich, wenigstens einmal eine Weile ein freundliches Gesicht zu machen, und beinahe gelingt es ihm sogar. So stark ist Weihnachten, sogar noch dort, wo wir es vielleicht als ein altüberliefertes Fest kennen. Immer noch ist es so stark.

Vielleicht erinnern uns diese beiden merkwürdigen Weihnachtsgedichte — vor allen Dingen das erste, dieses alte Christenlied: Als aber erschien die Freundlichkeit und Leutseligkeit Gottes! — vielleicht erinnern die uns daran, daß man bei Weihnachten doch recht genau hinsehen muß. Da ist erst einmal eine Beschreibung, die nicht ganz so unerwartet ist. Wir waren ungehorsam, verirrt, wußten gar nicht, wohin es eigentlich geht, dienstbar den Begierden und mancherlei Lüsten: Pläne, Träume und Gedanken — und wandelten in Bosheit und Neid — neidisch sind wir schon — waren verhaßt — andere haßten uns — und wir haßten auch andere!

Die Beschreibung ist nicht verkehrt, scheint mir, und ich muß sie auch auf mich gelten lassen. Das ist eine Beschreibung davon, wie schlecht wir miteinander und mit unserer Welt fertig werden, wie kläglich es bei uns und in unseren Häusern zugeht. Und wir brauchen das offenbar gar nicht weihnachtlich zu verklären und brauchen nicht den Mund bloß äußerlich zu einem Lächeln zu zwingen, wenn wir „Fröhliche Weihnachten" rufen, sondern wir können sagen: Höre einmal, bei mir ist das gar nicht so fröhlich! Und bei den Leuten, die mit mir zusammenleben müssen, ist es auch nicht so fröhlich. Wir dürfen das also ruhig eingestehen: So schlimm geht das in dieser Welt zu!

Wir sollten freilich jetzt nicht allzu genau ausdeuten, wo die Verirrungen liegen und die Begierden und dergleichen. Warum nicht? Weil man nämlich erst hinterher, falls wir in das hier angekündigte „neue Leben" hineingeraten würden, deutlich sehen würde, was eigentlich verkehrt war. Denn seht ihr, um nur eines zu sagen, manchmal gibt sich das, was in Wirklichkeit Verwirrung und Zerstörung unseres Lebens ist, in hinreißend schönem Gewande. Es gibt eine Art, die Kinder zu tyrannisieren unter dem Motto: Ich will das Beste für dich! Es gibt eine Art, sich neidisch in den Wettlauf mit dem Lebensstandard des anderen einzulassen, und das Ganze wirkt, als wärest du der fleißigste Mensch von der Welt. Was bei uns so sehr verkehrt ist, das kann man nicht so rasch sagen. Manchmal sieht etwas so gut aus und ist doch ziemlich schäbig; manchmal sieht etwas schäbig aus und ist gar nicht so schlecht. Warten wir ab! Ergehen wir uns nicht in schrecklichen Beschreibungen! Wir wissen alle, daß es auch bei uns nicht ganz so ohne Schrecklichkeiten zugeht, und das genügt uns erst einmal.

Und nachdem uns diese Jämmerlichkeit auf den Kopf zugesagt worden ist, wird von Weihnachten hier geredet, als ströme da aus einer Quelle Wasser über Wasser und risse all den Unrat fort. Ich habe so etwas einmal gesehen, ich glaube, es war in Bad Lauterberg; da haben die Leute eine höchst praktische Art, die Straßen zu reinigen: Sie leiten einfach einen Bach — ich weiß nicht, wie er heißt — durch die Straßen. Da muß man schleunigst auf den Bürgersteig flüchten. Dabei fließt dann der ganze Unrat weg. Hinterher ist die Straße wie poliert.

Das können wir uns in unseren Dörfern nicht leisten, da würden im Unterdorf die Leute alle verzweifeln, wenn das Wasser durch die Straßen läuft. Aber so wird hier in dem alten Lied von Weihnachten geredet, als käme da über die beschmutzten und vielbetretenen Straßen unseres Lebens auf einmal eine frische klare Quelle geströmt und nähme alles Schmutzige hinweg. Nein, eigentlich gibt es hier noch mehr. Hier wird ja von diesem Wasser geredet so, als würden wir eingetaucht, als wäre das ein Wunderbad der „Wiedergeburt und der Erneuerung im heiligen Geist".

Liebe Freunde: Bitte, laßt uns auch vom Geist Gottes genau reden. Er hat nichts zu tun mit irgendwelchen frommen Empfindungen, sondern reißt Menschen kraftvoll mit; er hat nichts zu tun mit einer flüchtigen schwärmerischen Begeisterung, sondern etwas mit zielbewußter Kraft. So wie jenes Wasser da auf der schmutzigen Straße Kraft hat, mitzureißen, wegzuspülen, so hat der Geist, von dem immerfort in der Bibel die Rede ist, die Kraft, wegzunehmen und mitzureißen.

Und noch eines aus diesem Weihnachtslied. Nicht wahr, wenn man auch sonst nicht alles behält, aber das merkt man, was dahintersteckt, wenn es heißt: „Als aber erschien die Freundlichkeit Gottes, unseres Heilandes" — und dann kommt „Geist", und dann kommt „Jesus Christus" — aha, da merkt man, daß man in einer christlichen Kirche ist: Vater, Sohn und Geist.

Ich bin lange genug in einer christlichen Kirche gewesen und habe nicht begriffen, was das heißt: Gott Vater, Sohn und Geist. Ich war dumm genug, das für eine Beschreibung Gottes zu halten. Darum kann ich nun keinem anderen verübeln, wenn er das auch heute noch tut. Aber er sollte damit aufhören. Wir Christen haben weder hier noch an irgendeiner anderen Stelle eine Beschreibung Gottes. Beschreibungen Gottes müssen wir anderen überlassen. Vater, Sohn, Geist — das sind Quelle, Lauf und Mündung eines Flusses, der da strömt. Münden soll er in dein Leben.

Oder, um in einem anderen Bild zu reden, das sind Punkte einer Flugbahn, und da fliegt von weither ein Pfeil auf dich zu, kommt von weit außerhalb von Raum und Zeit mitten auf dich zu, mitten in die Weltgeschichte in Bethlehem: Da ist auf einmal mitten unter Menschen einer, der einer von ihnen und doch ganz außerhalb unserer Welt und unseres Begreifens ist, und was er sagt und tut, das kommt bis zu dir hin!

„Gott macht *uns* selig durch das Bad der Wiedergeburt" — übersetzt Luther. Er rettet uns durch dieses Bad der Erneuerung im Geiste! Uns nämlich auch, die wir heute hier sind.

Mehr wissen wir Christen nicht von Gott, als daß er, wer auch immer er sei, genau auf dich und mich zu will. Und zwar nicht, indem er dich beiseite fegt wie den Unrat auf der Straße — das wäre ja noch zu verstehen —, sondern indem er dich aufhebt, lebendig macht — ohne Bedingungen. Denn dieses Lebenswasser strömt über Leute, die genau solche Menschen sind wie du und ich: gehässig und verhaßt, neidisch und beneidet, verwirrt und verwirrend; und die sich genau wie du und ich immer wieder einmal daran machen zu überlegen, wie man diese Welt wohl bessern könnte. Dann läuft es auf große Pläne hinaus, bei denen jeder von uns weiß, wie der andere sich anders verhalten müßte. Die Pläne mögen großartig sein, aber helfen tut uns das nichts: Der andere und ich, wir bleiben die alten Menschen.

Hier will uns jemand auf andere Weise helfen. Er sagt: Komm, ich will dich mit meiner Kraft lebendig machen mitten in dieser dürren Welt, in der du auch ein Stück Wüste bist!

Wer genau hingehört hat, hat gemerkt, daß bei dem Stichwort „Bad der Wiedergeburt und Erneuerung im Geist" von der Taufe die Rede war. Also genau von jenem Ereignis, bei dem wir gar nicht gefragt worden sind, das uns geschenkt wird. Manche Leute finden das an der Taufe peinlich. Wie kann man einem Kinde etwas so Großes zumuten?

Ich würde es keineswegs peinlich finden, wenn jemand auf den Gedanken gekommen wäre, mir an meinem Geburtstag — ich meine also, am ersten Geburtstage — einen großen Scheck über eine Million in das Steckkissen zu legen. Das fände ich gar nicht peinlich, daß er mich nicht erst gefragt hätte. Was ist eine Million in Geld gegenüber dem Leben, das uns in der Taufe gegeben wird — nicht nur angesagt, nicht nur in Aussicht gestellt, sondern gegeben? Wir sind wohl bisher schon immerfort umströmt worden von dieser Quelle der Erneuerung. Wir waren aber die Leute, die an einem Wasser stehen: Sie wollten schon gerne so einen Strom des Lebens haben, sie wollen aber auch nicht ganz hineingeraten. Man könnte davon mitgerissen werden.

Stimmt, ich kenne diese Besorgnis! Man könnte mitgerissen werden. Wenn du und ich — wenn wir uns doch mitreißen lassen würden an diesem Weihnachtsfest! Nicht zu irgendeiner Begeisterung; der, der hier redet, will nicht, daß du jetzt immerfort bloß große Worte ausstößt und redest von der Größe und Barmherzigkeit Gottes. Laß dich einmal mitreißen von seiner Barmherzigkeit, und das heißt: Werde barmherzig! Laß dich mitreißen von der Leutseligkeit Gottes, werde leutselig!

Nicht nur so, daß du ein mühsames Lächeln aufsetzt, wie ich das auch manchmal kann, sondern daß du wirklich fragst — nur noch fragst, was dem Nächsten nütze ist. Denn seht, wenn dieses Lied der Christen stimmt — und da hat einer darunter geschrieben, vermutlich einer, den man später umgebracht hat; damals war das noch die Art, als Christ zu sterben, daß man dafür umgebracht wurde: Das stimmt, das ist gewißlich wahr, das ist eine erprobte Tatsache, daß man mitten in dieser Welt — meint er — die Vergangenheit los wird und sich vor der Zukunft nicht mehr fürchtet. Meine Zukunft, die verbürgt mir der, der sogar bis zu mir gekommen ist und der so göttlich und stark ist, daß er aus mir sogar einen Menschen seines Wohlgefallens macht.

Das ist euer Weihnachtsgeschenk. Werft es nicht mit dem dürr gewordenen Weihnachtsbaum weg, legt es nicht mit den Gesangbüchern beiseite! Was Gott da aus dir und mir machen will, das ist nämlich ein neuer Mensch, den er anderen zum Weihnachtsgeschenk machen will. Gottes eigenes Weihnachtsgeschenk für diese Welt, das sollst du sein. Und es gibt viele Leute neben dir und mir, die brauchten ein solches lebendiges Weihnachtsgeschenk ganz dringend; dringender als die schönen Geschenke, die du so liebevoll und unter Opfern angeschafft hast, brauchen sie das Weihnachtsgeschenk, das Gott selber liebevoll und treulich aus dir macht: den erneuerten und liebevollen Menschen. Helf uns Gott, daß wir ihn nicht länger daran hindern, der Welt solche leibhaftige und lebendige Geschenke zu machen! — Amen.

2. Weihnachtstag

Hebräer 1, 1-7. 13. 14

Liebe Freunde!
Das ist ein langer und schwerer Text. Und doch regt er einen nicht weiter auf, weil nur all das darin steht, was wir schon in den Weihnachtsliedern und in dem Glaubensbekenntnis gehört haben. Es ist sozusagen alles komplett beieinander, was Christen nun eben einmal sagen.

Vielleicht ist das aber gerade der Grund, daß man eigentlich gar nichts versteht. Ich nehme an, selbst wenn ich — was menschlich rücksichtsvoller gewesen wäre — euch gebeten hätte, sitzen zu bleiben, und etwas langsamer gelesen hätte, ihr hättet nicht viel davon behalten können. Vielleicht das eine Stichwort, mit dem man das wenigste anfangen kann, nämlich das Stichwort „Engel“. Für uns kommt dieses Stichwort allenfalls in Filmtiteln vor. „Engel, gibt es die?“ — und das ist eine heitere Sache.

Aber genau bei diesem Wort will ich versuchen anzufangen, und zwar mit einer Geschichte, von der ihr zunächst einmal meinen werdet, sie gehöre nicht hierher.

Die Geschichte steht in einem Buch von Marcel Pagnol. Er erzählt seine Jugend in Südfrankreich. Neun Jahre ist der kleine Bursche, da läuft er trotz aller Verbote hinter dem Vater her, der mit anderen Kameraden zur Jagd gegangen ist. Der Junge verläuft sich natürlich in dem Ginstergebüsch und der Steinwüste der kahlen Berge und weiß nun beim besten Willen nicht, wie es weitergehen soll.

Plötzlich sieht er über sich einen schrecklichen großen Schatten. Es ist ein riesiger Vogel, dessen Flügel weit klaffen. In Todesangst versucht er, hinter irgendeinem Busch Deckung zu finden. Der Vogel kreist und kreist und hält an mit rüttelndem Flügelschlag. Der Kleine wirft sich auf die Erde, um wenigstens sein Gesicht zu schützen. Da stößt der Vogel nieder — und mit jämmerlichem Geschrei hängt in seinen Fängen ein Rebhuhn, das er hinter einem Stein aufgespürt hat. Der Kleine atmet auf, er war gar nicht gemeint.

Es wird mir vielleicht nicht gelungen sein, mit der Nacherzählung dieser Geschichte, die sich natürlich bei Pagnol viel besser liest, auf euch etwas übertragen zu haben von der entsetzlichen Angst des kleinen Jungen unter den Flügeln dieses unheimlichen Riesenvogels. Aber wenn ihr etwas von der Angst gespürt hättet, dann hättet ihr ein wenig von dem geahnt, was „Engel" heißt: ein Unheimlicher, Größerer, dem ich nicht entrinnen kann und vor dem ich mich nicht schützen und verbergen kann. Das Wort „Engel" nennt nämlich die schrecklich Übermächtigen.

Manchmal verstehen das Leute besser, die gar nicht so viel mit uns Christen gemein zu haben scheinen. Da ist zum Beispiel der russische Schriftsteller Sinjawski-Terz, der im Februar 1966 in Moskau verurteilt wurde. Der schreibt an einer Stelle einmal: „Christen sollten die Wahrheit sagen, und zum Beispiel sollten sie aufhören, von den Engeln zu reden, als wären das Gestalten mit Kränzchen; Engel sind schrecklicher als Bombenflugzeuge!"

Nun wird es aber wirklich wohl Zeit, daß ich mit solchen Zitaten aufhöre. Engel und Bombenflugzeuge — nun macht ihr ganz bestimmt nicht mehr mit. Ich mußte es aber erst einmal sagen, damit ihr eine ganz kleine Ahnung davon bekommt, was hinter dem Stichwort „Engel" steht und warum es in der Weihnachtsgeschichte heißt: Fürchtet euch nicht. Die Hirten auf dem Felde sind sicherlich so rauhe Gesellen, daß sie sich nicht gefürchtet hätten, wenn da einige gemalte Engelchen mit Flügeln vor ihnen gestanden hätten, anzuschauen wie ein Mädchenpensionat.

Aber Engel sind anders. Wißt ihr noch, wie das in unserem Text hieß? Feuer und Sturm! „Der seine Diener macht zu Feuerflammen und Stürmen!" Wenn *wir* „Engel" sagen, dann haben wir das abgeleitet von Bildern, die wir irgendwann einmal gemalt gesehen haben. Und da gibt es schöne Bilder, so nett, so gut. Und mancher Maler war sogar dreist genug, sein Liebchen abzubilden und ihm Flügel anzumalen. Aber das ist doch kein Engel. Engel — das ist in Wirklichkeit ein Wort für das Entsetzliche.

Und seht ihr, solche Engel kennen wir alle. Meint nun nicht, daß ich jetzt sage: Irgendwann ist uns schon einmal ein Engel begegnet! Nein, nein, Engel kennen wir alle, aber nicht mehr von Gestalt, sondern wir kennen nur noch — ja, nun erschreckt nicht, denkt an das Bild vom schrecklichen Vogel — wir kennen nur noch ihre

Krallen und fühlen sie. Denn das, was wir von Engeln wissen, das heißt: Schicksal, Tod, Krankheit, Leid oder natürlich auch Bewahrung, Schutz, unglaubliche Errettung, Heil. Das ist es.
Wenn wir sagen „Zufall, Schicksal, Unabwendbarkeit" — sogar wenn wir manchmal sagen „Natur", dann meinen wir genau das, was so schnell wie der Blitz und schneller und so unwiderstehlich wie der Wirbelsturm herniederfährt: Du kannst dich nicht davor verstecken. Wir sagen doch alle „Schicksal", wir sagen doch wohl alle „schrecklicher Schicksalsschlag, unabwendbares Leid" — kennt ihr doch, kennt ihr doch! — wir sagen natürlich nicht dazu „Engel".
Das mag daran liegen, daß wir eben reden als moderne Menschen. Und moderne Menschen sind eben etwas gebückte Menschen und sehen nur noch das, was sie in den Händen haben oder was ihnen aus den Händen gerissen wird. So geht es euch, so geht es mir. Wir wagen nicht mehr, davon zu reden, daß uns das jemand aus den Händen reißt, oder jemand in die Hände legt. Wir wagen es nicht mehr, das sehr scheue Wort „Engel" zu sagen, denn es ist ein scheues Wort. Es ist ein scheues Wort für die Unwiderstehlichen, denen keiner entgeht, denen sich keiner entzieht, denen keiner gewachsen ist, er mache sich noch so groß. Ja, sie sind auch die Träger von Tod und Untergang. Aber wir wagen dieses scheue Wort nicht mehr zu sagen.
Wir spüren, wie uns weggerissen wird, und was alles wir erdulden müssen, auch wie wir geschützt werden. Wir wissen auch, was Schicksal heißt. Und wir wissen auch, daß es unwiderstehlich ist. Und beim Stichwort „Schicksal" versteigt sich unsere Phantasie bis zu den abstrusen Spalten des Horoskopes in den Illustrierten. Dann sollen es die Sterne sein, die Schicksal wirken. Wenn es etwas Kindisches gibt, dann ist es doch wohl das. Aber Engel sind nichts Kindisches, sondern sie sind die Entsetzlichen und Unwiderstehlichen, die Boten, die bis zu jedem reichen, ob er will oder nicht. Sie sind nicht ein liebliches Begleitvölklein frommer Träume, sondern sie sind Tod und Hölle und über dir und mir.
Das war zu den Engeln zu sagen. Und der Mann, der hier von Engeln redet — wenn ihr genauer hinschaut, dann merkt ihr, daß er seine Bibel durchliest daraufhin, ob es jemanden gibt, der diesen Engeln gewachsen ist, auf dessen Kommando sie hören müssen.

Oder ob wir da nur zerrissen werden — bald geschützt, bald zerrissen, und keiner weiß, warum heute dies und morgen jenes. Gibt es denn einen, dem auch die Engel noch gehorchen müssen? Danach sucht er seine Bibel durch. Das ist es, was hinter diesem Text steht.

Er schreibt ja auch nicht an Leute, die sich an einem Feiertage einmal vom Geschäftsleben zurückgezogen haben wie wir. Er schreibt, das bekommt man leicht heraus, an Menschen, auf die eine blutige Welle der Verfolgung zukommt. Und die Welle wird viele verschlingen. Wenn sie sich verläuft, werden Gefolterte und Tote und Vertriebene zurückbleiben. Das wird sein. Und was da angetan wird, werden die Christen, an die er schreibt, erleiden müssen und ihm nicht widerstehen können, wie man den Engeln, den Beauftragten — und unheimlicherweise sind ihre Schatten auch noch die Mörder — nicht widerstehen kann.

Solchen Leuten gibt der Schreiber das mit auf den Weg in die Angst und in die Not. Er wagt, die Engel beim Namen zu nennen, und er wagt, was keiner von uns wagen würde zu sagen: „Sie sind alle dienstbare Geister, ausgesandt zum Dienst derer, die das Heil erben!“ Und das sagt er nicht, nachdem er sich oder uns eingeredet hätte, es werde noch alles halb so schlimm werden. Sondern er sagt: Höre zu, und wenn sie für dich tödlich wären, die Krallen, mit denen du gepackt wirst, auch das schickt dir einer als deinen Diener. Dir kann keiner dieser schrecklichen Engel der Not und des Leides — oder der wunderbaren Behütung, der mächtigen Bewahrung — dir kann keiner etwas antun, was der nicht will, dem sie dienen. Und der hat das gesagt, was mit dir geschehen soll. Stiere nicht auf das Schicksal, suche dich nicht herauszureden auf den Mut vor dem Unabwendbaren, steigere dich nicht in Optimismus, sondern höre gespannt auf den, der allein die Macht hat! Er hat zu dir geredet, der, unter dessen Hand diese nur Diener und Boten sind und sonst nichts. Aber freilich unwiderstehliche Boten.

Er hat „geredet manchmal und auf mancherlei Weise zu den Vätern durch die Propheten“. Ja, da hat er geredet; ihr wißt es, das steht in diesem Buche. Bald hat er durch die Propheten und durch seine Männer Zuspruch gegeben, bald hat er Widerspruch eingelegt gegen das, was sein Volk tat. Er hat geredet. Nun aber hat er dir das letzte Wort gesagt in seinem Sohn, das Wort, mit dem nun alles klar sein kann und soll.

Nun laßt uns behutsam sein, und laßt uns nicht gleich in Begeisterung geraten, wenn das Stichwort „Sohn" fällt, und gleich hier jubeln, als sei das schon die Befreiung, was Gott geredet hat. Denn der, der da redet, von den Propheten bis zum Sohn hin, ist anspruchsvoll. Er sagt nicht, was wir manchmal so gern hätten: Siehe da, hier bin ich, du sollst es nun gut haben! — sondern er sagt nur immer: Ich will dich! Das sagt er zu Abraham, das sagt er zu dem Volk, das sagt er zu uns: Komm, gehe hin für mich, bleibe, diene! Das sagt er. Er ist anspruchsvoll. Er hat noch nie etwas anderes gesagt.

Und darum ist die Bibel, so sicher sie das Zeugnis dieses Gottes ist, zugleich die Chronik der Gottlosigkeit der Menschen. Jawohl, dieselbe Bibel ist die Chronik unserer großen Gottlosigkeit. Wir Menschen möchten nämlich immer Antworten auf unsere Fragen haben, auf unsere oft sehr neugierigen Fragen, und drehen uns manchmal das Wort Gottes zurecht. Da stellt er dem Volk Propheten in den Weg, läßt ihnen sagen: Halt, ihr mit euren frommen Versammlungen, ihr seid es, die mein Wort verdrehen; ich habe gesagt: Komm her! — und ich will zu dir sagen: Gehe hin! — solche Leute brauche ich; nicht Leute, die mir große Lieder singen und doch nicht meine Aufträge annehmen (das steht bei Amos), eure Gottesdienste stinken mich an! Das sagt er in dieser Bibel, die das Zeugnis seines Wortes ist und das Zeugnis der Gottlosigkeit zugleich.

Und nun hat er das letzte Wort gesagt. Wieso, was ist da letztes Wort, geredet durch den Sohn, das Wort, das er nicht mehr zurücknimmt?

Das ist noch einmal und mächtig sein Ruf: Ich will dich aber haben! Ich will dich haben und will euch alle beieinander haben als mein Volk, und niemand soll euch aus meiner Hand reißen!

Nun hat er geredet durch den Sohn. Nun gelten keine Ausreden mehr. Nicht die Ausrede, wir seien doch auch ohnedies so gute Menschen. Die Menschen, die so gut sind, haben diesen Sohn nicht in ihrer Mitte geduldet. Sind sie wirklich so gut, diese Menschen? Und genügt es, wenn wir sagen: In Jerusalem haben sie ihn nicht in ihrer Mitte geduldet, aber hier dulden wir ihn gerne und dulden ihn in unserem Haus! Dulden mußt du ihn dann so, wie ein Esel den duldet, der ihn am Zaume packt und belädt. Alles andere ist eine bloße fruchtlose Gewohnheit. Nein, es kommt nicht mehr aus mit der Ausrede: Wir sind doch gute Menschen! Das laßt andere Leute sagen.

Aber, Gottseidank, es kommt auch nicht mehr aus mit der Ausrede: Wir sind nicht mehr imstande, Gott zu dienen, unser Leben ist verpfuscht, es hat nun doch keinen Zweck mehr; es ist doch alles verloren an uns und an den anderen! Denn hier steht: Er hat abgetan, er trägt die Schuld, er hat ausgetilgt die Vergangenheit, er meint es mit dir und mir vollkommen ernst. Komm her, du sollst bei mir als mein Kind leben und mit mir reden!

Laßt das nicht nur so erbaulich klingen! Er hat geredet, und das war sein letztes Wort. Aber natürlich ist dieses letzte Wort nicht zwingend. Zwingend sind nur Engel mit ihren schrecklichen scharfen Schwertern; nur die sind zwingend. Denen wirst du unterliegen, ob du von ihnen redest oder nicht. Aber der, der hier das letzte Wort hat, der zwingt nicht.

Wir können, genau wie die vielen in der Bibel es taten, die Geschichte der Gottlosigkeit fortsetzen. Wir können das einfach überhören, dieses: Komm her, laß dich beladen, und laß dich brauchen, und laß dich nähren auf deinem Wege; es wird dich keiner von mir reißen, Leben hättest du bei mir! Wir können das überhören und auf unseren eigenen Fragen beharren, den neugierigen oder den spöttischen oder der verzweifelten: Wie kann Gott das zulassen?!

Wir können auch hören und mitgehen wie der Mann, der diesen Text schrieb. Der muß im Mitgehen erfahren haben, wem diese „Diener" gehorchen, wie schrecklich sie auch seien.

Wir können natürlich auch ein Drittes tun, indem wir weder gottlos noch Christenmenschen werden. Wir können das tun, was alle sehr gut beherrschen. Ich beherrsche es auch: Indem wir nämlich alles das, was er uns als letztes Wort gesagt hat, stehen lassen und mit ehrfürchtigem Kopfnicken bejahen: So ist es, Gott hat geredet, so ist es, er ist gekommen, jawohl. Aber damit lassen wir alles gut sein und gehen wieder unsere Wege. Wir haben zwar damit nicht „geglaubt", denn „glauben" heißt, sich mitziehen lassen, nun selber einer der Diener zu werden für diesen, der da ruft. Wir haben zwar nicht geglaubt, aber wir haben auch nicht aufgehört zu glauben, denn wir neigen noch immer den Kopf beim Bekenntnis. Nur hat dieser Glaube aufgehört, unserem Leben Gestalt zu geben.

Wir leben dann als Christen und zugleich als Nichtchristen, so wie die sogenannten Rückversicherer, die neben ihrem Parteibuch der Bundesrepublik zugleich das Parteibuch der SED besitzen, um es bei Gelegenheit vorzuzeigen. Heute dieses, morgen jenes.

Ich merke das bei mir ja auch, daß ich heute Christ und morgen ein kühler Rechner bin. Nun, dann laßt uns überlegen: Rechnen werden wir müssen mit diesen Boten; ob wir auch sie selbst nicht sehen, dann doch mit dem, was sie tun. Sie tun vieles; Schutz und Not, Hilfe und Tod. Wenn wir es aber nun mit dem ernst meinen würden, der uns gesagt hat: Hör zu, bis zu dir bin ich gekommen, und nun komme mit, ich bin bei dir, ich stehe jetzt neben dir; nicht, um dir einige erhabene Gefühle zu verleihen, sondern damit du anfängst zu leben!?

Wir können hören. Es wird diesen Herrn über die Engel keiner einsetzen und keiner absetzen. Aber bei mir und in meinem eigenen Leben muß ich ihn allein einsetzen — und dann werden sogar Tod und Hölle meine Diener sein — meine Diener. Sie sind allzumal als dienstbare Geister gesandt — ausgesandt — zum Dienst an denen, die ererben sollen das unverwelkliche Leben. Allzumal ausgesandt, dir zu dienen.

Was willst du tun? Dich ducken, auszuweichen versuchen oder diesen Herrn annehmen und seine Liebe bewährt finden, sogar noch dort, wo du aufschreien müßtest? Ja, der Mann, der hier schreibt, der hat die Bibel durchgesehen und hat den gefunden, der Herr ist über die schrecklichen Vollstrecker der Schicksalsentscheidungen. Und er hat noch viel herrlicher das andere gefunden: Der, dem sogar die Engel zitternd gehorchen müssen, der will dich als sein eigenes Kind an die Hand nehmen. Deswegen müssen sich „Tod und Hölle schämen", wie wir so leichtfertig gesungen haben. Deswegen kann uns nichts mehr scheiden von der Liebe Gottes, die in Christus Jesus ist, unserem Herrn, wenn wir ihn unseren Herrn sein lassen. Das helf uns Gott. — Amen.

Altjahrsabend

Römer 8, 31-39

Liebe Freunde!
Eigentlich ist es ja auffällig, daß uns die Jahreswende, wie wir das nennen, so bewegt. Es ist eigentlich nicht einzusehen, daß es ein großer Unterschied ist, ob wir ein Kalenderblatt abreißen, auf dem „31. Dezember" steht, oder irgendein anderes Kalenderblatt. Sollte die Kleinigkeit, daß wir einen neuen Kalender aufhängen und daß wir in unseren Geschäftsbriefen und überall eine „4" schreiben anstatt einer „3" — sollte die wirklich Grund genug sein, sich so in Bewegung bringen zu lassen und so viel davon zu reden?
Wir tauschen Glückwünsche — vielleicht sind sie ernsthaft gemeint: „Viel Glück im Neuen Jahr" — vielleicht sind sie auch nur Redensarten. Aber gesetzt den Fall, sie wären ernsthaft gemeint, warum haben wir eigentlich so stark das Verlangen, jemandem aus diesem Anlaß Glückwünsche zu schicken?
Vielleicht fällt einem doch beim Wechsel des Kalenders auf, wie das Leben und die Zeit verrinnt — und du kannst beides nicht halten. Du kannst das Blatt natürlich auf dem Kalender lassen, aber die Zeit ist weitergegangen. Und unser Leben verrinnt nicht nur, es wird alt, es welkt, es wird vielfach verwundet und verletzt. Vielleicht ist uns daher dieses Gefühl von Vergänglichkeit heute so nahe wie sonst nur, wenn wir einmal bei einer Beerdigung fröstelnd dabeistehen. Frösteln — das geht noch; oft genug aber stehen wir gebeugt oder verwundet. Ja, für manchen endet heute ein Jahr, das er noch mit einem Menschen begann, den er lieb hatte. Nun ist er allein.
Wir sind unruhig; das zeigt sich auch darin, daß wir uns geradezu verzweifelt bemühen, Späße zu machen. Wer wollte uns daraus einen Vorwurf machen? Wenn das Leben unaufhaltsam verrinnt, dann ist es ja gut, das wenigstens einen Augenblick zu vergessen. Es ist immer noch besser, wenn wir uns so durch die Neujahrsnacht bringen, als wenn wir — ja, nun sage ich es einmal — als wenn wir von Gott reden wollten.
Vielleicht verblüfft euch das, wenn ich sage: Es ist besser, wir ma-

chen Späße, als wenn wir von Gott reden würden, über Gott reden würden. Wißt ihr, was wir da zustande bringen könnten, wären vielleicht bittere Anklagen. Denn das ist die einzige Art, wie unsereiner jederzeit über Gott reden kann. Anklagen — wir sprechen sie nicht aus, aber sie stecken in uns, sie stecken in unserer Angst. Wie könnten wir Angst haben und uns Sorgen machen, wenn wir nicht eigentlich stillschweigend damit Gott anklagen, er hätte uns verlassen, wir müßten allein sorgen? Wie könnten wir uns so verzweifelt bemühen, uns und unseren Besitzstand zu sichern um jeden Preis, manchmal auch um einen sehr üblen Preis, wenn wir zu vertrauen vermöchten, daß wir aus seiner Hand leben? Unsere Sorge ist eine Anklage. Der Lebenshunger, mit dem wir zugreifen wollen, weil wir zu kurz zu kommen fürchten, ist eine Anklage. Auch wenn das Wort „Gott“ gar nicht vorkommt, ist unser Leben, sind unsere Tage und unsere oft sehr sorgenvollen Nächte möglicherweise eine einzige Anklage gegen Gott.

Das sage ich nicht mit dem Tone des Vorwurfs, sondern das sage ich, um euch und mich wieder einmal daran zu erinnern: Anders kann unsereiner eigentlich gar nicht von Gott denken und von ihm reden. Wenn er so viel Wunden und Schmerzen und Not und Ungerechtigkeit und Leid und Schuld in dieser Welt sieht, dann kann er nur eine Anklage zwischen den Zähnen hervorbringen.

Seht ihr, das ist der Hintergrund dieser Worte des Paulus. Hier redet nämlich nicht einer, der sich in irgendeinen Winkel zurückgezogen hat und nichts von dem wußte, was uns ängstet und quält, sondern hier redet einer, der — da kommt das alte kirchliche Wort zum Vorschein — angefochten ist, der niedergeschlagen und verwundet ist vom Leben — und noch tiefer als wir. Wir fühlen uns verwundet von dem, was andere verschulden. Wir fühlen uns verwundet von dem, was die Welt uns antut. Paulus aber fühlt sich verwundet auch von dem, was er selber getan hat. Der hat es sich nicht mehr so leicht gemacht, sich selber zu beschönigen und immer mit dem Finger auf andere zu zeigen. Der weiß es und sagt es einige Kapitel vorher: Was ich tun will, das Gute, das tu ich nicht! Er hat aufgehört, sich zu beschönigen. Er weiß, daß wir in dieser Welt nicht nur verletzt werden, sondern auch verletzen. Er weiß, daß das Leben nicht nur verrinnt, sondern daß es auch — verzeiht das harte Wort! — verfault von innen her; unser eigenes Leben.

Es verfault von Schuld, die wir leugnen, verdecken, beschönigen, und wir sterben doch daran; unser Gesicht verzerrt sich, wenn wir es nach außen hin auch nicht zeigen, in Verzweiflung. „Was sollen wir nun dazu sagen?“

Der hofft nicht mehr, der Mann, der hier so anfängt zu reden. Er hofft nicht mehr, daß er irgendwie schon noch durchkommen werde, mit der Welt fertig werde, mit sich selbst fertig werde. Wer das noch hofft, braucht nicht mehr ihm zuzuhören. Wer noch meint, er könne sein Schicksal berechnen, notfalls, indem er die klugen Horoskope liest, der braucht hier nicht zuzuhören. Wer noch meint, es liege nur an den anderen in dieser Welt, daß sie nichts tauge, der braucht hier nicht zuzuhören, der wird hier nicht viel erfahren. Wer aber sich so bitter selber verachtet wie dieser Mann, der sollte ihm sehr wohl zuhören.

Was sollen wir denn nun sagen zu diesem Leben, das so zerbricht, zu diesem Leben, das sogar fault? Redensarten sollten wir uns jedenfalls sparen. Ist Gott für uns? Wir können da nur ein Fragezeichen dahinter setzen und die Antwort selber dazu schreiben: Nein, er ist nicht für uns, sonst müßten wir nicht so leiden. Er kann auch nicht für uns sein, denn wir sind es ja doch selber, die andere leiden gemacht haben. Und doch sagt Paulus: Gott ist für uns!

Er hat sich das nicht ausgedacht, und er könnte weder dir noch mir eine Rede über Tatsachen in der Welt halten, aus denen man das ablesen könnte. Der ist jemandem begegnet, dieser Paulus. Der ist wahrhaftig jemandem in dieser Welt begegnet, von dem damals viele Leute meinten, der sei nun tot und abgetan, und nur ein Schwärmer könnte sich noch mit diesem Jesus Christus beschäftigen. Paulus ist dem begegnet, der Gott so nahe steht wie ein eigenes Kind. Der in diese Welt geschickt wird zu uns, und siehe, diese Welt und diese Menschen sind Gott so lieb, daß er nicht einmal aufhört, sie lieb zu haben, als sie seinen Sohn aus dieser Welt stoßen! So groß ist die Liebe Gottes. „Er hat seinen eigenen Sohn nicht verschonet, sondern für uns, für uns dahingegeben. Wie sollte er uns in ihm nicht alles schenken?“ Das ist keine Redensart, das ist Liebe, von der Paulus spürt, daß sie ihn aufhebt, ergreift und trägt; ihn, den Menschen, der eigentlich genausowenig wie wir alle wert wäre, überhaupt noch von Gott angefaßt zu werden.

Paulus wehrt sich nicht mehr gegen die Liebe Gottes. Das sagt er uns weiter: Der hat uns „gewählt" für seine Liebe! Nicht weil wir die letzten überlebenden guten Menschen wären, sondern weil wir — in einem ganz anderen Sinne — das „Letzte" als Menschen sind. Menschen, mit denen man wahrhaftig keine neue Welt bauen kann, mit denen man wahrhaftig nichts anfangen kann.

Die Zerbrochenen hat er in die Hand genommen. Er hebt uns in seiner Liebe auf, wie man eine zertretene Blume von der Straße aufhebt. In seiner Hand wird sie rein und lebendig.

Darum brauchst du nun nicht mehr zu beschönigen, was du vielleicht versäumt und zerstört hast. Du darfst dich umschauen und sehen, was in diesem Jahr liegengeblieben ist unter deinen Fußtritten und unter deiner Herzlosigkeit. Gerade weil du so einer bist, der mehr zertritt als erhält und baut, deswegen hat Gott zugegriffen, damit er einen Menschen erwärme und gewinne mit seiner Liebe. Du kannst zurückschauen auch auf deine eigene Schuld. Du kannst auch vorausschauen, und du brauchst dich nicht mehr zu fürchten, auch nicht mehr vor dem, was in deiner Zukunft vielleicht schwer und bitter ist. Diese Liebe, das weiß Paulus, wird dir nicht ersparen, was verwundet. „Wir wissen aber", sagt er im gleichen Kapitel, „daß denen, die Gott lieben, alle Dinge zum Besten dienen." Auch die Bitterkeit? Da liegt das Geheimnis drin: Auch die Bitterkeit! Auch die Krankheit, auch die Not, weil sie uns nicht nur losreißt — das tut sie — von manchem, was wir gehofft, ersehnt und festgehalten haben, sondern weil wir dann, wenn unsere Hände leer geworden sind, uns an der Hand festhalten, die uns schon lange hingestreckt ist, und leben wie einer, der neu geboren ist.

Da schreibt in dem Buch „Der Vater" Jochen Klepper von Friedrich Wilhelm I., der in seinem 30. Lebensjahr eine schwere Krankheit hat, und man meint, und er selber meint, er stürbe, und er schreibt sein Testament. Und dann weicht die Krankheit von ihm, und er beginnt damit, daß er sucht und sieht und baut, was getan werden könnte für die, die sonst vergessen werden: die Alten, die Waisenkinder, die Kranken. Nun hat er gelernt, das herzugeben, was ihm schon einmal aus den Händen genommen war und verloren war. Vielleicht sieht das so aus, wenn sich nach einem tiefen Schmerz und Leid unser Leben wandelt? Vielleicht mündet dann

Gottes Liebe erst wieder in unser Leben, weil unser Leben Risse bekommen hat, blutige Risse. Aber es sind Risse, durch die diese Liebe herein kam.

Und da ändert sich viel, da ändert sich sogar unser Gebet. Vielleicht könnten wir dann beten wie einmal Franz von Assisi gebetet hat, der begriffen hat, daß die Liebe Gottes darauf aus ist, Menschen zu gewinnen, die er dieser Welt zum Geschenk machen kann, als Menschen, die lieben können. Und er hat gebetet: Hilf, nicht daß ich ertragen werde, sondern daß ich ertrage; nicht, daß ich verstanden werde, sondern daß ich verstehe; nicht, daß ich geliebt werde, sondern daß ich liebe.

Darauf will diese Liebe auch heute bei dir und mir hinaus: Nicht nur dich für einen Augenblick zu erwärmen mit tröstenden Worten, nicht nur einen Moment das Leben so zu beleuchten, als sei es leichter geworden und könne leichter sein, nicht nur, um dich selber zu erwärmen, sondern um dich so nahe anzufassen, daß du ein Geschenk der Liebe Gottes werdest an dein Haus, dein Dorf und diese Welt. Denn so stark und innig liebt er uns, daß sogar wir bei ihm das Lieben lernen. Helf uns Gott! Amen.

Neujahrstag

Jakobus 4, 13-17

Liebe Freunde!

Am Neujahrsmorgen ist auch ein Pastor auf der Kanzel in der Versuchung, anzufangen mit etwas ähnlichem wie: „Ein frohes Neues Jahr euch allen!“ Man begegnet sich ja nicht auf der Straße, ohne daß einem das geradezu herausfährt, der Glückwunsch. Nun, das ist ja doch wohl ein schöner Tag, wo wir einander so heftig und so herzlich Glück wünschen, wie wir das spätestens seit Mitternacht getan haben.

Aber was ist eigentlich „Glück“? Ich will hier keine philosophischen Betrachtungen anfangen. Es kommt nicht darauf an, daß wir es beschreiben können. Wir sind sicherlich alle schon einmal glücklich gewesen. Wir sind es natürlich immer nicht lange geblieben, denn „die Verhältnisse, die sind nicht so!“ Das hat schon Bert Brecht festgestellt. Die Verhältnisse sind immer sehr unsicher. Und so ist das mit dem Glück auch immer eine etwas unsichere Sache. Es tut uns wohl, zu hören, daß man uns Glück wünscht, aber die Miene, mit der wir den Glückwunsch empfangen, sieht nicht immer so übermäßig strahlend aus, als seien wir ganz sicher, das Glück werde nun auch kommen und auch bei uns bleiben. So ergibt es sich also, daß wir fröhlich und strahlend und mit dem Glückwunsch auf den Lippen einander begegnen, aber im Grunde genommen ein bißchen mürrisch und düster bleiben.

Bei dem Mann, aus dessen Brief wir hier einen Abschnitt gehört haben, ist es genau umgekehrt. Wißt ihr, so sicher es ist, daß Luther diesen Brief aus ganz bestimmten Gründen nicht so besonders geliebt hat — er konnte ja schließlich auch nicht alle Briefe besonders lieben —, so sicher das auch ist, so lesenswert ist dieser Brief doch. Der Mann, der diesen Brief schreibt, wirkt zunächst ausgesprochen mürrisch, kurz angebunden wie ein alter Unteroffizier, der vor die Front tritt und seinen Leuten kurz und bündig etwas sagt: denn es kommt darauf an, daß jeder weiß, in welchem Verhältnis er steht und was er zu tun hat. Da kommt das Wort vom „Verhältnis“ wieder. Jakobus redet aber nicht von den allgemeinen Verhältnissen in der Welt, sondern von einem ganz bestimmten Verhältnis. Man darf da ruhig einmal nachsehen, wie er gleich am Anfang sein eigenes Verhältnis beschreibt: „Jakobus, der Knecht Gottes und des Herrn Jesus Christus." Das ist das Verhältnis, in dem er lebt. So ist sein Verhältnis: Ein Knecht, einer, der zu gehorchen hat.

Das tut einem schon ganz gut, das wieder einmal zu hören: Wo von Jesus Christus die Rede ist, da ist immer vom Gehorchen die Rede und auch von den Geboten. Und da ist etwas zu tun. Man kann nicht „Jesus Christus" sagen, ohne daß dann wirklich etwas kommt, was getan werden muß. Freilich muß der Satz auch umgedreht werden. In dieser Kirche und bei diesem Jakobus und bei anderen wird von Gehorchen und von dem, was getan werden muß, nie geredet, als liege die ganze Seligkeit in dem, was man nun anstellt, sondern immer so, daß jeder weiß oder wissen sollte: Da ist auch der Herr Jesus selber dabei und steht nun auch neben dir. Dieses Gehorchen, das ist etwas, was du mit ihm zusammen tust im gleichen Schritt und Tritt; oder sogar einen Schritt hinterher: Nachfolge. Das weiß dieser Mann. Und so mürrisch und knapp und kurz angebunden er uns auch erscheint, er wirft am Anfang doch gleich ein recht erstaunliches Stichwort hin, und das heißt — um den ersten Vers im Ganzen zu lesen: „Jakobus, ein Knecht Gottes und des Herrn Jesus Christus, den zwölf Geschlechtern" — das ist das Gottesvolk — „die da sind hin und her zerstreut, Freude zuvor!" Genauso ein knapper Infinitiv, wie er preußische Überlieferung ist. *So* sagt auch Jakobus hier: Freuen! Das nenne ich kurz angebunden.

Aber das ist ja wohl immerhin gar nicht so schlecht, denn der Mann meint: Freuen sollten wir uns! Freuen könnten wir uns, und es wäre etwas nicht in Ordnung, wenn wir das nicht fertigbrächten. Da scheint ja allerhand in Unordnung zu sein, sonst hätte er es den Leuten ja damals nicht schon so ausdrücklich sagen müssen. Freude! — oder wie Luther sagt: Freude zuvor denen, die zerstreut sind!

Zerstreut sind die Christen immer schon gewesen; zerstreut und verteilt in die Länder, die verfeindet sind; zerstreut und gedrängt von manchem um sie herum; zerstreut und zerrissen von manchem Streit zwischen einander, und nicht so leicht dabei, sich zu freuen; und nicht zuletzt so zerstreut, daß sie vergessen, daß sie Christen sind.

Und als Anfang setzt er nun auch gleich — allen unseren Einwänden: Wir haben aber gar keinen Grund, uns zu freuen, wenigstens im Augenblick nicht! — etwas entgegen: Eine handfeste Seligpreisung von ganz unerwarteter Art: „Selig ist der Mann" — das gilt für Männer wie Frauen — „selig ist der Mann, der die Anfechtung erduldet!"

Anfechtung — das ist etwas ziemlich Unerträgliches, das unsereinen trifft. Bei einer „Heimsuchung", da weiß einer, der mit seinem Herrn geredet hat: Jetzt hat er ganz anders gehandelt, als ich es erbat; er wird aber wissen, warum; ich weiß immer noch, er behält die Sache in der Hand.

Aber bei „Anfechtung", da weißt du nun wirklich nicht: Was ist hier dahinter? Was steckt hinter dem, was dich quält, ermüdet, daß du dich zergrübeln mußt und nicht mit Grübeln aufhören kannst, daß du Fehlschläge erleidest, wo du die besten Anläufe nahmst; daß du betest — und nimmst die Hände auseinander und alles ist leer? So sieht Anfechtung aus. Das ist, als ob du unter einer großen Woge begraben würdest und du kannst gar nichts dagegen machen.

Wie kann der Mann nur sagen: Selig ist der, der Anfechtung erduldet!? Er müßte doch sagen: Selig ist der, dem das erspart bleibt! Als Christ, der seinen Herrn in der Nähe weiß, müßte er doch uns einzureden versuchen: Euch bleibt das erspart, andere freilich werden das schon erleben!

Ja, da ist wirklich einer da: Der, den er seinen Herrn nennt und dessen Knecht er ist. Und er weiß: Der steht auch hinter dir, wenn du in deiner Anfechtung sitzest! Du kannst sie nur ertragen mit gefalteten Händen — und du bringst nicht einmal mehr ein Wort heraus und die Woge geht über dich hinweg. Aber an dem, der hinter dir steht, obwohl du ihn nicht spürtest, wird sie sich brechen! Selig, der da hineingerät! Denn wie erst ein Ertrinkender erfährt, ob ein Retter in der Nähe ist, so wirst du erfahren, wie fest diese Hand zugreift, die jetzt in der Welt ist.

Diese Hand hat etwas in der Welt angefangen. Sie hat vieles umgekehrt, so wie eben auch bei der Anfechtung: Es ist „umgekehrt", der Verzweifelte ist der Gerettete! Es ist umgekehrt wie eine umgepflügte Scholle: Da liegt unten oben, und das, was oben war — ein bißchen mit Unkraut bewachsen — nun unten. Anfechtung, die eigentlich schrecklich ist, ist auf einmal der Schritt zu einer wunderbaren Erfahrung geworden. Und wer das nicht hat, der hat keine Erfahrung. So ist alles umgepflügt. Und das sollt ihr wissen.

Das führt er nun an Einzelnem durch, daß oben nicht mehr oben und unten nicht mehr unten ist, daß der Arme, der dir begegnet, viel wichtiger ist, als der einflußreiche Mann, von dem du dir etwas Gutes erwarten kannst. Und daß oben nicht mehr oben und unten nicht mehr unten ist, das steckt dann schließlich auch in unserem Text drin. Da hat einer angefangen zu pflügen in dieser Welt, ihr werdet dabei auch umgekehrt und umgestürzt. Ja, ihr werdet, ihr Zerstreuten, sogar in dieser Welt immer wieder untergepflügt. Aber das ist gut so. Untergepflügt muß ja auch werden, was wachsen soll, oder wenigstens in den Acker tief hineingebracht werden und nicht bloß daraufgestreut. Wachst ihr nur; auch dort, wo ihr „untergepflügt" seid in der Welt, erreicht euch der Lebenshauch, daß ihr wachsen könnt. Je tiefer, desto besser werden eure Wurzeln sein.

Nun, was hat das mit diesem Text zu tun? Der ist nicht so leicht zu verstehen, denn zunächst denkt man, das wäre ein Wort für Handlungsreisende. Die Kaufleute hier in diesem Text wollen freilich ein ganzes Jahr lang in einer anderen Stadt bleiben und kräftig Handel treiben. Und es klingt beinahe so, als würde denen gesagt, sie sollten wenigstens vorher einen frommen Spruch sagen: So der Herr will! Ich muß gestehen, der Unterschied scheint mir nicht sehr groß, ob einer nun dies oder jenes vornimmt ohne einen frommen Spruch, oder ob er vorher sein Gesicht in fromme Falten legt und sagt: So der Herr will!

Aber so ist das hier kaum gemeint. Gemeint sind nämlich ganz bestimmt hier nicht nur die aufgeweckten Kaufleute, sondern gemeint sind alle Sorten von Leuten, die sich für „aufgeweckt" halten und die so rührig und die so tüchtig sind. Und es könnte ja unter Umständen sogar auf die Pastoren gehen, die halten sich ja auch für ganz schön aufgeweckt, die sind ja auch stolz, wenn sie recht schön rührig sind und richtig tüchtig, und den Leuten erzählen können, daß sie überhaupt nicht zur Ruhe kommen, weil sie viel zu tun haben.

Denen würde der alte Korporal Jakobus sagen: „Höre einmal zu, mein lieber Freund, du und aufgeweckt? Du hast die Augen dicke zu, du übersiehst die Hauptsache; vor lauter Umtriebigkeit übersiehst du ..." — ja, was ist denn eigentlich die Hauptsache? Das sagt er hier so einfach hin: Ihr wißt nicht, was morgen sein wird, denn was ist euer Leben? Ein Dampf, der eine kleine Weile währt. Das nenne ich wirklich nüchtern gesprochen. So ein Dampfwölkchen, so, wie man es bei diesem Wetter vor den Mund haucht: Da ist es — weg ist es! Soll das nun die Hauptsache sein? Nein, das ist noch nicht die Hauptsache, aber das ist der Anfang von der Hauptsache, daß nämlich unsereiner nicht bloß wissen soll: Ja, ja, natürlich werde ich irgendwann einmal sterben, aber ich werde doch wohl noch dies und jenes machen! — sondern daß er stiller wird; denn mitten in dem, was er will und denkt und plant, kann ihn zu jeder Stunde der Tod herausziehen aus seinen Gewändern, aus seinem Haus, aus seinen Plänen.

Nun sagt uns das Jakobus nicht, damit wir schwermütig werden oder weil er selber schwermütig wäre. Er tippt uns mit dem Finger nicht nur an diese empfindliche Stelle, damit wir evtl. anfangen, jetzt eine Art von Todespoesie zu betreiben, wie die Barockzeit es tat. Die spielte gerne mit dem Nebeneinander von Tod und Leben. Da sieht man einen kleinen wohlgenährten Engel und mehrere, die tanzen um Totenschädel, — ein sehr aparter Gegensatz. Aber das ist Spielerei. Wenn man bloß den Finger auf diese verwundbare Stelle legt, die wir da alle haben — du könntest heute schon tot sein und in drei Tagen würden die Kränze verwelken auf deinem Grabe — das könnte nur dazu führen, daß einer sagte: Dann wollen wir genießen solange wir können! — oder daß einer die Hände in den Schoß legen und sagen würde: Da tun wir gar nichts; es hat ja keinen Zweck, ich stehe ja doch auf zerbrechlichem Grunde!

Nun erst kommt eigentlich das, was für diesen Mann die Hauptsache ist. Das soll eben nicht nur eine Redensart sein und braucht nicht nur eine Redensart zu sein: So der Herr will ... — und wir leben! Solange wir leben, will er nämlich, daß wir leben. Und solange er das will, sollen wir auch seinen Lebenshauch empfangen. Und zwar nicht bloß, damit wir dies oder das doch noch planen und doch noch durchsetzen und dann wieder unversehens von ihm weggerannt sind in unserer aufgeweckten eifrigen Art, sondern uns jeden Tag und jede Stunde wieder auch an das halten, was der Herr will.

Der Grund ist dünn, auf dem wir stehen; der war damals dünn und ist es heute auch. Aber der Lebenshauch dieses Herrn, der ist ja da. Und wenn du weißt, daß du eigentlich so nahe bei ihm lebst — du und ich, du vergänglicher, sterblicher Mensch — dann hast du die Hauptsache wieder einmal angefangen zu merken. Da hast du Grund; das ist ein anderer Grund als deine Pläne oder die Pläne der Welt oder die Berechnungen der Menschheitstechniker, die sich das Erstaunlichste ausgedacht haben. Der irdische Grund ist zerbrechlich, auf dem du stehst mit all denen, die da hin und her treiben, hin und her rennen. Aber der, bei dem du als Christ stehst, der steht fest. Du stehst dann nicht mehr auf deinem „Ich will", „Ich kann", „Ich werde", sondern auf seinem „Mein Kind, du darfst, du sollst heute, ich will, daß du heute für mich einen Schritt gehst!"

Sein Leben leben nach dem Willen dieses Herrn, das ist nicht ein besonderer Schritt, den du zu deinen Lebenswegen und -aufgaben noch hinzusetzen müßtest, als einen frommen Gang zu den üblichen Gängen. Luther hat uns gesagt, daß das, was da zu tun ist für diesen Herrn, so eine handfeste und alltägliche Sache sein kann, wie daß eine Frau ihre Stube fegt oder ihrem Kind die Windeln wechselt. Luther meint, wer das Gott zuliebe treulich tut, der tue ein genauso heiliges Werk wie einer, der Gottesdienst hält. Und er hat wohl recht, nämlich dann ist es ein heiliges Werk, wenn du sagst: Gut, Herr, da ich wieder heute leben darf, will ich zur Liebe für dich tun, was ich kann, und dienen, wo ich kann, dem anderen. Weil du willst, daß ich noch lebe, tue ich das Meine dir zuliebe gerne.

Seht ihr, da ist alles das, was ich immer tat, unverändert — und doch anders. Gewissermaßen so verändert, wie — ich habe das einmal erlebt, ihr habt es vielleicht auch schon erlebt — wie sich das Leben verändert, wenn man einmal beinahe gestorben ist. Wenn man dann wieder — sei es nach einer Krankheit oder was auch immer — aufstehen kann oder nach Hause kommt: Es ist gar nicht zu glauben, wie milde wir dann sind, wie ganz anders wir da mit den Menschen umgehen, viel rücksichtsvoller sind wir dann. Wir haben einen Tag oder eine Woche oder noch ein Jahr oder mehrere geschenkt bekommen und merkwürdigerweise sind wir nun willig, Zeit und Geduld an andere abzugeben. Nun, in ganz schweren Fällen fangen wir dann freilich schnell genug unser wildes Planen wieder an.

So sollten wir aber eigentlich jeden Tag leben, wie einer, der immer von der einen Seite fühlt: Es ist nicht mehr weit bis zum Tode, er steht gleich neben mir. Und von der anderen Seite fühlt er: Es ist nicht weit bis zum Leben, er steht auch noch immer neben mir. Das können wir wissen. Das ist der Unterschied zwischen Sicherheit — wie wir sie suchen — und Gewißheit — wie wir sie haben sollen und in der wir uns dann freuen sollen.

Und dann können wir alle Unsicherheit der Welt ruhig wissen und können auch unbefangen davon reden, daß kein Mensch weiß, wie dieses Jahr weitergehen wird.

Das dürfen wir alles ruhig wissen, daß jeder Tag tatsächlich ein furchtbares Ende über uns bringen kann, über uns und viele, und wer weiß, über was alles. Das dürfen wir wissen.

Wir dürfen das aber nur wissen, wenn wir uns im gleichen Augenblick an unserem Herrn festhalten, sonst geraten wir in die törichte, selbstmörderische Panik und Aufgeregtheit — oder laufen herum und machen mit dem Schrecknis dieses Zeitalters noch Sensation. Dazu ist es nicht da. Wir können ruhig wissen, und das tut mir immer so wohl, daß Pläne, große Pläne, die gemacht werden, vor dem, der neben dir und mir steht, nur ein Hauch, ein Wölkchen, ein Nichts sind. Es ist gut so, denn die großen Pläne zum Heil der Menschheit haben immer zu großen Opfern geführt, zu furchtbaren Opfern. Die Beglückungspläne, die herrlichen Utopien, enden immer mit Schrecken. Gott bewahre uns vor ihnen.

Nur sollten wir uns von der Planungssucht auch nicht anstecken lassen. Es gibt eine Art, sein Leben zu planen, die gottlos ist. Und natürlich gibt es auch eine Art, sein Leben gar nicht zu überdenken und gar nicht zu überlegen. Diese Art Leute hat auch nicht mit dem geredet, der neben uns steht und mit uns etwas zu tun haben will.

Etwas zu tun haben — da steckt auf einmal der letzte Satz drin: „Wer da weiß, Gutes zu tun, und tut es nicht, dem ist es Sünde!“ Das ist ein Satz, mit dem wirft Jakobus ein ganzes dickes Buch über „Sünde und Unmoral“ einfach zum Fenster hinaus. Mein lieber Freund, Schuld, das ist das, was du schuldig bleibst; du kannst dich nicht damit herausreden, daß du dies oder jenes Schlechte noch nicht getan habest und daß du neben dem oder jenem Titelhelden der Bild-Zeitung doch immer noch ein blütenreiner Bundesrepublikaner seiest. Das hilft dir nichts! Hast du getan, was du an deinem Platze zu tun hattest? Und denke dabei nicht immer an das Große und Auffällige, was du gerne getan hättest und doch gar nicht zu tun hattest; vielleicht bist du gar nicht dazu da, im Augenblick die entferntesten Winkel der Welt zu retten; vielleicht bist du dazu da, in deinem Hause jetzt einmal so „gelinde" zu leben, wie einer lebt, der weiß, wie nahe er dem Tode ist, und liebevoll zu leben, wie einer, der weiß, wie nahe er seinem Herrn ist.

Das solltest du keinem schuldig bleiben und brauchst du keinem schuldig zu bleiben. Das kannst du voller Freude tun. Deine Pläne, deine Sorgen, deine Ängste, alle diese versteckten Anklagen gegen Gott, die wirf bitte zum Fenster hinaus. Du wirst dort gebraucht, wo du stehst; und wenn du ein Stück weitergehen sollst, wird es der Herr dir schon sagen. Hier gilt: Wo der Herr zu einem tritt, da ist etwas zu tun; wo du aber etwas zu tun findest, steht er auch selber dabei und ist auf dem Plan. Und so kann der Korporal Jakobus wieder schließen mit: Leute, herhören: FREUEN! Das ist jetzt „dran" — jetzt, 1974! — Amen.

1. Sonntag nach Epiphanias

Römer 12, 1-5

Liebe Freunde!
Eigentlich müßte ich den Gottesdienst mit einer Frage anfangen, einer ganz fatalen Frage, nämlich der, ob euch kalt ist? Und je nachdem, wie freundlich ihr über diese alte Kirche und mich denkt, würde die Antwort entweder nachsichtig und höflich lauten: Nein, danke, es geht! — oder ehrlicherweise lauten: Nun ja, ein bißchen friert mich, mach es kurz!
Ich habe aber diese Frage an den Anfang gestellt, damit wir diesen Text am Anfang und vom Anfang aus richtig verstehen.
Was können denn das Frieren und dieser Text miteinander zu tun haben? Nach meiner Meinung eine ganze Menge. Er rauscht erst einmal so schön erhaben daher, dieser Text, daß man sich verstohlen die etwas frierenden Hände und die etwas kalten Zehen in den Schuhen bewegen kann. Es entgeht einem, wie es scheint, dabei nicht allzuviel. Das sind Worte, wie man sie halt in der Kirche hört: Liebe Brüder! Nun, Apostel pflegen so zu reden: Barmherzigkeit Gottes, Opfer, lebendig, heilig, vernünftiger Gottesdienst! So muß das ja alles sein.
Dabei entgeht einem das kleine und das wichtige Wort: Ich ermahne euch *nun*! Wieso ist denn das so wichtig? Ermahnen ist doch immer dran. Und er fängt hier eben wieder einmal an, zu ermahnen, daher sagt er „nun"! Das ist doch klar.
Nein, nein! *Nun*, das heißt: Nachdem nämlich vorausgegangen ist alles das, wofür der Mann elf Kapitel gebraucht hat, um es den Leuten einigermaßen zu sagen. Es ist natürlich nahezu Anmaßung, wenn ich jetzt versuchen wollte, das in einem Satz oder in zweien zu sagen, was der Mann, der große Apostel, in elf Kapiteln gesagt hat. Aber trotzdem ist der Versuch unbedingt notwendig, denn sonst denkt ihr: Hier ist wieder einmal eine von diesen schönen Ermahnungen; die tun einem wohl und man hält sie auch für nötig — aber es bleibt doch alles beim alten.
Nun, das heißt nicht, daß uns über unsere menschlichen Anlagen irgend etwas Besonderes mitgeteilt worden sei, etwa: Wir seien

zwar ziemlich schadhafte Exemplare der Gattung Mensch, aber so schlimm sei das auch wieder nicht, denn Gott sei ausgesprochen gütig und wohlwollend.

Nein —, und jetzt kommt das, weshalb ich gefragt habe, ob ihr friert: Weihnachten hat sich Gott zu uns in die Stube gesetzt; da ist bei uns — ich wage es so zu sagen — ein Ofen angezündet worden.

Nicht wahr, wer in einem Hause mit Zentralheizung lebt, ein Mann, den ich bedauere, weil ihm eine ganze Reihe wichtiger Empfindungen verlorengehen, — ein Mann, der in einem Hause mit Zentralheizung lebt, der merkt es nicht, was das ausmacht, wenn das Feuer zu prasseln und zu wärmen beginnt. Das ist ein Erlebnis, das allerhand seelische Bedeutung hat. Und wenn man gar in einem kalten Hause aufsteht und hat dann eine nette Frau, die einem im Amtszimmer schon Feuer gemacht hat — mit welchem Hochgefühl wärmt man sich dann erst die Hände! Da ist einem wohl, nun kann man auch sitzen und nachdenken. In einer kalten Stube kann man das nicht.

Nun — sagt Paulus — lieber Freund, rede dich nicht mehr heraus auf deine „kalte Stube"! Und damit ist ganz gewiß etwas anderes gemeint, als etwa das Zimmer in der Straße Nummer sowieso in dem und dem Stockwerk. Rede dich bitte nicht mehr heraus auf die kalte Stube, Freund, bei dir ist jetzt ein Ofen angezündet, und nun — seht ihr — kannst du dir die Hände wärmen, kannst sie aus der Tasche nehmen, da hattest du sie nämlich. Wo soll man sie sonst haben, wenn man friert?

Du kannst sie von dem Rücken wegnehmen, wo du sie vielleicht in deinen Rockschoß gewickelt hattest. Du kannst sie jetzt behutsam an den Ofen halten, drehen und wenden, und siehe da, dann werden die Hände geschmeidig, jetzt kannst du damit etwas tun.

Paulus sagt hier nicht: Los, tue einmal etwas, damit du warm wirst! — sondern: Höre einmal zu, das war ja Weihnachten gesagt, da ist einer, der macht dir jetzt von Herzen warm. Und wenn du auch innerlich so ein „erfrorener Christ" wärest, daß du dich selber nicht mehr gerne hättest, der sagt: Komm, Kind, du bist mir viel zu schade, als daß du mir erfrieren und andere mit deinem Erfrieren und mit deinem Zittern und mit deinem Frösteln noch anstecken könntest. Komm, ich will dich gehörig warm machen! Da ist ein Ofen: „Barmherzigkeit Gottes", das ist der Ofen in deinem Zimmer.

Der „Ofen", der für euch angezündet ist, der steht nicht in irgendwelcher Zimmerecke, wohin du dich zurückziehst zur Erbauung und Vertiefung deines Seelenlebens, sondern du darfst ihn überall herumtragen und kriegst so viel Wärme, daß deine Hände geschmeidig bleiben und zufassen können, und daß du überhaupt beweglich bleibst und nicht bloß immerfort an das Frieren denkst. So viel Wärme sollst du dauernd auf deinen Weg, gewissermaßen in der Brusttasche über deinem Herzen mitnehmen. Du kannst dir da immerfort die Hände daran wärmen.

Das ist natürlich sehr banal gesagt, es ist aber im Grunde genommen genau dasselbe, was kluge Leute so nennen: Gott, der Herr, will nicht länger für sich sein, sondern er will für dich sein. Ein kleiner Unterschied, nur ein Buchstabe. Jawohl, er will bis dahin, wo du stehst, damit deine Hände warm werden.

Und das ist nämlich gemeint mit dem „lebendigen Opfer". Nicht ein erstarrter Andächtiger, sondern ein Lebendiger; einer, dem die Finger nicht so starr werden; einer, dem der Mund nicht zufriert, so daß er kein freundliches Wort mehr herausbekommt. Ich weiß nicht, ob euch das so geht, aber mir geht das sehr oft so.

Einer, dem das Herz nicht zufriert, so daß er nur noch zynische Bemerkungen machen kann; zugefrorene Herzen machen nur noch zynische Bemerkungen über die Welt. Sie entsprechen der Kälte der Welt, aber sie entsprechen nicht der Wärme, die auf dich und mich kommt und kommen soll und bei dir bleiben soll.

Nun brauche ich nur noch eines zu sagen. Jetzt wißt ihr, das Wörtchen „nun" eröffnet hier nicht einen Katalog von Ermahnungen: Du machst das jetzt gefälligst so! — sondern das „nun" besagt: Mensch, nun merke doch einmal endlich, daß es mit der Kälte vorbei ist bei dir; nun tue doch nicht so, als ob du immer noch in deinem kalten Zimmer lebtest und nur mühsam aus dir ein kleines bißchen guten Willen, von einem Tag zum anderen eben weiter zu machen, herauspumpen müßtest. Werde ein „lebendiges" Opfer; so nah, wie der dir kommt mit seiner Wärme, so nahe bleibe du ihm auch! Wenn ich einen Ofen habe, dann gehe ich ja mit den Händen daran, dann wärme ich mich ja auf und werde lebendig.

Aber eines muß ich noch sagen: Wir wollen nun nicht überschlagen, daß hier steht „Opfer“, „werde lebendiges Opfer“. Natürlich nicht Schlachtopfer, die auf ungeheuer anstrengende Weise sich aufopfern und sich für unwahrscheinliche Dinge umbringen. Aber immerhin: Dein ganzes Leben und dein ganzer Weg gehört jetzt dem, der anfängt, dir warm zu machen und dich lebendig zu machen.

Und zwar steht hier: Begebet eure Leiber zum Opfer. Siehe da, siehe da, das hat mit den Händen und mit den Füßen und mit dem Mund zu tun und dem ganzen Körper, und nicht bloß mit einigen frommen Einfällen, nicht mit einigen frommen Gesprächsbrocken, weder im Gespräch mit Menschen noch im Gespräch mit Gott. Das hat mit deinem ganzen Leib und Leben zu tun und du sollst, — nein, du darfst mit ihm zusammen sein, ihm gehören, auch bis in deine Freizeit hinein, mit alledem, was du da redest, was du da plauderst.

Es ist gar nichts, was nicht eigentlich ihm gehört, denn er macht es, oder will es doch machen, daß du immerfort und überall wieder Wärme bekommst.

Seht ihr, das ist „vernünftiger Gottesdienst“, der sich kein frommes Programm entwirft unter Verwendung einiger Bibelsprüche; der nicht das Wort „Frieden“ hernimmt und es dann ungeprüft in die Welt wirft, als sei die Welt in ihren blutigen Wirren so herrlich leicht überschaubar und durchsichtig, daß man blindlings und auf Anhieb sagen könnte, wo hier Weichheit oder Festigkeit dem Frieden dient. Nein, ein „vernünftiger Gottesdienst“ läßt das fromme Ausposaunen bleiben. Da hat man nämlich eine ganze Menge damit zu tun, sich selber vernünftig einzuüben darauf, wie man sich als ein Mensch am Ofen, als ein Mensch mit warmen Händen bewegt. Hier heißt es nämlich: Stellet euch nicht dieser Welt gleich (in der es von herrlichen Proklamationen und Heilsrezepten nur so wimmelt), sondern verändert euch; dort ist anzufangen. Was sich daraufhin in der Welt ändert, wird sich zeigen. Vermutlich mehr, als wenn du damit anfängst, auf die Welt ständig einzureden.

Ich will es nun ganz kurz machen: Es ist natürlich nötig, daß man sich manchmal große Überlegungen macht, zum Beispiel über sogenannte „Grenzsituation“, wo es um Gewissen und Widerstand geht. Nachdem wir uns stundenlang darüber unterhalten hatten, da sagte einer, und ich glaube, das war ein besserer Christ als ich:

Wissen Sie, bevor wir über Widerstandsfragen reden wollen, sollten wir uns lieber einmal gefragt haben, wieviel christliches Gewissen dazu gehört, festzustellen, wann unsereiner jetzt wirklich von seiner Arbeit nach Hause gehen dürfe und wie lange er noch sitzen müsse. Da fängt Gewissensernst an. Wenn wir das geübt haben, früh pünktlich zum Dienst zu gehen, wenn wir gewissenhaft überlegen, wie lange wir dableiben, dann werden wir im Falle des Widerstandes auch wissen, wo Widerstand zu leisten ist.

Das klingt vielleicht etwas banal, aber ihr versteht wohl, was der Mann meinte: Gewissen muß täglich eingeübt werden.

Und ich will es noch banaler sagen: Wenn ich es nicht bei meinen täglichen Arbeiten, den ganz alltäglichen Pflichten übe, sie eben nicht mit Seufzen zu tun, sondern — nun, Gott zu Gefallen, genau dasselbe wie gestern wieder rechtschaffen zu tun, damit ich meinen Platz, meinen „Stand" ausfülle, — wenn ich das nicht einübe, das Kleine ihm zuliebe und mit ihm zu tun, dann wird es bei großen Lebensentscheidungen, wo es um Leben und Tod, Ehe oder Scheidung oder wer weiß was alles geht, mir schon lange nicht gelingen, darauf eingeübt zu sein.

Nun brauche ich nur noch das Letzte zu sagen und kann voller Beruhigung schon das Buch zuschlagen: Und das alles braucht unsereiner nicht so für sich allein zu tun. Seht ihr, zu Hause haben wir alle unseren eigenen Ofen — gut und schön, Paulus hat aber gesagt: Ihr alle seid ein Leib. Bildet euch nie ein — sagt er den Leuten, wer weiß, ob er uns das nicht auch wieder einmal sagen müßte? — bildet euch nie ein, daß nun ihr allein von Gott nur mit Löffeln voll Weisheit gefüttert werdet; das Üben muß man gemeinsam machen.

Und zwar nicht nur deswegen, weil er jedem von uns verschiedene Gaben gibt, die der andere eben nicht hat. Nicht nur deswegen, weil der andere neben uns manchmal sagen könnte: Höre zu, du redest zwar sehr schön, aber hier, siehst du, da ist deine praktische Übung wieder daneben gegangen. Bei diesen Fehlern darf dich der Hausgenosse seelenruhig verhaften und das sollte er auch tun; nicht nur, weil einer dem anderen weiterhilft und weil Gemeinschaft und Auf-andere-hören unser „Ich" auch ein bißchen kleiner macht — sondern deswegen, weil er uns ja erwärmt, damit wir vor allen Dingen wieder warmherzig zueinander hinkommen.

Es gibt nichts Schwereres, als immer wieder über allen Schutt hinweg, und durch alle Dornen hindurch zu den Menschen zu kommen. Und zwar nicht nur zu denen, die ich mir suche, sondern zu denen, die nun einmal in meiner Nähe und in meinem Hause sind: Eltern, Kinder, Hausgenossen, Mitarbeiter — die alle miteinander Christen heißen, genau wie ich. Wer tut den ersten Schritt? Den hat Er getan. Und deswegen können wir wieder anfangen, miteinander zu leben.

Das wird sicherlich unserem Haus und dieser Welt gut tun — und ist doch nicht einfach ein Rezept zugunsten dieser armen geplagten Welt. Stellt euch nicht dieser Welt gleich. Das erinnert uns auch daran, immer wieder zu bedenken: Wir üben unsere Hände und Herzen nicht nur, damit es auf dieser Welt etwas besser werde — wenn das geschieht, Gott sei Dank! —, sondern wir üben uns als seine lebendigen Opfer, weil er Menschen haben will — so verständlich oder unverständlich das auch klingen möge — die eines Tages in seinem Reich bei ihm bleiben. Das helf uns Gott, daß wir Kinder seines Reiches werden und bleiben und uns einüben miteinander. Es kann der Welt nur wärmer werden dabei. — Amen.

2. Sonntag nach Epiphanias

Römer 12, 5-17a

Liebe Freunde!
Was wir da hörten, kann unmöglich jemanden überrascht haben. Da ist wieder einmal die Rede von Brüderlichkeit, von Liebe, Barmherzigkeit und dergleichen mehr. Die Reihe, die Paulus hier aufzählt, ist ziemlich lang und man könnte sie sogar noch länger machen.
Warum kann man diese Aufzählung so lang machen? Weil man immer wieder noch ein Stück entdeckt, an dem sich das erweisen müßte, wonach alle Welt hungert, nämlich: Rechtschaffene, brüderliche Liebe! Wir müssen zugeben — und ich halte das sogar für sehr wichtig —, daß hier nichts steht in diesem Text — wenigstens beim ersten Anhören — was nicht jeder anständige Mensch in der ganzen weiten Welt auch wünscht und auch ähnlich sagen würde. Es steht nichts hier, was nicht unter Umständen jedermann, auch wenn er es nicht gerade in apostolischer Ausdrucksweise weit gebracht hätte, in anderen Worten, aber genauso redlich, ja, vielleicht noch besser und noch deutlicher sagen könnte.
Versteht ihr, ich habe damit uns daran erinnert, daß wir Christen nicht das Vorrecht gepachtet haben, von Brüderlichkeit und von Liebe zu reden und zu sagen, wie notwendig sie der Welt sei. Es ist gut, wenn man sich das wieder einmal sagt. Und wenn wir das wieder einmal vor Augen haben, wollen wir nun nicht etwa die bequeme Ausflucht ergreifen und sagen: Daran, daß eine ganze Menge Leute so etwas sagen, die auch bei gutem Wetter nicht mehr in die Kirche kommen, merkt man, wie sehr der christliche Glaube langsam aber sicher doch die Welt umgestaltet hat.
Vielleicht ist das zwar nicht ganz falsch und einen klugen Mann könnte es reizen, sich darüber Gedanken zu machen, wie vieles, was heute selbstverständlich ist oder sein sollte, eigentlich seine Wurzeln im Christlichen hat: Die Klöster haben damit angefangen, Kranke zu pflegen; die Kirche hat damit angefangen, die Bettler zu speisen. Die christliche Gemeinde hat damit angefangen, nicht das Herrschen, sondern das Dienen — Stichwort „Diakonie“

— für wichtig zu halten. Und auch das, was man mit den Worten „Demokratie“ und „Toleranz“ bezeichnet, das hat seine Wurzeln im Christlichen. Ich sagte, darüber könne ein kluger Mann ausgiebig reden; aber dazu braucht er eine Menge Zeit und daher sollte er das an einem anderen Ort machen.

Wir können uns das sparen; nicht weil das etwa falsch wäre, sondern weil wir damit immer noch nicht weiter wären. Wenn heutzutage jedermann echte Brüderlichkeit für sehr notwendig hält, so mag das hierzulande möglicherweise seine Wurzel darin haben, daß es so lange schon in unserem Lande Gottesdienst und Bibel und Katechismus gibt. Ich halte das schon für richtig, wenn Bismarck einmal sagte: Die Leute wissen gar nicht, wieviel von dem, was sie für anständige Gesinnung halten, und von dem sie meinen, das habe jeder Mensch so im Leibe, „ein fossiler Überrest des Christenglaubens ihrer Vorväter“ ist. Er wird recht gehabt haben.

Aber selbst wenn das nicht der Fall gewesen wäre, sondern man ehrlicherweise zugeben müßte, dieses Verlangen nach Frieden und Brüderlichkeit sei sogar älter als die christliche Kirche, — selbst wenn wir das ehrlicherweise zugeben müßten, hätten wir gar nichts verloren, sondern könnten nun erst auf die wichtige Frage geraten: Wenn die Christen und alle Welt sich so prächtig einig sind in der Feststellung dessen, was diese Welt braucht und was ihr fehlt — dann beschrieben wir ja etwas, was ihr fehlt — wieso nützen solche Beschreibungen bei aller Genauigkeit so wenig?

Offenbar ist solchen Aufrufen zur Brüderlichkeit nur geringer Erfolg beschieden, denn es ist doch immerhin schon 2000 Jahre her, seit Paulus das schrieb — und es ist immer noch nötig, davon zu reden! Und es ist vielleicht sogar 3000 Jahre her, daß kluge Leute von Brüderlichkeit und Enthaltsamkeit, von Treue und Liebe geredet haben. Die Römer haben sogar dergleichen Eigenschaften als Götter verehrt und ihnen Tempel gebaut, aber es hat nichts in dieser Welt sich geändert. Etwas Neues und Besonderes haben die Christen nicht zu sagen, und auch Paulus sagt hier nichts, als was schon immer gesagt wird.

Können die Christen es etwa besser sagen? Antwort: Nein! Wenn man „Liebe“ sagt, dann ist es dasselbe, ob ein Nichtchrist oder ein Christ es sagt. Können die Christen das Lieben etwa besser durchhalten? Antwort: Nein! Der Unterschied zwischen Christen und

Nichtchristen, wo es darum geht, wirklich zu lieben, besteht leider Gottes nicht darin, daß die Christen das besser könnten als die anderen. Auch die Christen bleiben auf der Strecke. Wenn ihr sehen wollt, wie oft das der Fall ist, dann überlegt einmal, wie oft ihr, die ihr ja doch Christen seid, auf der Strecke geblieben seid. Auch bei Christen geht es trotz dieser Liebesaufrufe genauso kümmerlich zu, wie es bei anderen und in der ganzen Welt trotz aller Liebesworte zugeht.

Wir können also nicht sagen: Bei uns Christen ist es wenigstens um drei Grad wärmer als außerhalb. Keinesfalls, zumindest nicht immer. Oft ist es sogar ein ganz bißchen kühler. Nicht nur in der Kirche, sondern auch unter den Christen. Ich kenne eine ganze Menge von Vereinen, die halten ganz anders zusammen, als die christliche Gemeinde. Also auch da liegt der Vorzug nicht. Was ist aber dann der Unterschied zwischen Christen und Nichtchristen? Wenn es einen gibt, dann liegt er wohl darin, daß die Christen — wie oft auch immer sie versagen — jedenfalls keine Ausrede haben, nun schließlich mit den Worten „Nun aber Schluß!" damit aufzuhören. Sondern ihnen wird gesagt: Wenn du sagen möchtest „Nun aber Schluß!", dann hättest du nicht nur dich auf die Welt mit ihrer Kälte und mit ihren Mißerfolgen eingestellt, sondern dann hättest du deine Verbindung mit deinem Herrn Jesus Christus zerrissen.

Der läßt dir die Ausrede „Es nützt ja doch nichts!" nicht durchgehen. Es mag sein, daß er dich an der Hand noch nicht hoch bekommt und du immer wieder stolperst und daliegst — mitten in deiner platten Selbstsucht und Angst um die eigene Haut. Aber er hat noch immer nicht gesagt: Nun lasse ich dich liegen, du bist zu oft auf die Nase gefallen; nun höre ich auf, dir das Herz warm zu reiben, das will nicht mehr warm werden! Das sagt er eben nicht.

Darum hast du als Christ keine Ausrede zu sagen: Nun wird es nichts mehr! Das ist das Einzige, was ich zunächst einmal als Unterschied zwischen Christen und Nichtchristen sagen würde. Wir haben keine Ausrede zu sagen: Weil es bisher in der Weltgeschichte nicht gelungen ist und bei mir nicht gelungen ist, deswegen gebe ich es jetzt auf, das Wort von der Liebe zu hören und ernst zu nehmen! Das ist ein kleiner Unterschied. Es ist noch nicht der letzte. Ich habe das nur gesagt, damit wir etwas demütig werden und uns nicht einbilden, wir hätten es gepachtet, von Liebe zu reden, und wir hätten die beste Praxis. Die Kirche hat in ihrer Geschichte auch eine ganze Menge von Scheußlichkeiten begangen. Das dürfen und müssen wir ruhig eingestehen. Der Vorzug der Christen könnte ja gerade darin liegen, daß wir unsere Mißgriffe nicht verhüllen, daß wir uns nicht verstellen.

Bei uns geht es also in puncto Liebe genauso kümmerlich zu, wie bei anderen auch. Wir wünschen sie uns genauso wie andere auch. Wir scheitern genauso wie andere auch; bloß — sagte ich — wir haben keine Ausrede, deswegen zu sagen: Nun aber Schluß! Wir haben keine Ausrede!

Warum eigentlich nicht? Da steht ein Spruch in der Mitte unseres Textes, in welchem Paulus gewissermaßen übersprudelt von lauter Liebesmahnungen und Aufrufen. Man kann das gar nicht alles behalten.

Ein Spruch steht aber in der Mitte, bei dem ihr euch gesagt habt: Den kenne ich! Vielleicht ist es jemandes Trauspruch gewesen? Er eignet sich sicher gut dazu. „Seid fröhlich in Hoffnung, geduldig in Trübsal, haltet an am Gebet!“ Und ich möchte diesen Spruch nun einmal vornehmen. Den braucht ihr euch nicht einzuprägen, den kennt ihr schon. Und dann werdet ihr an diesem Spruch, den ihr schon in Gedanken habt, euch vielleicht doch ein bißchen von dem merken können, was mir hinter dem Spruch zu stecken scheint.

„Seid fröhlich in Hoffnung, geduldig in Trübsal, haltet an am Gebet!“ Der Spruch klingt zunächst einmal so, als ob er eine Allerweltsweisheit verkündet, nämlich: Falls ihr Hoffnung habt, seid vergnügt, falls ihr Trübsal habt, seid geduldig; mal habt ihr dies, mal habt ihr jenes! Und dann erscheint so gewissermaßen als Anhängsel, weil wir halt unter Christen und in der Kirche sind: Und haltet bitte an am Gebet!

Die Nichtchristen können auf das Gebet natürlich verzichten. Aber sie sind auch fröhlich in Hoffnung. Und die Nichtchristen sind in Trübsal sogar oft bedeutend geduldiger als die Christen, auch wenn sie sich nur sagen, was zwar kein Glaubenssatz, aber ein Erfahrungssatz ist: Man muß es nehmen wie es kommt.

Was steckt aber wirklich in diesem Spruch: „Seid fröhlich in Hoffnung, geduldig in Trübsal?“ Seid fröhlich — das heißt hier: Hört einmal zu, ihr, an denen gar nicht so viel dran ist und die mit

Menschen zu tun haben, an denen auch nicht so viel daran ist, ihr habt trotzdem jemanden, der bei euch bleibt, und der geht nicht weg! Seid fröhlich, denn ihr habt immer jemanden bei euch!

Ich hatte eben gesagt: Wir haben als Christen keine Ausrede, zu sagen: Jetzt lohnt es sich nicht mehr anzufangen! Solange der eine, der bei uns ist, sich aber über uns bückt, und sei es, wie sich der Hirte über das verlorene Schaf bückt, das da in den Dornen hängt, solange der sich noch über uns bückt und so lange der noch die Arme aufmacht wie der Vater, als der verlorene Sohn zerlumpt und verschmutzt ankommt, solange haben wir noch Hoffnung. Die könnten nur wir selber verschmähen, nehmen kann sie uns keiner. Höre einmal zu — sagt Paulus — und wenn es ganz zum Verzweifeln wäre mit dir und deiner Welt, ich sage dir: Da ist immer noch jemand, der hält dich fest an deinem Arm!

Und weil das so ist, darum solltest du dich immer fragen, wenn du einmal nicht fröhlich bist: Habe ich jetzt zu viel an anderes gedacht und zu wenig an den, der heute wieder auf meiner Bettkante sitzt? Seid fröhlich, ihr habt ihn doch! Und wenn deine Fröhlichkeit nicht stimmt, dann hast du deinen guten Hirten wieder einmal vergessen. Aber weil du ihn hast, kannst du sogar in der Trübsal geduldig sein. Es kann Trübsal zu dir kommen, aber er ist deswegen nicht gegangen und wird auch nicht gehen.

Aber das, was zunächst nur wie ein kleiner frommer Nachsatz schien: „Haltet an am Gebet!" — das ist die Wurzel des Ganzen: Da ist jemand, mit dem du reden kannst! Anhalten — das heißt: Immer wieder beten! Das fängt ohne Zweifel an mit einer Gewohnheit, und ich würde sagen, mit einer guten Gewohnheit: Ich erinnere mich dumpf, vielleicht ohne es glauben zu können, daß da jemand sein soll, von dem irgendeiner einmal gesagt hat: Jawohl, er sitzt heute wieder auf der Bettkante neben dir. Ich halte an — gut, ich will es einmal probieren, ich tue den Mund wieder auf. Ich erinnere mich daran, daß er bei mir ist.

Das muß *ich* tun. Er hat es ohnedies nicht vergessen, daß er bei mir sein wollte. Aber ich muß mich immer wieder daran erinnern, wie ernsthaft das ihm war. Erinnerung, die kommt mir aus dieser — ich sage es ganz derb — Gewohnheit. Gott erhalte euch die Gewohnheit, die alte Gewohnheit, daß man dann und wann betet. Es steckt mehr darin, als ihr meint. Ich kenne kluge Leute, die können bis heute nicht viel mehr als das Kindergebet zum Einschlafen, das ihnen die Mutter beigebracht hat. Und manchmal erinnern sie sich abends daran. Ich glaube, da kommt mehr in ihr Leben, als sie sich gedacht haben. Es kommt nicht auf das Format deines Glaubens oder auf eine bestimmte Formel an. Erinnere dich aber bitte daran: Da sitzt einer neben dir, tue den Mund auf, damit du es wieder merkst. Dann merkst du, daß die Hoffnung dir nicht genommen werden kann. Dann kannst du wieder fröhlich sein, und dann kannst du wieder geduldig sein.

Und von dem Jemand, der bei dir ist und bei mir ist, von dem kommt alles das wieder in Gang, was hier beschrieben ist. Und jetzt will ich euch auf das aufmerksam machen, was mir am Wichtigsten an diesem Text scheint.

Da steht zum Beispiel: Gibt jemand, so gebe er einfältig; regiert jemand, so sei er sorgfältig; übt jemand Barmherzigkeit, so tue er es mit Lust; die Liebe sei nicht falsch! Schaut einmal an! Paulus hat ja hier in Wirklichkeit gar keinen Katalog von lauter erwünschten Verhaltensweisen gegeben, sondern er erinnert uns daran, daß es von alledem: Bruderliebe, prophetische Rede und Umgang mit dem anderen, Verantwortungsgefühl, Gewissenschaftigkeit, — daß es von alledem lauter Fälschungen gibt unter Nichtchristen wie unter Christen!

Es gibt Liebe — aber sie ist falsch; es gibt Brüderlichkeit — aber sie ist heuchlerisch; es gibt Prophetie — und damit will man der Welt nur zeigen, was man für einen christlichen Scharfblick hat — das gibt es alles als lieblose Fälschung. Im Grunde genommen läßt Paulus hier gar nicht eine Mahnung über uns ergehen: Macht erstens, zweitens, drittens, viertens, fünftens und sechstens dies! — sondern er sagt: Ihr wißt, daß man das braucht; ihr wißt, daß die Leute um euch das brauchen; ihr hungert selber danach wie alle Welt. Fangt nicht an, das einfach so zu trainieren, das nützt alles nichts, das gibt nur Fälschungen. Das gibt nur ein Geschrei von Liebe; „viel Geschrei und wenig Wolle", sagten früher die Leute. Aber davon wird kein Mensch warm, von dem Geschrei; von der Wolle wird er warm, aus der er sich ein Kleid machen kann.

Denkt daran: Was die Hauptsache ist, darf euch nicht entgehen: Da ist jemand bei euch und kommt euch so nahe, daß, wie ein brennendes Holzscheit von einem anderen brennenden Holzscheit angezündet wird, ihr immer ein wenig in Brand geraten sollt. „Seid brennend im Geist", das heißt nämlich: Höre einmal zu, lieber Freund, kohle und schwele und rauche nicht so vor dich hin, laß dich doch von deinem Herrn, der zu dir gekommen ist — nicht du zu ihm — laß dich von dem wieder einmal „anzünden". Dann wird von dir und deinem Leben nicht nur aufsteigen der Dampf und Qualm der großen Worte von Liebe und Brüderlichkeit dieser Welt — mein Gott, wieviel Menschen sind im Namen der Brüderlichkeit umgebracht worden? —, sondern dann wird von dir Wärme ausgehen.

Und weißt du, woran du das merken sollst? Haltet euch herunter zu den Niedrigen! — steht da. Natürlich, das hat einen guten Sinn. Aber an sich heißt es: Versuche es nicht immer mit den großen Lebensfragen, vernachlässigt mir bitte nicht die kleinen Alltäglichkeiten. An den Kleinigkeiten soll man merken, daß du — so wenig du über einen eigenen Schatz von Wärme verfügst — daß du dich heute früh wieder einmal ein bißchen anfeuern, anzünden läßt von jemandem, der mit dir geht. Daß du so genau weißt, was Liebe in den großen Nöten der weiten Welt zu tun hätte, ist ja gut und wichtig. Aber wenn du selber die „niedrigen" Fragen deines eigenen Zusammenlebens mit alltäglichen und oft unangenehmen Menschen nicht mit liebevoller Wärme zu lösen vermagst, dann, lieber Freund, sei vorsichtig! Dann dürfte wohl das „Feuer" der Liebe in dir selbst wieder einmal ausgegangen sein — und dann wären deine herrlichen Liebesparolen an die Adresse anderer nur Dampf, der nicht wärmt, sondern in die Augen beißt.

Alles das, was hier unter dem Namen „Liebe" beschrieben ist, gibt es nur als Geschenk. Die echte und ungefälschte Liebe gibt es in dieser Welt überhaupt nur, weil wenigstens einer in dieser Welt ist, bei dem diese Liebe uns ganz unverfälscht entgegenkommt. Das ist nämlich dieser Jesus Christus, und der ist bei dir. So sicher du heute auf dieser Bank sitzt, so sicher sitzt er daneben. Und so sicher du in dein Haus gehst und ich in meines, so sicher geht er mit und sagt: Jetzt will ich dir wieder einmal helfen fröhlich zu werden. Du hast mich dabei, du darfst geduldig bleiben. Höre nur nicht auf, dich festzuhalten. Du wirst staunen, wieviel Menschen du dann ertragen kannst, so wie ich dich ertrage! — Amen.

3. Sonntag nach Epiphanias

Römer 12, 17-21

Liebe Freunde!
Es ist keine große Aufgabe, hier eine Überschrift zu schreiben: Feindesliebe! Und es ließe sich ohne viel Mühe darlegen, wie nötig es in einer verfeindeten Welt tut, daß die Menschen zueinander finden und daß Liebe und nicht Feindschaft das Stichwort wäre. Das ersehnen nicht nur wir, die wir am Sonntag in der Kirche sitzen. Von Lenin, den ja nun keiner von uns für einen Kirchenchristen halten wird, wird erzählt, daß er gerne Musik hörte. Eines Tages, nachdem er eine Sonate von Beethoven gehört hatte, sagte er seufzend: Ach, wenn man diese Musik hört, dann möchte man allen Menschen über den Kopf streichen, aber sie schnappen einem ja nach der Hand!
Ob wahr oder nicht, es bleibt glaubhaft, daß auch in diesem nüchternen und harten Menschen die Sehnsucht nach Liebe sich regte — so wie tief in allen Menschenherzen. Aber leider schnappt einer nach dem anderen wie ein Wolf nach dem anderen.
Nun immerhin gibt es in dieser Welt noch Mutterliebe. Da hat aber in Göttingen eine Frau gelebt, die eine merkwürdige Beobachtung gemacht hat. Das ist Lou Andreas-Salomé. Diese kluge Frau war befreundet mit Rilke, Nietzsche und Sigmund Freud, also ein Mensch mit weitem Blickfeld. Sie schreibt nach dem ersten Weltkrieg in ihr Tagebuch: „Wenn man über die blutenden Grenzen zwischen den Ländern Europas hinwegfährt, dann sieht man im Geist überall an den Grenzen das überlebensgroße Denkmal der trauernden Mutter, die um die gefallenen Söhne — sei es Freund, sei es Feind — trauert! Aber“ — und nun kommt etwas Unerwartetes — „das ist eine Augentäuschung, das ist ein Sehfehler, denn gerade die Mutterliebe ist es, die für das von ihr Geborene mit solcher Entschlossenheit eintritt, daß sie bereit ist, auch die Grenzen von Recht und Gebühr niederzutreten, um das zu schützen, was sie geboren hat!“
Und dann sagt diese Frau: „Mutterliebe bildet dem Menschen beides ein: Die Kraft zur Hingabe und — zur Brutalität!“

Ich fürchte, daß diese Beobachtung stimmt. Dann sieht es also so bei uns aus: Jeder hungert eigentlich nach einer Welt voll Liebe, in der man nicht mehr die Fäuste ballen müßte, sondern einander die Hände vertrauensvoll hinhalten könnte. Aber andererseits, selbst dort, wo Liebe so lebendig ist wie in der Mutterliebe, ist es nicht ausgeschlossen, daß solche Liebe — gerade weil sie etwas zu verteidigen und zu lieben weiß — sich zum Bösen hinreißen läßt!

Wenn doch Liebe aller Feindschaft ein Ende machte! Dieser Wunsch ist kein neues Stichwort. Wenn man genau hinsieht, bemerkt man: Paulus zitiert hier schon lauter alte Sprüche. Die Sehnsucht ist sehr alt und sie ist wohl bis heute ungestillt. So scheint es nutzlos, was Paulus schreibt: Von der Feindschaft, die es gibt, von der Feindesliebe, die es geben soll!

Daß es die Feindschaft gibt, das wissen alle Menschen. Und gerade die Christen, das hat ihnen ihr Herr schon gesagt, werden sie zu spüren bekommen. Die Welt wird sie nicht mit Staunen und Jubel aufnehmen. Sie werden bis in die Reihen ihrer eigenen Gemeinde hinein Feindschaft und Haß, die sie kannten, auch weiterhin kennen und kennen lernen.

Warum redet Paulus dann eigentlich? Will er uns zu einem billigen Optimismus verführen? Das kaum; dazu scheinen diese Worte hier viel zu nüchtern. Und nüchtern ist es auch, wenn er am Anfang sagt: Haltet euch nicht selber für klug! Was meint er denn damit? Meint er damit, daß wir nicht radikale Pläne zur Verbesserung der Welt aussinnen sollen, als hätten wir das Rezept entdeckt, das dem lieben Gott bisher leider noch nicht eingefallen ist? Vielleicht meint er das auch!

„Wenn das Böse in der Welt mächtig wird, dann spritzt es zugleich dem Christen das Gift des Radikalismus ein: Es gibt nur eine Scheidung: Für Christus — oder gegen ihn! Was darüber aus der Welt wird, fällt nicht mehr ins Gewicht!" So beschreibt das Dietrich Bonhoeffer. Hier wird die Geduld vergessen, die der Herr immer noch für die schuldige Welt aufbringt. Solche radikale Ungeduld hält sich für klug; aber vor dieser eigenen Klugheit wird hier sicherlich auch gewarnt.

Haltet euch nicht selbst für klug! Die Warnung greift aber wohl noch weiter. Was ist denn eigentlich unsere Klugheit? Nun, das Ergebnis unserer Erfahrungen! Und wenn jemand sagt: Ich habe meine Erfahrungen! — dann — paßt einmal bei euch selber auf — dann meint er meistens: Ich habe meine schlechten Erfahrungen! Er meint: Machen wir uns nichts vor, da habe ich meine Erfahrungen! Und gegen diese unsere Erfahrungen, mit denen wir „gebrannten Kinder" entweder zynisch die Welt ihren blutigen Gang gehen lassen oder radikal sie bis in den Abgrund verdammen — gegen diese unsere Erfahrungen setzt Paulus eine ganz bestimmte andere Erfahrung, nämlich seine eigene Erfahrung mit Feindesliebe. Nicht mit Feindesliebe, die er selber praktiziert hat, sondern Erfahrungen mit dem Einzigen, bei dem es wirklich in der Welt Feindesliebe gibt: Jesus Christus!

Paulus ist nämlich ein geborener Feind dieses gewissen Jesus. Nach seiner ganzen Art, nach seiner ganzen Denkweise, bis hin zu den Plänen, die Anhänger dieses Jesus, den man endlich umgebracht hat, nun auch auszurotten: Besser, daß diese Bösewichte sterben, als daß die ganze Welt von ihnen verseucht wird. So denkt und handelt ein geborener und entschlossener Feind Jesu.

Er begegnet diesem Jesus auf seinem Ritt nach Damaskus. Er stürzt nieder, aber dieser Jesus zertritt ihn nicht, sondern sagt: Du sollst mir dienen! Und der Mann geht nun in alle Welt und sagt: Freuet euch in dem Herrn, in diesem Herrn, den ich getroffen habe! Nun gibt es in dieser Welt Feindesliebe. Feindesliebe hat einen Namen und heißt Jesus Christus. Der geborene Feind Jesu — Paulus — hat das kennengelernt.

Und wir, denen er das weitersagt, sind auch die geborenen Feinde Gottes und Jesu; auch wenn wir fromme Worte machen. Wir sollten nicht vergessen, daß wir immer wieder uns selber auf den Thron setzen und Gott nur gelten lassen wollen, wenn er alles so macht, wie wir es für richtig halten. Wenn es einen Gott gäbe, dann hätte er schon längst in dieser Welt die Bösen ausmerzen müssen! — sagen wir.

Paulus aber spricht: Haltet euch nicht selbst für klug! Ihr, die ihr euch auf eure schlechten Erfahrungen mit anderen beruft, seid selber Leute, mit denen andere ihre Erfahrungen machen mußten. Wo wäret denn ihr, wenn er nicht mit seinen Feinden Geduld hätte? Nun aber habt ihr erfahren, daß er seinen Feinden nachläuft wie ein Hirte seinem verlorenen Schaf. Und diese Erfahrung laßt jetzt auch andere merken. Ihr seid nämlich die einzigen Leute in der

Welt, die jetzt wissen, daß es Feindesliebe gibt: Bei dem, der euch die Hand gegeben hat. Von dieser Hand laßt euch jetzt nicht mehr losreißen — laßt euch von ihr führen zu anderen Menschen hin.

Wie macht man das, sich führen lassen? Paulus beschreibt Lehrlingsarbeit: „Vergeltet niemand Böses mit Bösem", sondern „befleißigt euch der Ehrbarkeit gegen jedermann!" Damit könnte man schon heute anfangen, das ist Lehrlingswerk: Einsehen, wo der andere seinen Anspruch und sein Recht hat; dem anderen keinen Anstoß geben, ihm keine Steine in den Weg legen; und sich aus dieser sorgfältigen und nüchternen Genauigkeit im Umgang mit dem anderen nicht herausbringen lassen durch die Erregung darüber, daß der andere es eben leider nicht so genau nimmt.

Vergeltet nicht Böses mit Bösem, sondern nehmt euch das vor, jeden wirklich zu seinem Recht kommen zu lassen. Da geht es zunächst einmal um die Rechte, die ein anderer dir gegenüber hat als Hausgenosse, als Kamerad, Vorgesetzter, Untergebener. Eine Lehrlingsarbeit — und darum sind sich für diese Alltagsübung viele Leute zu schade. Kein Wunder, wenn sie dann zu Schwätzern werden. Frieden fängt aber damit an, daß du selber nicht so unleidlich rechthaberisch und selbstgefällig bist. Ohne diesen ersten Schritt gibt es keinen zweiten und keinen dritten. Dann wird es möglich, soviel an euch ist, mit allen Menschen Frieden zu haben. Dann habt ihr erst einmal das getan, was an euch ist, und zwar genau dort, wo ihr steckt.

Danach kommt das Gesellenstück: Rächet euch nicht selbst, gebt Raum dem Zorne Gottes, die Rache ist mein! Rächet euch nicht selbst — das heißt: Wo die anderen nicht tun, was an ihnen ist, da laßt euch nicht zum Zorne hinreißen; laßt euch nicht anstecken von der Entrüstung, mit der der andere zu Recht oder Unrecht über euch herfällt. Manchmal ja auch zu Recht! Und laßt euch nicht hinreißen in die Überlegung, ihr müßtet jetzt aber dem anderen einen Denkzettel geben. Auf eurem Denkzettel, den ihr nicht aus den Augen lassen sollt, steht: Ich habe dich bei deinem Namen gerufen, du bist mein! Das ist der einzige Denkzettel, und den solltest du selber festhalten und ich sollte es auch. Laßt euch nicht anstecken von der Art, in der Menschen sich sonst zu behaupten pflegen. Respektiert, was dem anderen zukommt und laßt euch nicht in das Hin und Her der Vergeltung hineinreißen.

Ich sage dazu: Solange man das so ein bißchen ungenau sagt, klingt es ganz gut. Genauer gesagt, müßte man jetzt noch zwei Fragen zulassen. Ich will sie nur nennen: Ist ein Standhalten und Verteidigen unserer Rechte, wenn der andere meine Rechte, meine wirklichen, nicht mehr aufgebbaren Rechte mit Füßen tritt, nicht etwas anderes als: Sich zu rächen? Ich meine: Ja! Und zweitens sollte man sich überlegen, daß dieses „Rächet euch nicht, sondern gebet Raum dem Zorne Gottes!" nicht ausschließt, daß es in dieser Welt Menschen geben muß, die das Amt des Strafens üben. Freilich sollten sie es — Helf ihnen Gott! — auch so tun, daß sie wissen, daß auch sie selber nur von der Geduld und Vergebung Gottes leben.

Das ist also das Gesellenstück: Wenn du zwar deine Grenze wacker einhältst und dem anderen gibst, was du ihm schuldig bist, der andere das aber nicht tut, dann laß dich nicht von Zorn und Rücksichtslosigkeit anstecken.

Und dann kommt das Meisterstück: So deinen Feind hungert, so speise ihn; dürstet ihn, so tränke ihn, so wirst du feurige Kohlen auf sein Haupt häufen. Das heißt das Meisterstück: Schaffe um dich Frieden! Das müßte ja wahrhaftig ein Meisterstück sein! Und das fängt mit dem einen an: Die Rache ist mein, ich will vergelten! spricht der Herr.

Dieses Zitat ist ein gefährliches Wort. Man könnte sich das so vorstellen: Ein kleiner Junge, der vor dem Elternhaus steht, wird von einem anderen Kind geärgert und vielleicht mit Steinchen geworfen; aber siehe da, dieser geduldige Kleine wirft kein einziges Steinchen zurück. Er steht da, er weiß nämlich genau: Gleich geht die Tür auf und dann kommt der Vater heraus und wird den Störenfried viel wirksamer verdreschen, als er das selber tun könnte. Liebe Freunde, das „Gebt Raum der Rache Gottes!" so zu verstehen, das wäre falsch. Was heißt es denn aber dann?

Wenn überhaupt einer zu rächen hat, dann könnte das nur Gott sein — aber ich lebe ja auch nur von seiner Vergebung. Ich lebe nur davon, daß er geduldig ist und nicht schlägt. So ist das. Das Strafen laß nur sein Werk bleiben und danke ihm, daß er es in Geduld tut; und wisse, daß dein Feind, dein ganz wilder Feind, auch zu denen gehört, die Gott nicht zerschlagen, sondern lieben möchte. Wenn dein Feind hungert, so speise ihn; dürstet ihn, so tränke ihn, dann hat er „feurige Kohlen auf dem Haupt". Was soll das nun aber wieder heißen?

Die Vorstellung, daß ein anderer „feurige Kohlen auf dem Haupte" trägt, könnte für einen gekränkten Menschen sehr reizvoll sein. Denn es ist kein angenehmes Gefühl, ein Becken mit feurigen Kohlen auf dem Haupt zu balancieren. Ich selbst täte das gar nicht gerne. Einem, der uns gekränkt hat, würden wir das schon gönnen. Es befriedigt uns durchaus, ihm unsere moralische Überlegenheit zu zeigen: Siehst du, du bist so tückisch, ich dagegen ...! Das ist nicht gemeint. Damit hätten wir uns schon selber und ganz selbstsüchtig eine Genugtuung verschafft. Mit den feurigen Kohlen ist sicherlich etwas anderes gemeint.

An einer Stelle in der Bibel steht von feurigen Kohlen bei Jesaja, und dann ist immer die Rede von den feurigen Kohlen auf dem Altar: Das ist Glut, die entsühnt und das Schlechte verzehrt. Wie auch immer das ursprünglich gemeint gewesen sein mochte, hier aus dem Munde des Paulus und für einen Christenmenschen kann es immer nur heißen: Tue du nur alles, was den Zorn des anderen aufzehren und sühnen kann, — auch sühnen.

Und außerdem geht es um ganz schlichte alltägliche Hilfeleistungen: Tränken, speisen! Das sind die großen Taten nicht, mit denen wir dem anderen gegenüber einen herrlichen moralischen Vorsprung gewinnen. Diesen Vorsprung suche nicht, sondern gehe mit dem anderen so um, wie mit dir, was du hoffentlich noch nicht vergessen hast, dein Herr umgeht. Er hat dich auch nicht geschlagen, sondern gespeist und getränkt.

Ein Christ müßte wissen, was das heißt. Er müßte es jedenfalls spätestens bei jeder Abendmahlsfeier wissen, daß dort unser Herr seinen Feind speist und tränkt, damit er wieder auf die Füße komme und mit ihm gehe und lebe. Darum geht es: Verbaue nicht den Weg des Herrn!

Ich sagte, das sei ein Meisterstück, Frieden zu stiften. Bitte, und dieses Meisterstück sieht so winzig aus, denn es ist ja nur der Friede mit einem Menschen ganz nahe bei dir. Es ist ja nicht der Weltfrieden. Es ist ja nicht der so notwendige Frieden zwischen den Völkern. Und deswegen wird dieses kleine Meisterstück so leicht vertauscht gegen lauthals vorgebrachtes Geschrei nach großen entscheidenden Friedensbewegungen. Unser Herr aber hat immer dort anfangen wollen, wo einer im Staube liegt, wo einer in den Dornen hängt, wo einer im Gestrüpp seines eigenen Hasses ist. Fange dort, wo du stehst und anfangen kannst, an, die Hindernisse, die ja wegzuräumen sind, wegzuräumen. Verbaue ihm nicht den Weg! Menschen in dieser Welt erschrecken vor vielem, und du wirst auch vor vielem erschrecken, auch weiterhin. Aber die Menschen in der Nähe Jesu erschrecken nicht mehr vor der Bosheit der anderen, weil sie die Bosheit ihres eigenen Herzens jede Stunde wieder entdecken können, und weil sie wissen, sie leben — nicht weil sie weniger boshaft wären als andere, sondern nur weil Jesus seine Feinde nicht zertritt, sondern aufhebt und bei der Hand nimmt.

Ein Christ weiß, wie leicht ein Mensch in Zorn und Ungerechtigkeit gerät. Er weiß es aus seinem eigenen Herzen. Er weiß es, weil er in den Spiegel sieht, ohne sein Gesicht in falsche Falten zu legen, in den Spiegel des Wortes Gottes. Er weiß, wie ein Mensch wird ferne von Gott.

Er weiß aber auch, wie er selber werden darf in der Nähe Jesu, daß er die Wärme nicht erkalten lassen soll, die ihm entgegengebracht wird alle Tage wieder. Er bangt jetzt nur noch davor, daß er dem anderen etwas Böses antun könnte und damit seinem Herrn den Weg zu anderen Menschen versperrte. Denn gerade durch mich sollten ja Menschen wissen, wie anderen Menschen wird und wie Menschen werden, trotz aller Rückfälle, in der Nähe Christi, in der Nähe dessen, der eben von Feindesliebe nicht redet, sondern sie uns antut, uns — Gott sei Dank. Dieses Licht seiner Feindesliebe wird nicht mehr verlöschen in der Welt. — Amen.

4. Sonntag nach Epiphanias

Römer 13, 8-10

Liebe Freunde!
Wenn jemand das Neue Testament aufschlägt, weil er einen Trost oder eine Weisung sucht, dann kann ihm besonders bei den Briefen des Apostels Paulus manchmal die Sache recht schwierig werden. Nicht nur weil der Apostel Paulus eine Sprache führt, von der wir sagen müssen: Nun, das ist ja nicht gerade leicht verständlich ausgedrückt! Oft fällt unser Auge auf irgendeine Stelle, da redet er vom Kreuz und Sterben Jesu Christi. Was soll mir das jetzt? Dann redet er wieder von Auferstehung Jesu. Was soll mir das dann?
Es ist also ein wahrer Glücksfall, wenn unsereiner auf Anhieb eine so prächtige Stelle herausfindet wie diese. Denn das ist nun doch wahrhaftig einmal handfest, deutlich und schön. ‚Bleibt niemand etwas schuldig, so daß ihr euch in keinem Punkte mehr etwas vorzuwerfen habt und nichts mehr zu tun bleibt — außer dem, sich untereinander zu lieben!‘ Ist klar! Versteht man! Also erledigt alles, was ihr schuldig seid zu tun. Und denkt daran, daß ihr schuldig seid, das alles dem Nächsten aus Liebe zu tun! Und wenn ihr mit den Geboten einigermaßen fertig seid, dann bleibt euch immer noch genug zu tun: Ihn zu lieben!
Oh, das ist eine gute Sache; das erinnert daran, wie wir mit dem anderen umgehen sollten. Nicht so, als hätten wir da unsere Aufgabe jemals absolviert, selbst für den Fall, daß wir eigentlich sagen möchten: Jetzt kann er nichts mehr von mir verlangen; jetzt muß aber der andere erst einmal . . .! Selbst für diesen Fall erinnert uns Paulus doch daran, daß wir dann immer noch ein offenes Konto abzudecken haben: Den anderen lieb zu haben, ihm Wärme zu geben!
Und wenn er sagt: Wer so liebt, der hat das ganze Gesetz erfüllt! — dann hat er natürlich völlig recht. Wer so weit ginge, immer daran zu denken, was der andere braucht und was unsereiner ihm geben könnte, der würde überhaupt nicht erst auf den Gedanken kommen, dem anderen etwas wegzunehmen, was die Gebote ja deutlich uns untersagen: Nimm ihm nicht sein Leben, seine Ehre;

nimm ihm nicht seinen Lebensgefährten; nimm ihm nicht, was er erworben hat!

Natürlich, wenn wir soweit sind, daran zu denken, was er braucht, dann sind ja alle diese Gebote schon überboten. „So ist nun die Liebe des Gesetzes Erfüllung!" Das ist doch einmal eine gute Sache, dieser Abschnitt.

Natürlich wäre es gut, die Bibel nicht nur dann und wann aufzuschlagen, um sich einen Trostspruch herauszusuchen, sondern sie vielleicht auch einmal hintereinander zu lesen, wovon zum Beispiel Luther viel mehr gehalten hat als von der Bröckchenmethode, Sprüchlein aus der Bibel zu suchen. Vielleicht würden solche Leute aus einer gewissen Erfahrung heraus sagen: Vorsicht mit Stellen, die einem so glatt eingehen und über die man ohne weiteres sich mit einer ganzen Menge Leute einigen könnte, die sonst weder von Bibel noch von Jesus Christus etwas verstehen oder gar verstehen wollen.

Deswegen scheint es mir auch eine verdächtige Sache, jetzt — was ihr vielleicht ganz gerne möchtet und sicherlich auch brauchtet und was ich am Ende sogar sagen könnte — jetzt das eine zu tun: Eine Rede zu halten darüber, wieviel Liebe und Mitmenschlichkeit die Welt nötig hat, und daß wir in diesem Punkte erst Anfänger sind. Ich will das euch ersparen, ich will mir das ersparen, ich kann uns das ersparen. Es wird in dieser Welt und mitten in unserer Zeit von Liebe so viel geredet, daß einem schon die Ohren schwirren. An Aufforderungen zur Liebe fehlt es uns keineswegs.

Es wird sogar in einer etwas aufgeregten Weise von Liebe geredet — und immer mit dem Hinweis, der hier in unserem Text verblüffenderweise zu fehlen scheint. Uns wird nämlich gesagt: Wenn ihr das nur erst einmal fertig bringt zu lieben, dann bricht der Friede aus; wenn ihr das nur erst einmal fertig bringt zu lieben, dann gehen die Konflikte weg aus eurem Leben und sogar aus der Welt!

Das ist natürlich ein sehr großartiges Ziel. Daran hat Paulus offenbar gar noch nicht gedacht, denn er schreibt seine Verse von der Liebe hin, ohne ein einziges Wörtchen darüber zu verlieren, was dabei eigentlich für eine Wirkung herauskommen könnte auf die Weltgeschichte und auf die Lebensgeschichte des Einzelnen. Da sieht man doch, daß die Apostel gar keinen Horizont haben, sonst hätte er doch irgendetwas darüber schreiben müssen, wie herrlich das wirken wird, wenn die Liebe einmal nur richtig bekanntgemacht und den Leuten gesagt wird: Fangt an zu lieben, setzt jetzt einmal überall hinter eure Entscheidungen nur eine Frage: Was ist hier liebevoll? — dann wird es erstaunliche Wirkungen geben!

Ja, ich kann natürlich nur sagen, daß das wunderbar klingt, und ich werde mich sehr hüten, ein einziges Sterbenswörtchen dagegen zu sagen. Ich sollte das lieber für mich behalten, daß in der Frage des allgemeinen Weltfriedens ein Berliner vor gut ungefähr 20 Jahren einen sehr giftigen Vers gemacht hat, Erich Kästner: „... daß die Absicht, endlich Frieden zu stiften, sich gar nicht anders verwirklichen läßt, als alle Beteiligten zu vergiften!“ Wie häßlich von Erich Kästner, das zu sagen.

Es könnte natürlich sein, daß er recht hat, und daß das Stichwort „Liebe“ wunderbar klingt, solange ich nicht gemerkt habe, daß gerade beim Stichwort „Liebe“ der Nächste mir selber und ich selber dem anderen im Wege stehe.

Aber das soll jetzt nicht so klingen, als sei es unnütz, daß von Liebe geredet wird. Immer und ewig wird es nötig sein, und wenn es uns nur an den Mangel erinnerte, an die Lücke, die immer da ist, wo ein Mensch zu anderen Menschen kommen soll. Denn das ist es ja gerade, da sind die Risse, die Lücken zwischen unsereinem und dem Nächsten, oft dem allernächsten Menschen.

Aber nun will ich es nicht umständlicher machen. Nun will ich nur einmal sagen: Es fällt auf, daß auch dieses Wort des Paulus über die große Liebe eben nicht hier eingestreut ist als ein schöner Leitsatz, den man herausnehmen kann, sondern er steht eben in einem Kapitel, genau genommen in zwei Kapiteln, dem zwölften und dem dreizehnten. Und das zwölfte Kapitel fängt an mit „Barmherzigkeit Gottes“, und das dreizehnte Kapitel hört auf mit: „Ziehet an den Herrn Jesus Christus!“ Und was dazwischendrin steht, eben auch dieser Abschnitt, wird Unsinn oder bekommt wenigstens einen anderen Sinn, als er bei Paulus hat, wenn wir das beides weglassen: Barmherzigkeit Gottes — und: Ziehet an den Herrn Jesus Christus!

Ich weiß, das Wort von der Liebe paßt herrlich in unsere Ohren. Das wird aber nichts daran ändern, daß es eben nicht in unser Herz paßt. Es sei denn, daß dieses Herz von der Barmherzigkeit Gottes selber ergriffen wird. Es sei denn, daß uns Jesus Christus so nahekommt, als säße er auf unserer Haut wie ein Kleid, das man trägt. Ziehet an den Herrn Jesus Christus, laßt ihn euch auf die Haut kommen.

Paulus beschreibt hier etwas, was uns in der Nähe Jesu Christi gegeben wird — aber er empfiehlt nicht ein Programm: Macht es so! Für ihn ist Jesus Christus nicht jemand, der von Liebe geredet hat, sie dann womöglich uns auch noch vorgemacht hat — dann aber wieder verschwunden ist —, und nun müssen die Menschen zusehen, wie sie mit dem zurechtkommen, was er gesagt hat und vorgemacht hat. Sondern für diesen Paulus ist Jesus Christus einer, mit dem er zusammengeraten ist und der ihn gepackt hat und der ihn nun bewegt und trägt durch die ganze Welt. Eben nicht als ein Redner, der große Sätze verkündet. Paulus hat eigentlich immer nur eines zu sagen: Du da und dort, der du weißt, wie unser Leben zerrissen ist, der du ein zerbrochener Stab bist und ein glimmender Docht: Endlich ist jemand gekommen, der mit unsereinem, der mit uns zerbrochenen Stäben und glimmenden Dochten anfängt zu leben — mit uns zusammen!

Und hier wird beschrieben, was dabei herauskommt. Hier wird nicht gesagt, oder nicht nur gesagt: Da gibt es erstens einmal das Gesetz, die Gebote; und darüber hinaus tue etwas mehr, die Liebe! Sondern hier wird uns zugesagt, was herauskommt, wenn wir dem begegnen, der als Einziger in dieser Welt die Liebe in Person ist.

Gewiß, es steckt schon viel dahinter, wenn wir daran erinnert werden, daß es über unser Zusammenleben mit Menschen Gebote Gottes gibt und nicht nur menschliche Regeln. Alle Gebote reden vom Umgang mit Gott und mit dem Nächsten. Leben ist also immerfort Umgang mit Gott und Umgang mit Menschen. Daran erinnern uns die Gebote. Und dort wird es heil oder dort wird es heillos, wo du mit dem Menschen nicht richtig umgehst.

Darauf kommt es an. Nicht nur, weil es dann angenehmer wäre, in der Welt zu leben, sondern da hat sich Gott, der Herr, selber dahintergestellt und gesagt: Das ist es, wofür ich dich haben will, mit dem anderen umzugehen, dem Menschen neben dir, mit seinem Leben, mit seiner Habe, mit seiner Liebe, mit seiner Treue, mit seinem Ruf, menschlich umzugehen. Tust du das nicht, dann hast du nicht nur den Nächsten und letzten Endes dich selber, dann hast du mich verleugnet, dann bist du mein Feind geworden.

Es ist gut, uns daran zu erinnern. Aber was hülfe uns das, wenn nicht dieser Jesus Christus gekommen wäre, von dem Paulus weiß und uns weitersagt — und nur deswegen schreibt er ja einen Römerbrief und andere Briefe: Höre zu, Freund, da ist jemand, der weiß, wie es in der Welt zugeht! Es ist ihm selber am eigenen Leibe widerfahren. Da ist jemand, der hat uns zwar gesagt — und nun kommt ein Wort, das wir uns bei allen Erfolgszusagen christlicher Parolen immer wieder einprägen sollten —, der Herr hat uns allen gesagt: Es wird in dieser Welt nicht besser, es wird allenfalls schlimmer; aber ich bin bei euch alle Tage! Und deswegen wird nicht einmal dort, wo dein Leben abnimmt und zerbricht und zugrunde geht und hingeopfert wird — deswegen wird nicht einmal dort es abnehmen, sondern immer noch wachsen, weil ich bei dir bleibe.

Und wenn Paulus nun beschreibt, wie Liebe aussieht und was sie täte, dann hat er uns nur das Kennzeichen gegeben, an dem wir merken, ob wir bei dem Herrn geblieben sind, dessen Liebe uns überhaupt erst warm und lebendig macht. Und beim Blick auf dieses Kennzeichen muß jeden Augenblick immer wieder uns der Schrecken packen: Ich bin ja wieder von ihm weg und was nun!?

So will uns Paulus haben, so erschrocken und aufmerksam. Er sagt nicht: Raffe dich zusammen und fange an zu lieben! Das wäre eine Liebe mit zusammengebissenen Zähnen — ein schlechter, bitterer Witz, etwas Unmögliches. Du sollst nicht die Zähne zusammenbeißen, sondern deine Hand nach dem ausstrecken, der durch seine lebendige Liebe sogar einen glimmenden Docht wieder zum Brennen bringt. Bringt dich der zum Brennen, dann ist alles getan, was das Gesetz will — und mehr als das: Du kannst lieben!

So ist also die Liebe des Gesetzes Erfüllung — die Liebe, die uns in der Nähe Jesu zuwächst. Luther sagt in seiner Vorrede zum Römerbrief, seinem Lieblingsbrief, deutlich: Du mußt lernen zu unterscheiden zwischen zweierlei: Das Gesetz halten — und das Gesetz erfüllen. Das Gesetz halten, die Gebote halten, das bringen wir alle fertig. Luther hat menschliche Sündhaftigkeit niemals so beschrieben, als sei es dem Menschen leider unmöglich, zum Beispiel den Ehebruch zu vermeiden. Das ist für Luther völlig sicher, daß du ihn vermeiden kannst. Er hat auch nie gesagt, der Mensch sei leider so sündhaft, daß er eben ohne Diebstahl nicht leben könne.

Das bringst du sehr wohl fertig. Du bringst es durchaus fertig, den Griff nach dem Eigentum des anderen zu unterlassen. Aber es kostet einen Kampf gegen deine Gier. Den Kampf kannst du durchaus gewinnen — aber die Gier bleibt lebendig.

Luther sagt: Das Halten kannst du dir abzwingen, und hinterher wirst du sogar mächtig stolz sein, daß du so gut mit dir fertig geworden bist. Aber das ist noch nichts. Was Gott, der Herr, braucht, das sind Menschen, die ein solches Herz gewinnen, das gar nichts anderes kann, als fröhlich und Gott, dem Herrn, zuliebe anderen ebenso Gutes zu tun, wie es ihnen ihr eigener Herr täglich antut. Ein solches Herz „erfüllt" das Gesetz. Es wünscht sich nichts anderes, als seinem Herrn Freude zu machen.

Und nun kommt das Zweite: Das sicherste Kennzeichen einer Liebe, die aus Herzensgrund geht, ist dies: Daß unsereiner vergißt, daß er dem anderen etwas Gutes getan hat. Mißtraut allen Menschen und euch selber, die aufzuzählen wissen, wieviel Liebe sie anderen getan haben. Wer liebt, der weiß immer nur, was er jetzt noch tun könnte, aber nie, was er schon getan hat. So geht es ja auch bei jungen Leuten, die einander recht lieb haben. Ihr könnt sicher sein, sobald die anfangen, einander die Geschenke aufzurechnen, ist es mit der Liebe schon aus. Aber wenn einer sich immer nur überlegt: Was kann ich jetzt noch tun? — und es fällt ihm immer noch etwas ein und es macht ihm immer mehr Freude, je mehr er tut —, dann ist er ein wenig in die Nähe des Herrn geraten, der selber in Liebe uns beschenken will.

Und so ist das nun das Allerletzte und das Allerschönste: Paulus redet nicht von der Liebe als Programm, von einem schrecklichen und geradezu unerfüllbaren Gebot, sondern er sagt: Denkt einmal an, so glückliche Leute seid ihr mit diesem Herrn, daß ihr in seiner Nähe und durch seine Wärme sogar das täglich wieder fertig bringt, zu lieben! Den Herrn nimmt euch keiner weg. Ihr selber seid der kleine Riß in der lieblosen Welt, durch den seine Liebe herein will. Tut ihm euer Herz auf — und schon ist die Liebe mitten in der Welt. — Amen.

Letzter Sonntag nach Epiphanias

2. Petrus 1, 16-21

Liebe Freunde!
Da steht es gleich am Anfang, dieses peinliche Wort: „Fabeln"! Ein Wort, das wir Christen so fürchten und das wir so oft hören müssen: Christen, ach, das sind Leute, die altertümlichen Fabeln folgen! Und dann zählen wir auf: Geburt, Taten, Auferweckung Jesu! — lauter märchenhaft klingende Dinge, die zur nüchternen Wirklichkeit dieser Welt so gar nicht passen wollen.
Dieser Vorwurf, daß wir Narren seien, die Fabeln folgen, hat uns Christen zu allen Zeiten so schwer getroffen, daß wir immer versucht haben und es immer wieder versuchen, uns als kluge und moderne Menschen auszuweisen, indem wir in einer der Welt verständlichen Weise zu Fragen der Gegenwart Stellung nehmen und Ziele anstreben, die aller Welt einleuchtend und wünschenswert erscheinen müssen.
Es ist so verständlich, daß wir nicht für „zurückgeblieben" gelten möchten. Und es ist ja doch auch Aufgabe der Christen, immer wieder das alte Wort, die alten Worte zu übersetzen und die Sprache ihrer Zeit, die alten Zusagen zu übersetzen in die Nöte unserer Zeit! Ist das nicht auch unsere Sache? Ja, ganz gewiß ist das unsere Sache!
Aber das, was in diesem Text gesagt wird: „Wir sind nicht klugen Fabeln gefolgt!" — das wendet sich nicht gegen Angriffe auf die Torheit der christlichen Reden und Lehren, sondern das setzt ein dickes Fragezeichen hinter genau die Art von Klugheit, auf die Christen damals stolz waren und heute immer wieder stolz sind, und dank deren sich das, was sie sagen, endlich reimt auf die Not dieser Welt, aller Welt einleuchtet, von jedermann als notwendig und wichtig empfunden wird.
Gerade da aber, so meint dieser Mann, der hier schreibt, hätten wir die lebendige Verbindung, dank deren wir Christen heißen, verloren und — uns „klugen Fabeln" zugewendet. Wir hätten damit die Kraft und Zukunft unseres Herrn Jesu Christi durch fabelhafte Klugheit zu ersetzen versucht.

Der Mann, der hier schreibt, ist nicht Petrus; das ist sicher. Er lebt zwei oder drei Generationen später. Das verrät sich in der verzweifelten Schilderung des zweiten Kapitels: Zerfall und Zersetzung der christlichen Gemeinden, wohin man schaut. Das ist doch auch wirklich zum Verzweifeln — damals und seither immer wieder. Verzweifelt fragt sich der Mann: Wenn jetzt einer der Apostel unter uns wäre — was würde der uns Christen wohl sagen —, uns, die wir nicht wissen, wie es nun weitergehen soll mit uns und mit der ganzen Welt.

Wissen wir denn heute besser, wie es weitergehen soll? Es gibt freilich wunderbare und einleuchtende Deutungen der Zukunft dieser Welt: Fortschritt! Die Leute können es uns an den Fingern herzählen, wie herrlich es vorangeht. Aber über der gleichen Welt liegt zugleich die fahle Dämmerung des Unterganges, und man kann es uns an den Fingern herzählen, warum es zum Untergang geht. Wer sollte da nicht in Verwirrung geraten? Wir sehen und hören zwar fast im gleichen Augenblick, wenn in der Welt irgendwo gejubelt wird oder geächzt. Aber das Fernsehen in unserer Stube ist ja auch kein Hellsehen; sondern es zwingt uns nur zum Dabeisein; es zwingt uns! Denn wer die Fernsehkamera führt, der bewegt damit unser Genick: Da mußt du hinschauen! Und so zwingt er zum Hinschauen auf Frohes, Beglückendes, und zwingt uns hinzuschauen auf Schreckliches, Fürchterliches. Es bleibt uns nichts erspart. Aber was ist denn der Reim auf dieses wechselnde Bild? Wer soll das alles deuten; wer will das alles deuten? Und man muß doch versuchen, das endlich zu deuten?

Das sagten Menschen schon immer; das sagten auch die Christen schon damals. Wir kennen nicht im einzelnen die Deutungen, die sie damals versucht haben. In diesem Brief verraten nur Andeutungen, auf wie verschiedene Weise sie den christlichen Reim auf die verworrene Welt suchten. Es kommt auch nicht darauf an, die Einzelheiten darzustellen. Uns kann genügen, daß aus diesem Text herausklingt: Die Christen konnten es einfach nicht länger aushalten, und es ist auch schwer auszuhalten, immer nur das eine zu hören, was sich mit einem — ja, sogar alttestamentlichen Wort sagen läßt: Fürchte dich nicht, ich habe dich erlöst, ich habe dich bei deinem Namen gerufen, du bist mein! Das ist doch keine Antwort! Das ist doch keine Antwort auf alle die Fragen: Wo kommt das

Böse her, wie setzt sich das Gute durch, was muß endlich geschehen, was ist das Wichtigste, wohin treibt die Welt — und so weiter? Das ist doch keine Antwort. Und da beginnen die Christen, die Worte der Bibel abzupressen auf die Antworten auf ihre Fragen. Aber das ist nun einmal eine verzweifelte Sache. Je länger unsereiner — aber nun, ich rede lieber von mir —, je länger ich die Bibel studiere, desto mehr merke ich, daß ich auf meine Fragen nahezu keine Antwort finden kann; daß es dort immerfort nur eine Antwort gibt, nach der ich nun bestimmt im Augenblick gar nicht gefragt habe. Welche Antwort? Nicht eine Antwort: Gott gibt es! Das ist nicht die Antwort der Bibel. Sondern der Ruf: Ich will dich haben, komme her! Ja, aber das war ja gar nicht meine Frage! Immer nur die eine Antwort und die soll man dann mit seinen ungelösten Fragen übereinbringen.

Ich sagte: Der Mann, der hier im 2. Petrus-Brief redet, ist in genau der gleichen Lage, in der wir immer sind: In einer Welt, die wahrhaftig auch voll Blut war damals. Und in der zweiten und dritten Generation von Christen fließt viel Blut — gerade auch Blut der Christen. Auch er lebt in einer Welt, die in ihren Fundamenten zittert und deren Untergang man befürchten mußte. Was würde in einer solchen Welt Petrus sagen?

Wollen wir einmal sehen, was nach Meinung dieses Mannes Petrus in einer solchen Lage sagen würde: „Wir sind nicht klugen Fabeln gefolgt!" Ich glaube, jetzt brauche ich das nicht mehr lang auszulegen, daß das heißt: Wir Apostel haben nicht eine kluge einleuchtende Belehrung über den Gang der Welt erhalten. Der Text der Evangelien bestätigt das. Die Jünger haben oft genug gefragt: Wann wird dies oder jenes geschehen und was wird das Vorzeichen sein? Antwort: Die Stunde weiß niemand! Was Jesus seinen Jüngern sagt, läuft immer wieder hinaus auf das: Jetzt aber komme du und folge mir nach. So eindringlich, daß es schon beinahe langweilig wird, weil es immerfort das eine und dasselbe ist. Wir haben keine Belehrung erhalten! — würde Petrus sagen. Wir haben keinen Aufschluß über den Gang der Weltgeschichte! Wir haben nicht einmal ein Patentrezept zur Herstellung des Friedens erhalten! Wir haben es nicht! Wir haben kein Patentrezept und werden keines bekommen! Was haben wir?

„Wir haben euch kundgetan die Kraft Jesu Christi!" Euch kundgetan, euch gesagt, daß die Kraft Gottes bis zu euch gekommen ist, um euch zu ergreifen. „Und die Zukunft unseres Herrn Jesu Christi." Das heißt: Das einzige, was wir über die Weltgeschichte und die Welt zu sagen haben — meint dieser Mann —, das ist, daß die ganze Weltgeschichte, deren Wogen über uns hinweggehen und deren Strömung wir verzweifelt zu bestimmen versuchen, — daß die ganze Weltgeschichte endet in den Händen Jesu Christi. Wie sie das fertigbringt, wissen wir nicht; wie er das fertigbringt, wissen wir nicht; das ist uns nur „angesagt", — aber so, als sollten wir heute und jetzt schon seine Kraft bei uns haben.

Nun sieht es freilich so aus, als wollte jetzt unser Mann im Namen des Petrus mit Beweisen aufwarten und dogmatisch werden: „Wir haben seine Herrlichkeit selber gesehen, da er empfing von Gott, dem Vater, Ehre und Preis; die Stimme: Das ist mein Sohn!" Aber was ist denn das für eine Erklärung, die er damit abgibt? Was heißt denn dieser Hinweis auf die Verklärung, deren Geschichte wie eben vom Altar gehört haben? Ist die Verklärung *Auf*klärung? Gerade in der Verklärungsgeschichte heißt es, als die erschreckten Jünger am Schluß aufgeweckt werden: Und sie sahen niemanden als Jesum allein! Jesus allein — das ist ein sehr kümmerlicher und dürftiger Mann; das ist einer, den man bald nach Golgatha schleppen wird. Das, was in der Verklärung gemeint ist, ist eben auch nicht Beantwortung der Fragen und Aufklärung, sondern nur der Hinweis: Hier steht einer in Gottes Namen bei euch! Das „Licht" blitzt einmal auf, aber ihr bleibt im Dunkeln; wenn ihr nur „hört", darauf kommt es an, sonst nichts.

Und so läuft unser Text darauf hinaus, daß dieser Mann in der Verwirrung seiner Zeit und entgegen den vielfältigen christlichen Ausdeutungen und den Versuchen, der überlieferten Lehre Antworten abzupressen auf unsere so brennenden Fragen, uns hinweist auf das einzige, das uns Christen bleibt: Nichts anderes als der Weg der Apostel; nicht mehr und nicht weniger!

Nicht mehr — denn das ist ein armseliger Weg. Das ist kein Weg des Wissens. Das ist ein Weg, der zwar auf das „Komm, und folge mir nach!" hört, aber verzagt und immer in Ängsten: „Herr, hilf mir, ich versinke!" Das ist ein Weg, auf dem so ein Apostel immer nur von einem Schritt zum anderen geführt wird; das ist ein Weg, der sogar in Leid und Tod hineinführt. Nicht mehr als dieser Weg, auf dem einer nur in Gang kommt, der sich jeden Tag und jede Stunde selber wieder an eine hingehaltene Hand klammert. Das ist wenig, das ist sehr wenig. Das ist alles, was die Apostel hatten. Und mehr haben auch die kommenden Generationen nicht. Nicht mehr, als dieser Petrus hatte, von dem eine Antwort berichtet wird, die er gab, als die Leute damals weglaufen wollten, weil bei diesem Jesus zu wenig war. Eben nicht die vielen Antworten auf unsere wichtigen Fragen, ja, kaum eine einzige Antwort auf sie. Darum sind die Leute schon damals fast alle weggelaufen; und Jesus wendet sich um und fragt die Übriggebliebenen: Wollt ihr nicht auch weggehen? Er fragt nicht drohend, er fragt, als wolle er ihnen das Weggehen leicht machen.

Petrus antwortet: Herr, wo sollen wir hingehen? Du hast Worte des ewigen Lebens! Und das heißt ganz bestimmt nicht: Du sprichst vom ewigen Leben so schön, daß man darüber die Wirrnis dieser Welt vergißt! Das hat Jesus nie getan.

Das heißt auch ganz bestimmt nicht: Du lieferst uns überzeugende Beweise, daß dieses ganze Sterben und Verbluten eines Tages endet in einem Triumphchoral des Lebens! Beweise hat Jesus nie geliefert. Wenn man sie von ihm verlangt hat, hat er sich abgewandt. „Du hast Worte des ewigen Lebens“ — das heißt nichts anderes, nicht mehr, als: Auf dich hören macht mich lebendig. Und in deiner Nähe kommt mir das, was ich bisher für Leben hielt, nicht mehr wie etwas vor, das diesen Namen verdient. Darum will ich in deiner Hörweite, in deiner Rufweite bleiben. Und wenn ich einen Schritt weitergehe, dann immer so, daß dieser Schritt in deiner Nähe bleibe, — denn das heißt nun Leben.

Das ist der Weg der Apostel: Der Weg von einem Schritt zum anderen. „Komm und folge mir nach!“ — das ist niemals die Aufforderung zur Verwirklichung oder Aufstellung eines riesigen Programms — nicht einmal eines Programms, sondern das sagt: Hänge dich an mich!

Da ist also nicht mehr als lauter Anhänglichkeit und Abhängigkeit, aber auch nicht weniger als: An einem hängen, der bereit ist, unsereinen festzuhalten, stark genug ist, uns festzuhalten, ohne uns voll Abscheu oder Verachtung abzuschütteln. Dazu hätte er wohl allen Grund — dazu, uns dennoch festzuhalten, braucht er seine meiste Kraft; dazu, unsereinen nicht einfach abzuschütteln.

Nichts anderes als den Weg der Apostel — so ist das gemeint. Hier steht nicht eine Belehrung, die dieser Mann aus dem Munde des Petrus jetzt meint hören zu können und weitergeben zu müssen, sondern einfach ein Hinweis: Nicht mehr und nicht weniger als die Apostel haben wir „an diesem dunklen Ort".

Und der Ort bleibt dunkel, und da ist nur der Morgenstern, und man hofft doch so sehnsüchtig, daß endlich die Sonne aufgehen werde, hell und sichtbar für alle! Da ist aber nur der Morgenstern, der aufgeht in unserem Herzen. Nicht mehr und nicht weniger: Der Morgenstern kündet doch den Tag an! Der Tag wird anbrechen, aber noch ist es so dunkel, daß wir nur wie die Apostel von einem Schritt zum anderen sehen, nur immer Schritt für Schritt gehen können.

Dann verweist unser Mann auf das „prophetische Wort", und man hat dazu geneigt und könnte dazu neigen, hier die Begründung einer besonderen Lehre von der Heiligkeit des Buchstabens der Bibel zu finden und herauszuhören. Ganz sicher hätten wir uns damit auf eine sehr interessante Frage eingelassen, aber eben nicht auf unsere Frage, und nicht auf die Frage, die aus allen Texten herausklingt: Kommst du nun heute — oder nicht?

Denn diese Worte, die wir „festhalten" und auf die wir hören sollen, die wurden von Leuten geredet, die er auch gezogen und getrieben und in Bewegung gebracht hat. Diese Worte sind uns — weiß Gott — nicht gegeben, damit wir sie nun in eigener Auslegung so zurechtschneiden, daß sie unseren eigenen, wahrhaft herzlich wohlgemeinten, wahrhaft aufrichtig gemeinten christlichen Lehren und Programmen Unterstützung leihen. Wenn wir auf diese Worte der „Getriebenen" hören, dann sollen wir immer wieder einmal wahrnehmen, wie unerwartet der Klang der Stimme Gottes die Menschen schon immer getroffen hat; wie unerwartet er Menschen immer wieder weggenommen hat — den einen von der Herde, den anderen vor seinem Schiff, den nächsten von seinen Netzen; wie unerwartet er sie geführt hat: Den einen in eine Krankheit, den anderen in eine Einsamkeit, den nächsten in Heimatlosigkeit — und ist doch immer bei ihnen geblieben und hat sie doch immer gehalten. Sie sind als Zeugen des Weges uns von einem gegeben, der immer nur eines sagte: Komm, du gehörst mir; du sollst mir gehören und bei mir bleiben.

So zeigt dieser Text, so sagt dieser Text der verzweifelten zweiten und dritten Generation, die endlich einmal etwas Vertretbares und Einleuchtendes — sich selbst und der Nachwelt Einleuchtendes — sagen möchte: „Wir haben auch nicht Fabeln gehört." Was da vor der klugen Welt klingt, das nennt dieser Mann „Fabeln"! „Fabeln", weil dahinter keine Wirklichkeit steckt. Wir aber — sagt er — haben mit jemandem zu tun bekommen, der Kraft hat, und darum gehen wir Schritt für Schritt hinter ihm her, hinter ihm, hinter dem die wirkliche Kraft steht. Die Kraft, die mehr ist als unsere Klugheit.

Und nun heißt es nicht mit dem Donnerton des Kanzelredners oder mit der erborgten Autorität des Apostels: Das *müßt* ihr jetzt aber glauben! Nein, es heißt ganz schlicht: „Achtet darauf" — und das heißt: Ihr dürft das erfahren! Wir haben euch kundgetan — wir haben nicht beschrieben; sondern wir haben gesagt: Paß auf, da ist er, da kommt er! So sicher du mit einem anderen jetzt zusammensitzst und von ihm gemeinsam mit anderen hörst, so sicher ist er jetzt da, er ist bei dir! Und er bleibt bei dir!

Es wäre natürlich schön, wenn man unter Einsatz weltanschaulicher Planierraupen die Unebenheiten in dieser Welt beseitigen könnte, um „der Zukunft Jesu Christi" etwas rascher den Weg zu ebnen. Aber der da mit Petrus redete, der redet immer so, als ob nur du und ich es wären, auf die es ankommt. Als wärest du und ich — als wären wir die einzigen, die ihm wie ein Stein im Wege liegen. Und wenn du jetzt mit ihm kommen würdest und kein Stein in seinem Wege mehr wärest, dann wäre in deinem Leben sein Weg in diese Welt geebnet worden. Zu den anderen kommt er dann selbst, wenn du ihm nur nicht immerfort im Wege stehst. Darum: Komm!

Glauben heißt darum, sich auf den Weg mitnehmen lassen, Schritt für Schritt, von dem, den die Apostel ansagten, weil er kam und sie mitnahm — Schritt für Schritt. Auch wir haben nicht mehr — aber auch nicht weniger. — Amen.

Septuagesimä

1. Korinther 9, 24-27

Liebe Freunde!
In Korinth, unmittelbar vor der Stadt, auf der schmalen Landenge, dem Isthmus, waren regelmäßig die berühmten Sportwettkämpfe, die berühmtesten nächst den Olympischen Spielen. Paulus kann damit rechnen, daß seine Leute bei diesen Wettkämpfen kaum gefehlt haben. Sie kannten bestimmt die Wettkämpfer und waren genauso aufgeregt wie wir, wenn das große Rennen startete. Sie wußten über sie und über ihre Vorbereitungen sicher gut Bescheid: Wer in die Startrille trat, hatte zehn Monate hartes Training hinter sich! „Jeder, der da antritt, enthält sich alles Dinges", nämlich aller möglichen Genüsse, an denen sonst jeder sein Behagen hat. Wer starten will, der will nur eines: Gut in Form sein! Wer dann der Erste wird, der bekommt den Siegeskranz, wird mit Jubelgeschrei gefeiert und in seiner Heimat lebenslang hoch geehrt — ein Sieger. Die Korinther sind da mit Leib und Seele dabei. Natürlich nicht alle als Wettkämpfer. Schon damals ist der Sport ein Beruf auf Zeit und nicht die Sache breiter Massen.
Auch Paulus redet so, als ob er recht gut Bescheid wüßte. Ob er wohl selber hingegangen sein mag? Die Götterhymnen am Anfang und am Schluß zu Ehren des Poseidon würden ihm kaum gefallen haben. Vielleicht wäre auch der ganze Trubel nicht nach seinem Geschmack gewesen. Aber in Korinth ist er kaum darum herumgekommen, wenigstens von seinen Gemeindegliedern lange Gespräche über den Verlauf der Wettkämpfe und Leistungen der einzelnen Kämpfer anhören zu müssen.
Und jetzt sagt er zu seinen Leuten: Ihr wißt doch ganz genau, was im Sport zu einem Sieg gehört. Ihr solltet nicht bloß als aufgeregte Zuschauer von den Plätzen springen, wenn der oder jener gesiegt hat; ihr könntet und solltet von den Wettkämpfern eine Menge lernen. Ihr habt gesehen, wie sich die Männer angestrengt haben. Ihr habt den Jubel der Sieger gesehen — und die Enttäuschung der Unterlegenen. Wie nehmen die Leute das ernst! Und dabei ist es im Grunde genommen keine Sache auf Tod und Leben. So ernst,

wie jene Leute ihren Sport, solltet ihr den „Lauf“ auch nehmen, zu dem ihr angetreten seid! Ihr Christen sitzt zwar als Zuschauer auf der Tribüne. Aber daß ihr Christen seid, das heißt, daß ihr selber in einem viel wichtigeren und härteren Kampf anzutreten habt.

Das sollte man nicht so besonders betont sagen, als habe man damit eine neue Entdeckung gemacht, daß Christen nicht nur dazu da sind, Zuschauer zu spielen, sondern dazu, etwas zu leisten. „Geht hin in alle Welt“, helft, dient — das ist schon von Anfang an gesagt worden und hat immer etwas damit zu tun, daß unsereiner sich bewegt, etwas zu leisten hat. Und auch das ist nicht eben neu, daß jemand, der etwas zu leisten hat, sich anstrengen muß, und daß ein Faulpelz niemals Siegespreise erringen kann.

Zunächst scheint es zwar hier darauf hinauszulaufen, daß Paulus, als ein Sachkenner und Apostel, gewissermaßen vom Schiedsrichterstuhl herunter zu seinen Christen sagt: Nun strengt euch gefälligst an, damit ihr zu etwas kommt!

Das stimmt aber jedenfalls *so* einfach nicht. Einmal sitzt Paulus gar nicht abseits auf einem hohen Apostelstuhl, von dem herunter er seine Christen schulmeistert: Ihr da lauft schlecht; ihr dort lauft mäßig; ihr da lauft gut! Sondern er redet wie einer, der selber ständig trainieren muß, um nicht in die Gefahr zu kommen, „anderen zu predigen und selbst verwerflich“, unbrauchbar, steif und leistungsunfähig zu werden. Ganz merkwürdig aber bringt er seinen Vergleich mit den Spielen dadurch durcheinander, daß er nicht nur sagt: Hier, in eurem „Christenlauf“ geht es um mehr, um ein höheres Ziel (nämlich um ein Leben, in dem ihr den Namen eures Herrn Jesu Christi nicht zum Hohn tragt, sondern als Menschen, die ein „unvergängliches Ziel“, ein Leben bei Gott, vor sich haben), sondern zugleich redet er so, als solle es bei den Christen *lauter* Sieger geben! Das scheint ja ein merkwürdiger Wettlauf zu sein! Und es steckt auch wirklich eine Merkwürdigkeit dahinter, die es bei keiner Olympiade, aber bei jedem Christen gibt. Welche Merkwürdigkeit? Nun, bei den sportlichen Wettkämpfen ist die Reihenfolge so: Entschluß, Training, Start, Anstrengung und Einsatz der letzten Kraft, und dann — vielleicht — der Sieg, die große Ehrengabe. Bei den Christen ist es in einem wichtigen Punkte umgekehrt: Da geht es nämlich damit an, daß einer die große, unerwartete Ehrengabe überreicht bekommt!

Paulus sagt das zwar an dieser Stelle nicht ausdrücklich, aber Luther hat es von Paulus gelernt, und eigentlich müßten wir das auch alle wissen: Es ist das Heil uns kommen her aus Gnad und lauter Güte! Es ist schon da, du hast es in der Hand — und *nun* laufe! Nun übe es ein, ein Mensch mit dieser Gabe in den Händen zu sein — sie könnte dir sonst wieder genommen werden! Die große Gabe steht wirklich am Anfang.

Das ist kein merkwürdiger, ungewöhnlicher und überspitzter Gedanke, sondern das ist der Inhalt von allem, was Paulus sagt und Luther aufnimmt. Es stimmt wirklich: Niemand bekommt an irgendeinem Tage seines Lebens mehr in die Hand, als er am Tage seiner Taufe bekommt, nämlich die heilige und ernsthafte Zusage Gottes: Du bist mein Kind, und zu jeder Stunde will ich dir alles geben, wie ein Vater seinem Kinde gibt; du sollst heranwachsen zu einem, der mir ähnlich wird! Und es gibt für einen, der nun herangewachsen und von dieser Zusage Gottes unterrichtet worden ist, keinen reicheren Tag als den Tag seiner Einsegnung, an welchem uns in Gottes Namen gesagt wird: Und nun vertraue ich dir alle Menschen neben dir als deine Brüder an!

Und nie haben Eheleute mehr in den Händen als an dem Tage, an dem sie vor dem Altar stehen und in Gottes Namen zu ihnen gesagt wird: Und nun mache ich euren Entschluß, miteinander zu leben, zu meinem Entschluß, und will euch alles geben, was dazu nötig ist, daß ihr nicht nur miteinander schlecht und recht lebt, sondern wirklich „ein lebendiges Wesen“, eins miteinander werdet! Und das als feste Zusage Gottes, die er nicht vergißt! Er freilich nicht — wir aber oft genug, und aus dem Lebenswege zueinander werden dann unsere jämmerlich verworrenen Wege aneinander vorbei und auseinander. Aber die große Gabe war da, in unserer Hand.

Bei Christen fängt es also mit der großen Gabe an. Daran erinnert auch die merkwürdige Geschichte vom „Schatz im Acker“. Da hat einer auf einem Acker, den er zu bearbeiten hat und der ihm nicht gehört, eine Ecke umgepflügt und einen wunderbaren Schatz entdeckt, der ihn mit einem Schlage zum reichen Mann macht. Der Schatz ist da, und er ist in Reichweite. Nun geht der Mann hin und verkauft seine ganze geringe Habe, um Eigentümer des Ackers und damit des Schatzes zu werden. So leuchtet uns die große

Gabe entgegen: Unvermutet und unverdient wie dieser Schatz. Aber wie dieser Schatz im Acker will sie nun auch herausgeholt und herausgehoben sein, und das Besitzen geht nur — über das Weggeben, nämlich alles dessen, was einmal lieb und auch notwendig war, verglichen mit dem Schatz aber nun geringer Plunder ist.

Und da muß sich sogar ein Apostel anstrengen. Da muß er selber, um diese Gabe auch zu „halten", jeden Tag das Laufen wieder üben. Aber er läuft „nicht ins Ungewisse". Er weiß, worum es geht, ja, er hat es schon in Händen, worum es geht! Das ist hier also anders als bei der Siegeschance des Wettkämpfers: Die große Gabe ist von Anfang an schon für unsereinen zur Hand!

„Ich laufe nicht aufs Ungewisse" — das mag außerdem auch noch heißen: Ich übe nicht nur gelegentlich ein wenig vor mich hin. Es geht hier auch um ein richtiges „Training" — und ein Training kann man nicht nur mal so gelegentlich ein bißchen machen, das muß täglich durchgehalten werden. Wer nur dann und wann einmal übt, der kommt auch in diesem „Lauf" zu nichts. Du mußt schon genau darauf achten, daß es mit deiner „Form" nicht unversehens rückwärts geht. Steif wird man nämlich ganz von selber — auch ganz unmerklich. Ein bißen „christliches Training" an besonderen Festtagen oder nur am Sonntag — das gibt nicht viel her.

Paulus greift hier unbedenklich in eine andere Sportart über, die damals ebenso modern und aufregend war wie heute: Den Boxkampf. Er übt sich, hart zuzuschlagen und zu treffen! Aber bitte, das Wichtige dabei ist: Er zielt auf niemanden anderes! Er legt nicht andere Leute treffsicher und hart auf den Rücken, bringt ihnen nicht theologisch blaue Flecken bei, sondern wer kriegt blaue Flecke? Sein eigener Leib! „Ich nehme meinen Leib in Zucht und zähme ihn!"

Den Leib „züchtigen" — dabei können wir leicht zu wenig und zu viel sagen. Zu viel, wenn wir so reden, als solle vom Leib hier nur Schlechtes gesagt werden und als ginge es darum, den Leib so gründlich einschrumpfen zu lassen wie nur möglich, um dann, soweit abgetötet wie nur möglich, durch fromme Visionen entschädigt zu werden. Der uns Menschen ruft, der will leibhaftige Menschen mit Händen und Füßen, sonst würde er nicht davon reden, daß wir einander dienen sollen.

Und wir könnten unter dem Stichwort „Leib" leicht zu wenig sagen — nämlich wenn wir dabei nur an den Körper denken würden und ihm alle Schuld an unserer Steifheit und Ungeübtheit in die Schuhe schieben möchten.

Es gibt da eine spaßige Geschichte von einem dicken Mann, der als ein guter Tennisspieler gilt. Er wird gefragt, wie er denn das mache, die Bälle zu kriegen, die über das Spielfeld flitzen. Er antwortet: Wenn der Ball angesaust kommt, dann spricht mein Geist: Nun aber blitzschnell hin- und zurückschlagen! Mein Leib aber antwortet: Wer — *iiich*?

Es ist ganz klar, daß der Mann nie ein guter Tennisspieler sein könnte, wenn sein „Körper" das wirklich sagen dürfte. Der Leib mag schwerfällig sein — aber wenn wir faul und unbeweglich sind, dann hat das nicht seinen Sitz in dem faulen, bösen, begierigen und unbeholfenen Körper — die Faulheit sitzt in dem, der zu befehlen hat: Im Geist, wenn man so will.

Was hier und immer wieder mit „Leib" bezeichnet wird, ist nicht ein Teil von uns selber, sondern das sind eben wir selber. Die Trennungslinie geht für die Bibel nicht zwischen „Leib" und „Seele" — das sind oft genug nur zwei verschiedene Worte für dieselbe Sache, nämlich den leibhaftigen, lebendigen Menschen. Die Grenze geht zwischen „alt" — nämlich ohne Gott und ohne Interesse für seine Gabe — und „neu" — nämlich dem Menschen, der sich von Gott packen läßt und sich nun mit ihm für ihn bewegt. Das kann man im Galater-Brief ganz deutlich nachlesen, wo als „Werke des Fleisches" Zorn, Zank, Zwietracht, Zusammenrottung, Haß, Mord und anderes aufgezählt werden — lauter Sachen, die in dem „Körperlichen" gar nicht stecken, sondern in dem, was wir Geist oder „Gesinnung" nennen. Wenn Paulus seinen „Leib" zähmt, dann will er sich brauchbar machen bis in die Fingerspitzen hinein. Brauchbar für den, der mit der Gabe schon zu uns gekommen ist.

Der biblische Unterschied geht also nicht zwischen Leib und Seele hindurch, so einleuchtend das auch klingen mag, sondern zwischen uns als dem „alten" Menschen, der nicht weiß und nicht wissen will, daß einer mit uns etwas angefangen hat, — und dem „neuen" Menschen, der weiß, daß er gerufen worden ist und nun ganz neu anfängt: Als einer, der nun berufen ist, den höchsten Adelstitel zu tragen, den es gibt: Kind vom Hause Gottes.

Der „alte", ungezähmte und daher für Gott unbrauchbare Mensch, das bin immer wieder ich selber: Mit meinem Schielen auf die Wirkung meiner Worte und Taten, mit meiner Wichtigtuerei, mit der ich mich in Dinge einmische, von denen ich nichts verstehe, bloß um mir einen Namen zu machen und mich irgendwo an die Spitze zu setzen, mit meiner Neigung, immer etwas für mich herauszuschinden, und sei es auch nur der gute Eindruck — der Eindruck beispielsweise, modern zu sein.

Der „alte Adam“ macht sich auf verschiedenste Weise mausig, und ich habe von seinen vielen Gestalten nur ganz von ferne einige wenige angedeutet, weil ich die besonders gut von mir selber kenne. Den „alten Adam“, wie Luther das nennt, gibt es auch in der besonders pfiffigen Form der Frömmigkeit: Da sagt er nicht mehr: „Ich bin auch nicht schlechter als andere Leute!“ — sondern er redet scheinbar lutherisch und sagt: „Ich bin ein armseliger und unwürdiger Mensch — Gottes große Barmherzigkeit ist mein Trost!“ Das sind aber nur zwei ganz verschiedene Kopfkissenbezüge auf dem gleichen weichen Schlummerkissen, auf dem wir uns wohl fühlen und nur *einen* festen Entschluß kennen: Uns jedenfalls nicht anzustrengen!

Was das nun heißt, ein „neuer“ Mensch zu werden, der seinen Adelstitel mit Recht trägt, das wirst du jeden Tag und bei jedem Schritt wieder ausforschen und einüben müssen. Wer sich mit seinem Herrn Christus eingelassen hat, der hat sich nämlich nicht auf einen „Standpunkt“ begeben, von dem aus er die Christlichkeit seiner Mitwelt genußreich beurteilen kann, sondern der hat sich auf eine Bewegung — ja, geradezu auf einen Kampf — eingelassen, aber bitte: Ein Kampf mit sich selber! Oder sind nur Apostel dazu berufen, sich *selber* Beulen zu schlagen wie dieser Paulus? Paulus scheint da genau auf sich selbst zu zielen, immer wieder auf besondere Punkte — und jeder von uns hat ja da seinen eigenen Punkt, wo er besonders „festsitzt“; seine besonderen Sehfehler, mit denen er manchmal etwas für eindrucksvoll christlich hält, ohne daß es das sein muß.

Das Training täglich durchhalten, genau zielen, kämpfen — das ist auch für einen Apostel niemals abgetan. Einüben muß er, immer noch und immer wieder.

Einüben — das sagt auch Luther in seiner Schrift von der Freiheit eines Christenmenschen. Die Gnade, die hat uns Gott ganz und ungeteilt und ohne Rückhalt gegeben: Sein Wort, daß er für uns eintritt wie ein Vater für sein Kind; das ist klar und endgültig. Aber nun, sagt Luther, bleibt uns noch „zu üben, unseren Leib zu regieren und mit dem Nächsten umzugehen".

Einüben — das muß wohl auch mit kleinen Übungen anfangen wie ein richtiges sportliches Training. Es sind viele Leute eifrig dabei, nach christlichen Entscheidungen zu fragen und solche anzupreisen, wenn es um große Dinge geht, um „Grenzsituationen", wo man etwas recht Unerwartetes und Unnormales als Christ zu tun hätte — beispielsweise Widerstand zu leisten, wo normalerweise Gehorsam verlangt wird. Wer aber mit Gewissensfragen erst dort anfängt, wo alle Welt „Gewissenskonflikte" sieht, der hat mit Sicherheit zu spät angefangen. Training beginnt bei den kleinen Dingen, bei Bewegungen, die noch gar nicht so Ungewöhnliches darstellen. Ich sage es mir selber immer wieder, daß das Einüben der Gewissenhaftigkeit bei den kleinen Alltäglichkeiten anfängt, wo es eigentlich erst darum geht, sich in recht „normalen" Bahnen zu bewegen. Zum Beispiel beginnt die Gewissenhaftigkeit schon beim pünktlichen Aufstehen. Ich sage das, weil ich weiß, wie schwer das ist. Wer in diesen kleinen Dingen beginnt und immer wieder beginnt, seinen Leib zu regieren, seine Bequemlichkeit aufzuspüren und vor sich herzutreiben, wie ein Boxer seinen Gegner vor sich hertreibt, — darüber redet es sich so schön, es ist doch sehr sauer! — wer damit immer wieder beginnt, der wird auch in großen und schwierigen Fragen wissen, wo es voran- und wo es zurückgeht, welcher Schritt in die Nähe dessen führt, der uns berufen hat, „mit dem Nächsten umzugehen", und welcher Schritt von ihm wegführt.

So genau muß es auch ein Apostel immer wieder nehmen — mit sich selber und mit seinem Alltag. Nun ist aber das Ganze hier nicht beschrieben als eine Aufforderung zu einem Boxkampf mit täglichen Niederlagen, als düstere Geschichte eines nie endenden und fast verzweifelten Kampfes, der sich stündlich wieder erneuert, bei dem der Gegner alle Morgen wieder aufsteht. Ganz gewiß ist das der Fall, und ganz gewiß kommen wir niemals darüber hinaus, nach einem Augenblick, in welchem wir sagen möchten: Ich glaube — das heißt: Ich habe dich verstanden, ich gehorche dir! — sofort wieder hinzufügen zu müssen: Hilf meinem Unglauben!

Nein, hier wird uns ein Kampf beschrieben, den ein Beschenkter führt. Ein Kampf, der uns bei jedem Schritt auch unseres Alltages immer wieder aufgegeben ist, weil bei jedem Schritt der uns immer wieder blasser werden und ferner scheinen kann, der uns berufen hat; so blaß und ferne, als wäre er ein bloßer eigener Gedanke von uns, eine bloße fromme Einbildung. Aber zugleich kann und will er uns bei jedem kleinen Schritt auch unseres Alltages wieder aufleuchten: Er, mit dem wir reden dürfen, der uns immer wieder auf die Füße stellt, der uns unseren Kampf nicht allein austragen läßt.

In unserem kleinen und persönlichen Alltag verblaßt uns der Herr, nach dem wir heißen — aber ebendort leuchtet er uns auch immer wieder auf! In unserem kleinen menschlichen Alltag verdämmert in ungreifbare Fernen, wohin er wohl eigentlich mit uns will — und eben dort leuchtet es uns auch immer wieder auf, und wir dürfen wissen, daß wir uns nicht „ins Ungewisse" auf einen Kampf eingelassen haben. Dieser Kampf geht in Wirklichkeit ja nur darum, daß du dich jeden Tag wieder freuen könntest, daß ja jemand so nahe bei dir ist. Jemand, der dir sagt: Kind, du bist mir so lieb, und ich habe das nicht vergessen. Es lohnt sich, daß du auch jetzt und heute wieder lernst, in meinem Namen mit dir selber, in deinem leibhaftigen Leben das Einüben anzufangen, in meinem Namen mit dir selber und mit allen anderen Menschen christlich umzugehen.

Und so in seinem eigenen Alltag mit Gott auf Du und Du zu kommen und zu bleiben, das ist zugleich die einzige anständige und reelle Weise, sich mit der Welt zu beschäftigen — nämlich an der dunklen Stelle, wo nur du selber ihm den Weg versperrst. Herr hilf uns zur Freude an diesem täglichen Kampf. — Amen.

Sexagesimä

2. Korinther 11, 17. 23-28; 12, 1-10

Liebe Freunde!
Das Wort vom „Pfahl im Fleisch" wird manchmal gebraucht, ohne daß man dabei an Paulus denkt. Wenn unsereiner vom „Pfahl im Fleisch" redet, meinen wir etwas, was unbedingt beseitigt werden müßte, was so unerträglich ist, wie eben ein Pfahl im Fleische.
Es gibt in jedem Leben möglicherweise so einen „Pfahl im Fleische". Und es gibt „Pfähle im Fleisch" rund um uns herum. Und wir müssen das mit ansehen und leiden nicht daran, ob wir wollen oder nicht. Was uns da vor Augen tritt, ist so entsetzlich, daß jemand schon unnormal sein müßte, wenn er nicht aufschreien wollte: Der Pfahl muß heraus!
Es ist auch richtig, wenn wir fragen: Wer ist schuld an diesem Pfahl? Denn niemals ist es eine gute Auskunft, nur immer von Tragik und Schicksal zu reden in einer Welt, in der Menschen eben doch Verantwortungen tragen und aneinander schuldig werden. Wir können auch den heutigen Text nicht hören, ohne alle unsere Verzweiflung mitzubringen: Was soll bei so schmerzhaften „Pfählen im Fleisch" nur aus der Welt und uns werden? Was sagen Christen dazu?
Aber wir müssen hier recht genau aufpassen: Ist es Paulus darum gegangen, solche Fragen zu beantworten, wie wir sie hier an ihn stellen möchten? Ist es Paulus hier darum gegangen, die Antwort — die rechte Antwort — auf die Frage zu finden: „Warum so viel Leid in der Welt? Wie kann Gott das zulassen?"
Diese Frage, die wir so oft hören müssen, ist uns so unerträglich, daß wir am liebsten uns entschlossen an die Spitze der Leute setzen möchten, die nun — ohne viel dabei zu überlegen — auf die „Pfähle im Fleisch" losmarschieren, um sie herauszuziehen.
Es könnte aber sein, daß unser Eifer mehr aus der Verlegenheit stammt, eben keine Antwort zu wissen und doch unbedingt etwas tun zu müssen, als aus der Gewißheit darüber, wie das mit der Frage des Menschen: Wie kann Gott das zulassen? — und einer Antwort darauf eigentlich steht.

Ich möchte es einmal ganz unumwunden sagen: Obwohl diese Frage: „Wie kann Gott das zulassen?“ — an die Christen immer wieder gerichtet wird, weil man sagt: Ihr seid doch die Fachleute, ihr müßtet uns darauf doch Bescheid geben können, und wenn nicht, dann seid ihr eben nur Schwätzer! — obwohl diese Frage an uns gerichtet wird und gerichtet werden muß — rundherausgesagt: Eine christliche Antwort an jedermann kann es da nicht geben! Über das Leid können wir nur entweder mit jedermann in jedermanns Überlegungen reden, oder wir können darüber mit Christen reden. Wir können aber nicht eine klare und allgemeinverbindliche Antwort geben.

Die christliche Antwort — wenn wir sie wirklich geben, auch die Antwort, die aus diesem Text kommt — paßt nicht auf die berechtigten Fragen der Welt; so brennend die Fragen der Welt auch sind, sie paßt einfach nicht darauf!

Es ist wichtig, daß wir das sehen und nicht aus Verlegenheit der Welt ihre Fragen verweisen oder aus Verlegenheit die Antworten, die hier für Christen gegeben werden, zurechtbiegen und zurechtschmieden, bis sie in jedermanns Ohr passen. Es muß klar bleiben, daß weder hier Paulus noch wir selber eine Antwort geben können auf die Frage: Wie kann Gott das zulassen? Es sei denn, jemand meine mit dem Worte „Gott“ etwas mehr als ein religiöses Prinzip, sondern meine damit einen, mit dem wir reden dürfen; und fragt als einer, der auch mit ihm redet — und gerade in seinem Leid und Mitleid vor ihm sein Herz ausschütten darf. Für so einen Menschen könnte hier eine Antwort stehen. Wir könnten versuchen, sie herauszufinden.

Was Paulus hier sagt, hat sicherlich damit zu tun, daß er einen anderen Horizont hat, als wir als Menschen ihn normalerweise haben können. Man kann niemandem etwa einen weiteren Horizont seines Blickfeldes einfach abverlangen. Paulus redet zwar eindeutig davon, daß für ihn diese Welt einen anderen Hintergrund hat und ein anderes Ziel hat, als sie für uns normalerweise haben kann. Es ist nicht nur beiläufig gemeint, wenn Paulus auf besondere Erfahrungen, auf „Offenbarung“, „Entrückung“ hinweist. Das ist für ihn die Wirklichkeit, auf deren Hintergrund alles, was hier geschieht, andere Umrisse bekommt und immer nur etwas Vorläufiges ist.

Aber wohlgemerkt — und das ist das Wichtigste: Er redet nicht darüber, um davon die Forderung abzuleiten: Lieber Freund, so ist es; du weißt das zwar nicht, ich bin aber in diesem Punkte als Apostel Fachmann, und als Kenner kann ich dir sagen: Auch dein Leben hat diesen Hintergrund, also glaube mir und halte den Mund!

Nichts davon steht hier. Im Gegenteil: Man merkt, Paulus ist geradezu verlegen, daß ihm das entschlüpft ist; entschlüpft in der Auseinandersetzung mit seinen Gegnern, die mit „Offenbarungen“ prahlen; entschlüpft nach einem immerhin 14jährigen Schweigen! Und er schränkt seine Aussage auch sofort wieder ein: Eigentlich darf man darüber auch gar nichts sagen!

Er hat also sicherlich nicht davon geredet, damit wir den Hinweis auf Enthüllungen und Offenbarungen und einen dritten Himmel als Hilfsmittel verwenden, um verzweifelten Fragen Antwort zu geben oder sie wenigstens zu vertrösten.

Wir bleiben auf uns angewiesen. Wir könnten sogar das, was Paulus da über seine „Entrückung“ sagt, in die Reihe der Sinnestäuschungen einordnen und sogar zusammenbringen mit dem „Pfahl im Fleisch“, verstanden als seelische Krankheit. Es könnte seine psychologischen Gründe haben, daß der Mann einmal sich entrückt fühlt und das anderemal leidet. Niemand verwehrt uns das. Manches scheint dafür zu sprechen.

Denn dieses Wort vom „Pfahl im Fleisch“ bezeichnet doch sicherlich eine Krankheit; wir wissen freilich nicht welche, aber irgendeine unaufhebbare, ihn peinigende und sein Amt als Apostel sehr hindernde Krankheit. Eine Krankheit, die ihn psychisch belastet, vielleicht auch verändert, die für Außenstehende ihn verächtlich erscheinen läßt, hilflos erscheinen läßt. Das meint das Wort vom „Pfahl im Fleisch“.

Aber so gewiß er sagt: Oh ja, ich weiß, daß diese Welt nur wie eine Wolke vor einem sehr großen Licht vorüberzieht; ich weiß es, mir ist das Licht gezeigt worden! — so eindeutig sagt er doch: Ich darf euch davon nichts weitersagen und nichts weitergeben.

Er will damit, daß er davon redet, ganz gewiß nichts beweisen. Ja, er schränkt noch mehr ein: Weil ich weiß, welches Licht da hinter der Welt aufleuchtet, könnte man mich für einen besonders befähigten Mann halten. Aber damit keiner mich für einen großen

Mann halte — das ist nämlich der Grund, weshalb er nun redet — ist mir gegeben — nämlich von Gott — der Pfahl im Fleisch, damit ich mich nicht überhebe!

Das ist nun das Letzte, das wir zu behaupten wagen würden von den Pfählen im Leibe der Welt oder den Pfählen im eigenen Fleische: Gott hat das getan, damit wir uns nicht überheben! Und das soll sicherlich auch nicht von uns als eine Art von Ersatzantwort auf peinliche Fragen an uns so einfach herausgenommen und weiterverkündet werden.

Er ist sicherlich schon weiter, als wir sind, und weiter als Herr Jedermann, wenn er vorher den ganzen Katalog der Leiden aufzählt: In Todesnöten, ausgepeitscht, gesteinigt, Schiffbruch erlitten, in Lebensgefahr, in Hunger, in Elend, in lauter Not und Schmerzen bin ich gewesen und bin es immer wieder!

Aber sonderbar: Er berichtet das nicht als ein Lied der Verdrossenheit: So geht es also in der verfluchten Welt zu! — sondern mit einer Gelassenheit und nur als Abwehr gegen Leute, die ihrerseits darauf pochen, was sie alles erlebt hätten! Er nennt solche Aufzählungen selber närrisch.

Aber das Närrische daran ist nach seiner Meinung keineswegs, daß er in all diesen Fällen auch hinzufügen würde: Gott hat mir das auferlegt! Uns erscheint eine solche Anmerkung freilich närrisch, aber für ihn ist das nicht das Närrische. Das Närrische ist für ihn nur, sich dessen vor anderen zu rühmen und damit auf andere Eindruck machen zu wollen.

Übrigens ist genau das der beliebteste Gebrauch, den wir von erlittenen Leiden machen und glänzend fertig bringen: Wenn sie wüßten, was ich durchgemacht habe! Wenn sie wüßten, was ich alles erlebt habe! Wenn sie wüßten, was ich alles an Elend gesehen habe! Darin steckt das Haschen nach Anerkennung und Rücksichtnahme, von dem Paulus sagt, es sei närrisch, es sei ein Mißverständnis. Bei Paulus wären wir erst angekommen, wenn wir bei der bittersten Erinnerung sagen könnten — nicht als eine Redensart, sondern ohne Verdrossenheit: Das hat mir Gott auferlegt!

Das ist aber nicht durch Überlegungen und Weltbetrachtungen in unser Leben hineinzubringen; täuschen wir uns nur ja nicht — und man merkt es ja auch dem Apostel an: Das Leid trifft die Christen nicht weniger hart als andere Leute. Und der Satz, daß Not beten lehrt, ist sicherlich nicht aus der Bibel abzuleiten. Da steht immer nur, daß es jemanden gibt, der mit dem Leid zusammen in meine Türe kommt, und der lehrt beten, und der will dem, den er im Leid „heimsucht" — eine merkwürdig leuchtende Vokabel, mit der Christen umschreiben, was andere Leute nur lauter Elend und Not und Jammer nennen würden, — der uns „heimsucht", will uns nahekommen und bei unsereinem bleiben. Aber was der Christ dabei zu tragen hat, das ist genauso bitter und schmerzhaft, wie es allezeit und überall ist.

Paulus nannte also sein besonderes Leiden einen „Pfahl im Fleisch"; der sei ihm „gegeben" und — merkwürdiger Widerspruch — „gegeben" und zugleich Quälerei durch „des Satans Engel", der ihn mit Fäusten schlage! Wunderlich, daß an einen Apostel des Satans Engel so ungehindert herankann. Dann wird er an uns freilich noch viel leichter herankönnen. Noch wunderlicher, daß das von Gott gewollt sein soll; daß also nicht nur Gott das weiß, sondern er will es wohl auch!

Paulus spart sich hier eine ganze Menge von Fragen, die wir stellen müßten und stellen könnten und stellen möchten. Er tut zweimal etwas — ja, dreimal: Er ruft den Herrn an — und der Herr schweigt. Man überhöre das nicht: Der Herr schweigt. Und er schweigt, obwohl Paulus ganz gewiß nicht so zaghaft redet wie wir; wie wir, die wir sagen: Vielleicht ist das Gebet nur ein Telefongespräch des Menschen mit sich selbst, oder was immer wir da zum Stichwort „Gebet" an klugen Einfällen haben.

Paulus redet ja nun nicht wie einer, der ins Ungewisse redet. Er ist ein ganzes Stück und ein bitteres Stück mit diesem Herrn gelaufen, und er weiß, daß sein Herr da ist. Das wüßte unsereiner wohl auch immer erst, wenn er ein Stück mitgelaufen wäre. Erst laufen, dann gewiß werden.

Paulus redet also seinen Herrn ganz dringlich an, und er hat auch noch einen Grund vorzubringen, den wir nicht oft haben: Dieses Leiden hindert ja den Dienst des Herrn, das ist kein privates Leiden! Aber der Herr schweigt.

Erst beim dritten Male gibt er Antwort. Diese Antwort sollten wir auswendig lernen, um sie zu überdenken: Laß dir an meiner Gnade genügen, denn meine Kraft ist in den Schwachen mächtig! Wir sollten diese Antwort an einem Punkt nach dem Griechischen korrigieren; dort heißt es nämlich genau: Meine Kraft wird in dem Schwachen mächtig! Dann ist es nämlich so, als müsse ein Gefäß erst leer werden, damit es gefüllt werden kann.

Und überhaupt geht es hier um viel mehr als nur darum, daß die Tragkraft des Apostels vermehrt wird. Hier geht es um viel mehr als um eine Belehrung darüber, in welcher Haltung er das eben zu tragen habe. Hier strömt Kraft in ihn herein — und zwar damit sie zu anderen weiterfließen soll, so wie lebendiges Wasser! Wie hieß das doch in einem anderen Worte Jesu? „Von des Leibe werden Ströme lebendigen Wassers fließen!" Gerade der, der so leer geworden, so am Ende ist, so zerbrochen ist, der wird zum Gefäß, aus dem andere trinken können! Hier steht also nicht nur eine Belehrung für Paulus, wie man mit dergleichen Leiden fertig zu werden habe. Hier steht eine große Zusage, ein Zuruf: Ich will dich brauchen, und gerade dadurch habe ich dich brauchbar gemacht, daß du so verzagt und leer geworden bist und dir nun gar nichts mehr selber zuschreiben kannst; nun tue ich es und stärke Menschen durch dich. Und die anderen werden nun sagen müssen: Der könnte es wahrhaftig nicht, dieser Paulus, wer mag da nur neben ihm stehen? Und so werden sie dem Herrn des Paulus begegnen.

Seht ihr, es bleiben natürlich zwei Möglichkeiten, wenn wir uns in die Lage des Paulus versetzen: Sich nun den Staub von den Knien zu wischen, wenn man gebetet hat, gerade auch nach dem dritten Male, und zu sagen: Also ging das wieder einmal alles daneben, denn der Pfahl bleibt ja da! Was ist das für eine Antwort? Oder aber — ja, was denn? Oder aber sich nun auch stille zu halten, ob es da vielleicht jemanden gäbe, der sich bei unserem Leid und unserer Not etwas ganz anderes vorgenommen hätte.

Diese zwei Möglichkeiten bleiben, und man darf keinen überreden, nun etwa unbedingt es mit der zweiten zu versuchen, und zwar mit dem Rat, dann werde er lernen, wie man Leid erträgt. Nein, hier geht es um brauchbare Gefäße. Hier geht es gar nicht mehr um die Frage, die wir — wir sind ja auch Herr Jedermann — stellen müssen und stellen: Wie läßt sich das Leid einordnen in mein Leben? Wie läßt sich das Leid einordnen in eine Weltanschauung, in der Gott vorkommt, wie läßt sich das .... wie läßt sich das? Wenn hier, nämlich in diesem Bericht des Paulus, überhaupt etwas „eingeordnet“ wird, dann wird hier ein Mensch eingeordnet in den Weg des Herrn, der selber in dieser Welt schon längst auf seine Art „Weltinnenpolitik“ macht; auf seine Art, die auf eine ganz merkwürdige Sprechverbindung und Kraftverbindung hinführen soll: Sich einordnen lassen!

Das ist allerdings eine andere Art von Leben, als seinen eigenen Menschenweg weiterzugehen, wohlversehen mit einigen intelligenten und christlich klingenden Antworten, daß wir von diesem Herrn in seine Nähe eingeordnet werden. Dann geht es um etwas, wozu einen keiner überreden kann. „Die Heiligen selbst, der Teufel und die Welt würden es nicht für möglich halten, daß die Christen solches tragen könnten, was der Herr ihnen auflegt“, sagt Luther. Ja, das bleibt. Das kann keiner tragen. Das muß aber auch keiner allein tragen. Hier ist die Rede davon, daß jemand den Menschen mitsamt all seinen Fragen in die Hand nimmt und mitsamt all seinen Schmerzen als ein „gefülltes“ Gefäß gebraucht.

Wir sind ja hier beisammen, um mit dem wieder zusammenzukommen, der das alleine fertigbringen kann. Er will es aber auch. Es ist geradezu gefährlich, in einen christlichen Gottesdienst zu gehen. Man könnte vielleicht erleben, daß es doch etwas auf sich hat: Wo zwei oder drei versammelt sind in meinem Namen, da bin ich mitten unter ihnen! Und der könnte sich unser bemächtigen und — die „Pfähle im Fleisch“ bleiben drin! Aber er gebraucht unsereinen für andere und führt uns Wege, die wir nicht verstehen und die wir gar nicht wollen, aber es sind seine Wege.

Und merkwürdigerweise wird mitten in der Finsternis auf diesen Wegen das Loblied gesungen: Darum bin ich guten Mutes, in Schwachheit, in Schmach, in Nöten, in Verfolgungen, in Ängsten — um Christi willen. Paulus meint damit nicht, daß er die Ängste um Christi willen erleidet; das stimmt zwar auch. Aber hier meint er: Um Christi willen ist er in all diesen — nun sagen wir: Zusammenbrüchen — guten Mutes. Das ist das einzige, was wir sagen können: Dieser Paulus ist auf eine eigentlich unerklärliche Weise guten Mutes. Aber der, der uns hier zusammengerufen hat, der hat im Sinn, daß wir auch so ein rätselhaftes Loblied mitsingen könnten mitten in dieser Welt und mitten in unserem Leben. Da können wir nur bitten: Wenn du das willst, dann komme uns wieder ganz nahe und bleibe auch bitte bei uns! — Amen.

Estomihi

1. Korinther 13, 1-13

Liebe Freunde!
Das Lied von der Liebe, das manche von uns vielleicht sogar noch aus dem Konfirmandenunterricht auswendig kennen, hat zwar einen gewaltigen Schwung, aber es ist nicht in Harmonie zu bringen mit der Welt und dem Leben in uns und um uns. Es ist nun fast 2000 Jahre her, daß so ein gewaltiges Lied von der Liebe niedergeschrieben und weitergegeben worden ist. Und es ist, als wäre gar nichts weitergegeben worden.
Natürlich, das Schlagwort, das kennen wir Christen alle: Liebe! Und es wird laut und immer lauter danach gerufen. Wir setzen immer noch auf „Liebe", als wäre sie das, was für die alten Alchimisten, die Goldmacher, der Stein der Weisen war: Wer den Stein der Weisen hatte, der konnte aus Blei Gold machen! So hoffen wir, mit dem Stichwort „Liebe" das Blei der Gewehrkugeln endlich in das Gold des goldenen Zeitalters zu verwandeln. Aber es will nicht golden werden. So sind wir Christen schließlich nervös geworden und reden heutzutage oft geradezu drohend und mit einem gefährlichen Unterton von Liebe, die endlich verwirklicht werden müsse!
Seit langem haben wir ja auch Konkurrenz bekommen: Nicht erst gestern und vorgestern wurde in unserem Lande eine Lehre entworfen, wie die Welt nun wirklich zum Guten zu verändern sei. Eine Lehre, die uns nach unseren praktischen Erfahrungen mit ihren Anhängern zwar manchmal nicht gar so liebevoll vorkommen mag — Marxismus —, aber wir müssen zugeben, es steckt als Mittelpunkt und Achse darin das gleiche Stichwort: Liebe! Gar kein Zweifel!
Hier wird gesagt, was die eigentliche Lieblosigkeit ist: Die Ausbeutung des Menschen durch den Menschen. Und es wird präzise gesagt, wie dieses Leid zu Ende gebracht werden und die Liebe in Wirkung gesetzt werden soll, bis dann schließlich jeder nach seinen Fähigkeiten liebevoll arbeitet für die anderen und die Gemeinschaft ihn liebevoll versieht mit allem, was er braucht. Hier wird

nicht nur von Liebe geträumt, hier wird gehandelt und der Weg genau beschrieben.

Freilich hat der Weg einen unheimlichen Abschnitt, wo um der Liebe willen Zwang erforderlich ist: Ausmerzung der Hinderlichen, Auslieferung auch des eigenen Gedankens an die Baumeister des „neuen Bewußtseins" und der neuen Welt der Liebe. Diese Umerziehung zum neuen Bewußtsein bedarf der Gewalt und der Diktatur.

Hier wird realistisch geredet, hier wird Verwirklichung versprochen, aber zugleich heißt das: Auf diesem Weg zur Liebe geht es vorbei an den Straflagern und den Konzentrationslagern — um der Liebe willen! Eines der liebenswürdigsten und liebesfähigsten Völker unserer Welt hat den Versuch am eigenen Leibe gemacht und hat unendlich gelitten und dabei andere Völker leiden gemacht. Liebe — das sagt man hier nicht nur als Schlagwort, das wird hier zum Rezept — und dieses Rezept kann unheimlicherweise tödlich für Menschen sein. Da stimmt doch etwas nicht.

Ja, aber stimmt denn unser Bibeltext? Natürlich kann er einen ergreifen, aber ändert sich dadurch irgendetwas in der Welt? Ist diese Hymne von der Liebe wirklich nur gemeint als ein großartiges, herrliches Loblied auf etwas, was wir eben nicht haben? Eines läßt sich herausmerken, wenn wir genauer hinsehen: Als Rezept wird Liebe hier jedenfalls nicht verordnet, denn hier steht nichts — auch nicht ein Sterbenswörtchen — von den Wirkungen auf die Weltgeschichte. Hier wird nichts gerühmt von dem, was dann um uns herum aufblühen werde: das goldene Zeitalter.

Das Lied, das Paulus hier anstimmt, hat sogar einen verheerenden Anfang: „Und wenn ich mit Menschen- und mit Engelzungen redete", wenn ich imstande wäre, Menschen nicht zu verletzen mit meinen Worten, sondern mitzureißen, heißt das, „und hätte der Liebe nicht", dann wäre ich nichts, dann wäre das nur ein helles und grelles Klirren und Klingen und Läuten. „Und wenn ich weissagen könnte", bitte, das ist nicht Prophezeiung, Wettervorhersage oder sonst etwas, sondern das heißt: Treffend sagen, wo im Leben eines Menschen der Punkt sitzt, an dem er festhängt, die Schuldigen nennen und sie überführen können, — das wäre doch eine Fähigkeit! Aber ohne Liebe ist das — nichts! Und wenn ich Glauben hätte, der Berge versetzt — Berge des Mißverstehens zwischen

Menschen und Völkern vielleicht, und viele andere Berge — „und hätte der Liebe nicht, so wäre es nichts!“ Da bläst uns doch Paulus einfach die Altarkerzen aus! Glaube, Erkenntnis, Erkenntnis Gottes, — ohne Liebe alles nichts?!

Und dann stürzt er sogar alle Denkmäler der großen Vorbilder der Humanität, der wenigen Menschen, die wirklich alle ihre Habe den Armen gegeben haben und ließen ihren Leib brennen, die sich selbst geopfert haben, — aber auch das ist nichts nütze ohne Liebe. Ja war denn das nicht Liebe, was jene taten? Wenn das keine Liebe ist, ja, was ist denn dann überhaupt Liebe? Die Liebe, von der er hier redet? Redet Paulus denn von etwas ganz anderem, als wir mit dem Wort „Liebe“ meinen?

Es scheint eine merkwürdige Sache zu sein, diese Liebe: Größer als alles, was man haben kann (und die begeisterten Redner, Propheten, Wundertäter und Opferbereiten haben doch allerhand an Qualitäten zu bieten!) — zugleich aber so klein wie ein Sandkorn, so daß man leicht übersieht, daß sie fehlt. Was ist das: Größer als alles und kleiner als ein Sandkorn? Und das Ganze sei die Liebe!? Was für eine rätselhafte Sache ist doch dann die Liebe!

Nun, vielleicht ist es meine Dummheit, wenn ich das rätselhaft nenne, denn man kann mir ja sofort erwidern: Lieber Freund, schaue nur hin, da wird ja beschrieben, was Liebe ist! Gut, lesen wir die Beschreibung: „Die Liebe ist langmütig und freundlich“, voller Langmut und Güte, „sie eifert nicht“, sie wird nicht fanatisch, sie „treibt nicht Mutwillen“, die schwatzt nicht so daher, „sie blähet sich nicht auf“, sie ist nicht rechthaberisch, sie gibt nicht an, sie ist nicht taktlos, „sie suchet nicht das Ihre“, sie ist nicht egozentrisch, „sie läßt sich nicht erbittern, sie rechnet das Böse nicht zu“, sie kreidet anderen Leuten ihre Fehler nicht an!

Das ist doch schon eine Beschreibung, und jeder einzelne Nebensatz ist eine Rede wert. „Sie freuet sich nicht der Ungerechtigkeit“ — das heißt: Sie ist nicht froh, wenn sie endlich anprangern kann: Da sieht man wieder einmal, was das für Leute sind! Nein, die Liebe hält den Mund da, wo alle Welt ihren Schuldspruch fällt. Merkwürdig, unbegreiflich!

„Sie höret nimmer auf, sie verträgt alles, sie glaubet alles, sie hofft alles, sie duldet alles!“ Nun, manchmal meinen Eltern, diese Art von Liebe hätten sie fertiggebracht: Sie verträgt alles, sie glaubet alles — sie glaubt jede faule Ausrede. Es stellt sich freilich bald heraus, daß das eine böse Saat ist! Ja, das ist doch eine sehr merkwürdige Beschreibung der Liebe.

Eines fällt mir auf: Hier wird immerfort gesagt, was die Liebe nicht ist. Und wenn wir das „nicht" weglassen, kommt eine verblüffend genaue Beschreibung unserer selbst heraus: Langmütig und freundlich ist die Liebe — das sind wir nun gerade nicht, sondern wir eifern, wir werden fanatisch, blasen uns auf; wir sind ungebärdig, wir suchen letzten Endes das Unsere, sind wichtigtuerisch und behalten gerne das letzte Wort. Wir sind so leicht zu erbittern; wir führen über das Böse genau Konto und rechnen es dem anderen vor; wir freuen uns, wenn wir einmal so richtig das Unrecht des anderen anprangern können. Wir vertragen keinen Widerspruch; wir glauben nicht so leicht an gute Absichten eines anderen, unsere Geduld ist bald erschöpft. Eine böse, genaue Beschreibung von — uns!

Die Liebe ist also, so wie sie hier beschrieben ist, das genaue Gegenteil von dem, was jedenfalls ich bin. Vielleicht habt ihr Glück und seid andere Leute. Dann habt ihr erstens an dem Lied des Paulus nur die reinste Freude, und zweitens ist es eigentlich für euch gar nicht nötig.

Für mich ist aber leider die Liebe genau das Gegenteil von dem, was ich bin, und sie ist nichts, was ich aus mir selbst herausholen könnte. Das sollte man vielleicht gar nicht so deutlich eingestehen. Oder darf man das sagen? Muß man das vielleicht sagen?

Ja, was ist aber dann eigentlich und wo steckt dann eigentlich diese Liebe, ohne die alles — einschließlich Kirche, Gottesdienst, Glaube, Hingabe von Habe und Leben nichts ist? Wo, was ist sie?

Am Ende des gewaltigen Liedes steht ein Wörtchen, das ich seit langer Zeit sehr wichtig nehme. Vielleicht gebe ich ihm sogar zuviel Gewicht. Es geht um das kleine Wörtchen „erkennen". Es heißt dort: „Dann werde ich erkennen, gleichwie ich erkannt bin!"

Erkennen und erkannt werden — das scheint zunächst vom Thema „Liebe" ebenso weitab zu liegen wie von unserer Frage, woher denn Liebe in uns kommen sollte und wohin sie führt. Und doch geht es wohl gerade in diesen merkwürdigen Worten darum, daß diese Liebe zu uns herabkommt und das Stückwerk unseres Lebens hineinzieht in das „Vollkommene".

Das Schlüsselwort, das ich meine und das ich schon nannte, heißt: Erkennen, nachdem ich erkannt bin! Paulus stammt aus der gleichen Welt wie wir. Er ist ein Mensch, der die „Liebe“ in unserer Art durchaus kennt, eine so eifrige „Liebe“, daß er beispielsweise bei der Steinigung des Stephanus begeistert mitmacht, — eine Liebe, die sich erbittert einsetzt für das, was ihr wert ist, und die in ihrem Fanatismus weder sich noch andere schont. Aber Paulus meint hier bestimmt nicht eine solche Art von Liebe. Er hat gelernt, sich solcher „Liebe“ eher zu schämen als zu rühmen.

Aber in der Welt, in der Paulus aufwächst und deren Sprache er spricht, hat das Wort „erkennen“ noch einen anderen Sinn, als es in unserem abendländischen Sprachgebrauch hat. Wenn wir von „erkennen“ reden, dann besagt das für uns, daß jemand — oder wir selber — irgendeinem Gegenstand gegenüberstehen und ihn scharfsinnig betrachten, wie eben ein „Subjekt“ ein „Objekt“ betrachtet: Durch das Fernglas, wenn das „Objekt“ weit entfernt ist, oder durch ein Mikroskop, wenn es möglich ist, das zu Betrachtende ganz nahe heranzuholen, bis man scharfsinnig und „objektiv“ erkennt, was das eigentlich ist. Das ist aber nur der abendländische Sinn dieses Wortes „erkennen“. In der Welt, aus der Paulus herkommt, hat das Wort „erkennen“ noch einen anderen Sinn, und den hat Luther in seiner Bibelübersetzung auch bewahrt. Da heißt es doch gleich am Anfang der Bibel — das habt ihr vielleicht gelesen oder sogar noch im Kindergottesdienst einmal gehört und euch darüber gewundert: Adam „erkannte“ sein Weib! Da steht „erkennen“ für „innige Gemeinschaft“, für „Hingabe aneinander, aus der Leben kommt“. Das steckt in dem Wort „erkennen“ auch hier sicherlich noch drin.

Wenn Paulus sagt, er sei „erkannt“, dann wäre also jemand gekommen und hätte sich ihm genähert wie ein Liebender sich nähert und zu uns kommt. Ihr ahnt ja wohl, wer der Jemand sein mag, an den Paulus hier denkt. Einer, der uns kennt und doch — liebt! Unter uns Menschen schließt sich das freilich meist aus: Wen wir ganz genau „kennen“, den vermögen wir nicht mehr so leicht zu lieben, und wer uns genau „kennt“, wird uns nicht leicht für liebenswert halten. Zu Paulus — und zu uns — kommt aber jemand voller Liebe, der uns genau kennt. Darum redet dieser Jemand von uns nicht nur mit den blassen Vokabeln: Du hast dich dann und wann einmal geirrt, und dann und wann bist du auch einmal ein bißchen schuldig geworden! — sondern er kennt uns so genau, daß er uns mit dem unheimlichen Wort bezeichnen kann: Sünder! Sünde — das ist nicht nur ein Schönheitsfehler; Sünde — das ist die Pest! Und diese Pest liegt in allem, was wir unternehmen, wir Mitschuldigen unter Mitschuldigen. Er aber fürchtet nicht den Aussatz und die Pest, die wir haben, sondern nimmt uns in die Arme. Er, der einzige, der nicht unser Mitschuldiger ist, Jesus Christus, der gibt uns leibhaft Anteil an der Liebe Gottes, der nähert sich uns so liebend und so in liebevoller Hingabe, daß wir ihn sogar verhöhnen können, auslachen können, zurückstoßen können, aber er bleibt bei uns, auch gekreuzigt und verspottet. Ich glaube, von dem redet Paulus.

Und jene Beschreibung: „Langmütig, freundlich, stellt sich nicht ungebärdig, rechnet das Böse nicht zu", die — umgekehrt — so eine genaue Beschreibung meiner Person war, die deutet auf jemanden, der bis zu uns gekommen ist.

Dann redet Paulus also hier nicht unter dem Stichwort „Liebe" von verkümmerten Anlagen in uns, die wir wecken müßten und wecken könnten; er schreckt uns nicht mit einem flammenden Appell auf, wie man Leute mit einer Parole aufschreckt, damit sie wieder besser in Gang kommen, denn wir, die Mitschuldigen unter Mitschuldigen, würden auch durch Parolen nicht einen einzigen Schritt weiterkommen. Aber er redet von der großen Gabe, die uns jemand gibt; von der Liebe, mit der ein Liebender uns zum Lieben erwärmt.

Und das ist nun genau das Ziel dieses Textes: Uns an die große Gabe zu erinnern, die wir uns geben lassen müssen, weil wir sonst bei allem „religiösen Reichtum" gar nichts haben. Er redet ja doch hier in diesem Zusammenhang von einer Gemeinde, die an ganz großartigen Dingen reich ist: Glauben, Erkenntnis, Weissagungen, Zungenreden. Alles das haben die Christen in Korinth, wovon wir nur einen blassen Schimmer haben. Und doch haben sogar diese Prachtchristen nichts, wenn sie diese eine Gabe nicht haben.

„Strebet nach Liebe!" — ruft er ihnen zu, und das heißt nicht: Macht euch so groß, daß endlich sogar Liebe für euch möglich wird! — sondern: Faßt zu! Kommt zu euch da nicht die Gabe, auf die es ankommt?! Der Herr, der zu euch kommt, der redet nicht davon, wie die Welt satt würde, sondern „der ist selber Brot des Lebens“, — könnte man ganz gut biblisch sagen.

Der da zu uns kommt, der kennt unsere Kraftlosigkeit. Und Paulus sagt: So behängt euch nun nicht mit christlicher Kraftmeierei, sondern laßt euch von dem in die Arme nehmen, der allein versteht zu lieben, und in diesen Armen werdet ihr so warm werden, daß man euch anmerkt, wie er liebt. Hier bleibt unser Leben selbst dann noch ein Bruchstück; aber auch das Bruchstück unseres Lebens wird nicht weggeworfen. Der euch liebt, der hört nicht mehr damit auf. Davon redet Paulus — meine ich: Von dem, der zu uns kommt!

Damit hat uns Paulus also auch in diesem Lied von der Liebe nicht mehr gesagt, als wir in jedem Gottesdienst im Grunde genommen gesagt bekommen: Da ist jemand zu dir getreten; und zwischen dem und dir geht es nun anders zu als sonst; wenn unsereiner einen Kranken, einen Aussätzigen, anrührt, dann wird er selber aussätzig; und wenn unsereiner sich neben einen Erfrorenen in den Schnee legt, dann wird er selbst erfrieren; aber der, der hier zu uns kommt, der rührt die Erfrorenen an, und sie werden lebendig. Er fürchtet nicht einmal sich vor deiner verzweifelten Hoffnungslosigkeit, vor deiner stolzen Selbstgefälligkeit und vor deiner und meiner Herzenskälte.

Er nimmt uns einfach in die Arme und spricht: Nun laß dich lieben. Laß dir sagen, daß genau du berufen bist — nicht dazu, den Mund nun groß aufzumachen, gewaltig über die Liebe zu reden oder der Welt eine Vorlesung darüber zu halten, wo überall Liebe fehlt, — sondern dazu berufen, daß du endlich wieder merken darfst — hier darf es nicht heißen „mußt“ — endlich wieder merken darfst: Du wirst von Jesus Christus geliebt und getragen, geduldig und langmütig! Und nun komme, nun kannst du auch wieder die anderen tragen, und das, ohne dich erbittern zu lassen. An dir werden die anderen seine Nähe merken: An Wärme und an Liebe, die er dir immerfort neu gibt — für alle anderen. — Amen.

Invokavit

2. Korinther 6, 1-10

Liebe Freunde!
In diesen Versen steckt ein Stück Lebensbeschreibung des Paulus; das, was man so eine Biographie nennt. Erst einmal kommt eine Zusammenfassung: Unsere Geduld wird auf die Probe gestellt in Trübsal, Not, Angst — dann wird er deutlicher: Wir mußten Schläge aushalten — das sind die Prügelstrafen, die Auspeitschungen; Gefängnis, Aufruhr, — da gerät er dem Pöbel in die Hände. Dann spricht er von Arbeit, Wachen, Fasten, — da sehen wir plötzlich die „Innenseite“ seines Lebens: Die mühselig durchwachten Nächte unter Mangel und Entbehrungen. Dann glänzt es wieder auf: Keuschheit, Erkenntnis, Langmut! Und dann kommt Hell und Dunkel im jähen Wechsel: Ehre und Schande, guter Ruf und böse Nachrede. Und schließlich klingt es wie ein Siegeslied: Als die Sterbenden, die doch leben, als Menschen, die nichts haben und die doch alles haben! Das ist eine recht merkwürdige Biographie.
Wenn wir unseren Lebenslauf aufschreiben würden, dann würden — wie zu hoffen steht — so schreckliche Punkte ja wohl nicht vorkommen. Aber vor allen Dingen würden wir einen so bedrängten Lebenslauf kaum unter die Überschrift stellen: „Die große Geduld“! Wir würden ja doch nicht ein Leben, das so auseinandergerissen wird und so geängstet und gequält wird von innen und von außen — und man weiß nicht, was das Schlimmere wäre: die Angst von innen, die man hat, oder der Druck und die Quälerei von außen — wir würden das doch nicht unter dem Stichwort zusammenfassen: Proben großer Geduld! Das ist also erst einmal sehr ungewöhnlich.
Ach, und es ist eigentlich alles ungewöhnlich an diesem Lebenslauf. Erst werden so schmähliche Niederlagen geschildert: Prügelstrafen, eingesperrt, geplagt, verleumdet! — und auf diesem Hintergrund taucht dann so viel Reichtum auf: Erkenntnis, Langmut, Freundlichkeit, Kraft Gottes! Wie kann aus einem so gequälten Leben ein Reichtum herauskommen, der, wie Paulus von sich und seinen Mitaposteln sagt, noch viele andere reich macht?

Und das Ganze wird nicht etwa dargestellt als Beweis dafür, was einer so ertragen kann, ohne kaputtzugehen. Solche Art Lebensbeschreibungen gibt es auch: Durch Not zur Größe! Aber das steht hier nicht; Not und Größe gehören hier ständig zusammen. Das gehört zusammen, sagt Paulus, weil wir Mithelfer Christi sind! Deswegen ist uns das alles über den Hals gekommen. Deswegen hat uns das alles zugrunde gerichtet; und deswegen sind wir dadurch keineswegs zugrunde gerichtet, obwohl alles so jämmerlich zugeht! Beides gehört zusammen, sagt Paulus, denn Er hat uns zu seinen Mithelfern gemacht!

Ich wäre froh, wenn wir jetzt soweit wären, über diese Worte den Kopf zu schütteln: Worauf will Paulus nur hinaus? Ich wäre froh, wenn ihr begreift: Es ist hier keine Gelegenheit, Betrachtungen über Lebensläufe des Menschen im allgemeinen anzustellen und über die heilsame und vertiefende Wirkung der Not zu reden. Sondern hier hören wir von einem unbegreiflich zugleich erhobenen und zerschlagenen Leben, das es so nur geben kann, weil es — Christen gibt.

Und das Wort „Christ" hat dann freilich eine besondere Bedeutung. Es sagt dann nämlich nicht einfach, daß Christen Leute seien, die irgendwelche entweder noch sehr altmodische oder schon sehr moderne Auffassungen über etwas „über die Welt Hinausreichendes" haben. Sondern Christen, das wären Leute, die mit jemandem zusammengeraten sind und von ihm mitgenommen werden.

Ich hätte jetzt sagen können „mitgerissen", es wäre auch nicht falsch. Bloß denkt man dann zu leicht an „hinreißende" Bekehrungserlebnisse. Sicher, das gibt es. Es geschieht aber manchmal auch ganz unvermerkt, daß unsereiner schon von diesem Jesus mitgenommen worden ist: Er hat einen schon längst auf einen ganz anderen Weg gebracht, als man ihn sich gedacht hat; aber das merke ich erst dann, wenn der Riß immer größer wird zwischen dem Lebensweg, den ich mir einmal vorgestellt habe, und dem Weg, den mich dieser Jesus führt.

Der Lebensweg, den Paulus hier beschreibt, ist mit Sicherheit nicht der Weg, den er selber sich gedacht hat. Was Paulus sich vorgenommen hat — und er ist sicherlich auch einmal in dem Alter gewesen, in dem man sich etwas vornimmt —, war vielleicht das Dasein eines Gelehrten, eines Mannes, der in seiner Studierstube sich vertieft in die Gesetzes Gottes und die Glaubensgeschichte seines Volkes; ein Leben, in dem er seine gute akademische Bildung hätte verwenden können. Aber nun wird er von diesem Jesus Christus durch die Welt gezogen und unterhält sich in Korinth mit Hafenarbeitern und anderen Leuten. Das hat er sich ganz bestimmt nicht vorgenommen. Es ist also „alles ganz anders gekommen"; ganz anders, als es Paulus sich gedacht hat; ganz anders, als er es sich durchaus hätte denken dürfen.

Von dieser Seite aus gesehen, ist das Leben des Paulus ein ruiniertes Leben. Zugleich aber stellt Paulus seinen Lebensweg mit einer so hinreißenden Dankbarkeit dar, daß es beinahe klingt, als wolle er uns sagen: Wie gut, daß ich durch Jesus Christus so ruiniert worden bin und noch ruiniert werde!

Das wäre doch wahrhaftig eine merkwürdige Sache, wenn es das wirklich in der Welt gäbe, daß ein Mensch nicht nur dafür dankbar sein könnte, wie wir es kennen, nämlich wenn sein Leben geradlinig verläuft oder wenn man nach Einbußen und Schwierigkeiten doch wieder auf seine Füße kommt, sondern daß da einer um und um gestoßen wird und überhaupt nicht mehr auf die Beine kommt, wie ein Blatt vom Winde hin und her geweht wird durch die Welt, wohin es gar nicht will — und gerade dabei käme er auf die Füße, nämlich auf die Füße des Christenmenschen. Eine höchst merkwürdige Sache wäre das. Ob es das wirklich gibt?

Wir können natürlich sagen: Papier ist geduldig! Ob Paulus hier nicht doch ein wenig übertreibt? Falls es so etwas aber wirklich gibt, dann müßte dieser Jesus Christus wohl nicht nur ein Mann sein, der über Gott redet, oder der uns etwas vormacht, was wir ihm dann nachmachen, — das kann man doch nicht nachmachen, das kann man doch nicht imitieren: Den Boden unter den Füßen verlieren und dabei erst richtig auf die Füße kommen! Sondern dann müßte dieser Jesus Christus jemand sein, der mitreißt, mitnimmt, anfaßt, trägt; jemand, dem man wirklich nachfolgen kann, beinahe so wie der Bergsteiger, der vom Führer an einem Seil geführt und gehalten und gezogen wird. So „angeseilt" und — mit zerschundenen Händen — doch bergauf gebracht zu werden, das hieße dann: Christ sein!

Und wenn in einer Kirche der Name „Jesus Christus" fällt, dann wäre das eigentlich immer ein bißchen gefährlich. Da könnte es immer sein, daß uns jemand gewissermaßen den Strick um den Leib knüpft und nun anfängt zu ziehen, wohin du gar nicht wolltest! Wiederum ist es offenbar aber doch nicht gar so gefährlich, denn wenn ich mich selber ansehe, ist es mir bis jetzt doch ganz gut gelungen, auf den eigenen Füßen zu bleiben. Und bis jetzt habe ich zwar einen ganz brauchbaren und durchdachten christlichen Standpunkt, aber ob ich mich da wirklich so „mitziehen" lasse, das weiß ich nicht.

Das kann es nämlich geben, daß unsereiner sich gegen die lebendige Kraft Jesu ganz gut behauptet. Paulus erinnert gleich am Anfang seine Leute in Korinth daran: Paßt auf, daß ihr nicht vergeblich die Gnade Gottes empfanget! Das besagt aber nicht, daß die Gnade gelegentlich nicht so recht wirksam sei — was können wir denn dafür, wenn nichts wird? Aber dieser erfahrene Paulus redet hier, als gäbe es die Möglichkeit, ganz nahe an die „Gnade" zu kommen und diesen Jesus Christus auch ganz nahe an sich heranzulassen, um doch im entscheidenden Augenblick wieder ganz schön auf eigenen Füßen den eigenen Weg weiterzugehen!

Gnade wirkt ganz sicher nicht „automatisch". Dieser Jesus Christus läßt uns sagen, er komme aus Liebe zu uns. Dann kommt er also auch nicht, um Gewalt und Zwang anzuwenden. „Komm und folge mir nach!" — das kann man hören, kann den Kopf schütteln, kann Ohren haben zu hören und doch nicht hören; unsereiner kann mitten in einem Lande leben, in dem dieser Wirbelsturm des Christenglaubens schon Menschen über Menschen mitgenommen hat, hochgerissen, umgedreht, gewandelt, so daß sie beispielsweise mitten im Dreißigjährigen Krieg Loblieder singen. Wir selber aber bringen es fertig, ungerührt auf unseren eigenen Füßen zu bleiben und diskutieren nur eifrig über diesen Jesus. Und das ist die ungerührteste Form, sich mit jemandem oder irgendetwas zu beschäftigen. Da sitzt man am Rande, da sitzt man auf erhöhtem Sitz, da kann einem keiner den Boden unter den Füßen so leicht wegziehen. Aber die Gnade Gottes nicht vergeblich empfangen, das hieße ja doch, jemand anderen darüber urteilen zu lassen, was jetzt deine und meine Aufgabe sei!

Christenglaube ist doch wohl nicht irgendeine Theorie über die Welt, auch nicht eine Lehre über jemanden, der unsere eigenen Pläne im unerwarteten Moment doch noch erfüllt. So einen Helfer möchten wir oft, und unter dem Stichwort „Gott“ denken wir uns oft jemanden, der uns, wo unsere Kräfte es nicht mehr schaffen, liebevoll gäbe, was wir haben möchten. Eine solche Sehnsucht soll man keinem Menschen verübeln; ich jedenfalls kann es keinem vorwerfen, denn nach solcher Hilfe sehne ich mich ja auch.

Aber das könnte ein Mißverständnis sein. „Sieh dich vor, daß du nicht vergeblich die Gnade Gottes empfängst“; vielleicht indem du nach der falschen Richtung Ausschau hältst, nach dem Helfer, der das Zerrissene wieder heil macht, das Zerbrochene in deinem Leben wieder zusammenbringt! Mit dem Hinweis darauf suchen wir ja oft, Gott und Frömmigkeit anzupreisen, und nennen damit etwas, wonach sich die Menschen sehnen. Aber wenn man sich diese Biographie des Paulus ansieht, muß man zugeben: Es kann auch ganz anders gehen; du gerätst mit diesem Jesus Christus zusammen, und es wird keineswegs heil, was du heil haben wolltest; es wird keineswegs wieder verknüpft, was zerrissen war; es wächst keineswegs dein Leben in die Richtung, in der du einmal geglaubt hattest, mit redlichstem Willen wachsen zu müssen, wachsen zu können. Sieh dich vor!

Nun ja, wir beherrschen die Kunst, uns nicht so leicht mitreißen, uns nicht unsere Pläne entreißen zu lassen. Wir sind Christen, aber wir graben uns ein. Da sitzt man gut in seinem Schützengraben und hält die Stellung, unter Umständen auch die christliche Stellung. Aber nachfolgen, das ist doch etwas, wobei man sich bewegen müßte in dieser Welt — innerlich mehr als äußerlich. Nachfolgen!

Und es müßte uns doch auffallen, daß dieser Paulus, der ganz bestimmt nicht in den Verdacht geraten darf, ein Militarist zu sein, hier von „Waffen“ redet: Waffen der Gerechtigkeit zur Rechten und zur Linken — Schild und Schwert. Das sind die Waffen eines Legionärs, der im mehr oder weniger guten Gleichschritt mit den anderen zusammen vorangeht, jedenfalls sich nicht irgendwo eingräbt, um sich dort dann mit eingezogenem Kopf zu behaupten gegen die Stürme der Zeit. Paulus leistet „Wehrdienst“: Er läßt sich einberufen und in das Getümmel schicken.

Wohin sollen wir da eigentlich „mitgenommen“ werden? Offenbar wiederum wie Paulus mitten in die Welt hinein, und nicht so, daß wir ein neues Programm entwerfen und den anderen sagen: Euer ganzes Programm taugt nichts, jetzt kommen wir! Sondern in dieser Welt gebraucht jemand uns einfach als Mitarbeiter. Daher können Christen auch nie sagen: Das haben wir getan! Auch Paulus prahlt ja hier auch nicht und sagt: Das habe ich gekonnt! — sondern er sagt: Das alles hätte ich selber ja gar nicht gekonnt, das hätte ich nicht fertiggebracht, zerbrechen und ruiniert zu werden und dadurch erst richtig auf die Füße zu kommen und reich zu werden. Ich bin ja nur Mitwirkender.

Mitwirkende, Mitspieler — das klingt beinahe nach einem Bühnenstück. In einem Bühnenstück wird den Mitwirkenden gesagt, was gespielt werden soll, und sie bekommen ihr „Stichwort". Welches Stück wird hier gespielt? In welchem Schauspiel wirkt hier Paulus mit? Nicht das Schauspiel der Freiheit: Wilhelm Tell! Und auch nicht „Faust" oder „Götz von Berlichingen".

Mir scheint, das Stück, in dem Paulus „mitwirkt", heißt: Kreuz und Auferstehung Jesu! Untergang und Erneuerung! Und das beides nicht nacheinander wie 1. und 2. Akt, sondern immerfort gleichzeitig: Wir sterben — und damit leben wir! Und dieser Jesus ist die Hauptperson, die wirklich „tragende" Rolle.

Das Stichwort für die Mitwirkenden, wie heißt es? Das erste Stichwort steht hier, das heißt „Geduld"! Ein unerwartetes und merkwürdiges Stichwort: Geduld! Das heißt doch wohl erst einmal: Bleibe dort stehen, wo du stehst! Bleibe dort stehen und sage dort nicht, wie einer, der verzweifelt loskommen will von seinem zerrütteten Lebensplatz: So habe ich mir mein Leben nicht vorgestellt!

Du magst ja recht haben! Aber jetzt passe auf, sagt der, der da das Spiel „trägt", jetzt spielen wir beide miteinander ein Spiel; bleibe dort stehen! Das sieht freilich oft so aus, als würden wir stehen gelassen.

Wenn das Stichwort „Geduld" hier so wichtig ist, daß es Paulus uns gleich an den Anfang stellt, dann dürfte es sehr oft sein, daß das Stichwort für uns auch dieses gleiche Wort ist: Geduld. Und zwar nicht eine Geduld, die eigentlich mehr eine Lähmung wäre, sondern eine Geduld, die gespannt schaut, wo nun der andere auftreten wird, der mir das Stichwort gibt.

Da kommt er: Einmal als der geringste Bruder, dann kommt er als der Hausgenosse, dann kommt er als der Schulkamerad, er kommt als der Unbekannte, er kommt als der Nächste. Und nun spiele weiter mit ihm auf sein Stichwort. Oft meinst du freilich, das kann nicht sein Wille sein. Aber höre dein Stichwort: Geduld! Ich will nur eines sagen: Das Stück, in dem Jesus Christus mitspielt, das hat immer sehr viel mit Kreuz zu tun — immer. Aber es hat auch immer mit sehr viel Licht zu tun: Auferstehung!

Vielleicht kann man sagen, daß dieses Stück jeden Tag gespielt wird vom Kreuz bis zur Auferstehung und ein ganzes Leben lang; jetzt mit uns und mit der ganzen Welt. Das ist nahezu schrecklich.

Bemerkenswert ist aber an dem Text, daß alles so wunderbar froh klingt, was Paulus hier sagt. Ich brächte das nicht fertig, solche Erfahrungen auszupacken und das als Loblied vorzutragen!

Was er dann am Schluß sagt, sind nämlich lauter Stichworte für die gemeinsten Verleumdungen, mit denen man ihn bedacht hat: Ihr seid Leute, denen keiner etwas zutraut; es wird bald zu Ende sein mit euch; traurige Figuren seid ihr! So die gemeinsten Schimpfworte seiner Mitwelt aufzunehmen, sie heiter in ein Loblied zu wenden — wir, die man für lauter Nichtse hält und die auch nichts sind, aber wir machen viele reich, wir haben nichts und haben doch alles — das ist gar nicht Pathos, das ist mehr: Das ist eine ganz große innere Freude!

Es muß sich doch lohnen, mit diesem Jesus Christus als Mitwirkendem zu spielen. Nun gut, heute seid ihr eingeladen. Helf uns Gott, daß wir die Stichworte hören. — Amen.

Reminiszere

1. Thessalonicher 4, 1-12

Liebe Freunde!
Wenn wir uns einen Abschnitt aus der Heiligen Schrift aussuchen möchten, der die Leute um uns herum auch aufhorchen läßt, dann hätten wir diesen Text kaum ausgewählt. Heiligung, Ermutigung zu Zucht und Sitte, ein Seitenhieb gegen die Habsucht, das klingt sehr altmodisch, das schmeckt nach Weltfremdheit und Flucht in das fromme Privatleben. Wo bleiben da die weltbewegenden Nöte unserer Gegenwart?
Wir leiden ja heute alle daran, und es macht uns geradezu nervös, daß uns Christen — wie es scheint — das richtige „Wort für die Welt“ fehlt. Die Kirche nimmt zwar immer wieder Anläufe und läßt Worte für die Welt ergehen — meistens sind es aber dann doch wieder nicht die richtigen. Sollten wir nicht diesen Text lassen und nach etwas Aktuellerem weitersuchen? Hier findet sich nichts Neues, also weiter!
Weiter — damit habe ich ganz zufällig das Wörtchen erwähnt, das da am Anfang steht: „Weiter, liebe Brüder!“ Hier heißt das freilich nicht, daß wir schleunigst weiterblättern sollen, sondern daß sich einige handfeste Folgen einstellen müßten, wenn unsereiner Christ geworden ist. Und vielleicht wären Menschen, bei denen es persönliche Folgen hat, daß sie Christen geworden sind, dann überhaupt das vielgesuchte „Wort an die Welt“. Gesprochen nicht von intelligenten Christen, sondern gesprochen von ihrem Herrn selber, der leibhaftige Menschen so hinstellt, wie er sie haben will.
Dieses kleine ganz leicht zu überhörende Anfangswörtchen spielt hier eine große Rolle: Weiter, liebe Brüder, weiter! Paulus sagt damit: Nachdem ich euch wieder daran erinnert habe, wir ihr Christen wurdet, komme ich jetzt auf die Folgen, die damit zusammenhängen.
Dieser Brief an die Thessalonicher ist vermutlich überhaupt das älteste geschriebene Stück des ganzen Neuen Testamentes. Es ist ein sehr froher Brief, und das ist erstaunlich. Paulus ist nämlich aus Thessalonich, aus Saloniki, von gehässigen Gegnern vertrieben

worden. Die Leute, die sich als Gemeinde um ihn versammelten, sind in Bedrängnis zurückgeblieben. Und nun muß er sich mit einem Brief behelfen, weil er nicht so schnell zu ihnen zurückkehren kann, wie er das gerne möchte und sie es dringend wünschen.

Am Anfang beschreibt er sich und denen, die den Brief lesen, zur Freude, wie wunderbar und unerwartet das damals zustande kam, daß es in Thessalonich nun nicht mehr bloß Kleinkrämer, Hafenarbeiter, Kaufleute gibt, die gelegentlich einmal religiöse Neigungen haben, sondern eine richtige brüderliche christliche Gemeinde.

Ihr habt — schreibt er — mein Wort damals angenommen mit einer Freude, wie sie nur der Geist Gottes geben kann. Ihr seid ein lebendiges Muster dafür geworden, daß es nicht bloß apostolisches Geschwätz ist, daß dieser lebendige Herr Jesus Christus durch die Welt geht, sondern daß er selber Menschen packt, wenn ein Bote in seinem Namen seine Zusage weitergibt. Ihr seid das lebendige Muster dafür, daß er selber Menschen zusammenbringt, die vorher gar nicht daran gedacht hätten, daß sie miteinander zu tun bekommen könnten; und die vorher möglicherweise auch gar nicht daran gedacht hätten, daß sie überhaupt mit irgendwelchen religiösen Fragen — wie wir so allgemein sagen — zu tun bekommen könnten.

Denn Christen sind nicht Menschen, die sich mit religiösen Fragen zu tun gemacht haben und dann Ergebnisse erreicht haben, sondern Christen sind Menschen, mit denen jemand etwas anfängt. Ein Jemand, von dem sie herzlich wenig oder gar nichts wußten, von dem sie aber immer mehr spüren, je mehr sie sich von ihm in Bewegung bringen lassen. Das kann man aus den ersten Kapiteln herauslesen, wo dieses „Muster" einer Gemeinde beschrieben wird.

Und nun sagt er: Liebe Freunde, dieser Herr hat bei euch angefangen zu zeigen, daß er lebendig dabei ist; er allein ist es, der euch zusammenhält. Er hat euch zusammengebracht, und er hält euch auch zusammen. Nun müßt ihr aber auch daran denken, was er sich noch weiter mit euch vorgenommen hat — und daran erinnere ich euch! Paulus will nämlich hier keinen Sittenkatalog aufstellen. Er beschreibt nur, was dieser lebendige Herr und Begleiter des Paulus, der zugleich der lebendige Herr dieser kleinen Gemeinde ist, aus den Menschen dieser Gemeinde machen will.

„Wir ermahnen euch in dem Herrn Jesus!" — das mag für uns

Zeitgenossen eine bloße Redensart sein, aber hier heißt es: Wir sagen euch jetzt — und das wird sich in euren Herzen bestätigen —, was dieser Herr jetzt bei euch fertigbringen will. Ihr wißt, was wir für Gebote gegeben haben durch den Herrn Jesum — oder anders herum: Er durch uns, er ist es! — ihr wißt, in welche Richtung wir damals zeigten.

Christ sein heißt: Immer wieder darauf merken, was dieser Herr nun aus uns machen will. Das ist bei uns freilich eine festgeprägte Redensart geworden, sowohl bei mir hier oben als auch bei euch dort unten. Und dann schwimmt das auf einer Predigt wie so ein wunderbares christliches Fettauge: „Christ sein heißt: Merken, was der Herr aus uns machen will!“ Geben wir ruhig zu: Wir können uns nicht allzuviel darunter denken. Vielleicht hilft uns aber diese Probe des ältesten christlichen Briefes endlich ein Stücken weiter.

Er — dieser Apostel — hat also gesagt: Ihr seid Musterstücke dafür, daß etwas passiert, wo dieser Herr angekündigt wird und auch zu Menschen kommt. Damit haben wir nämlich schon etwas recht Wichtiges heraus, nämlich das alles, was nun unter den Stichworten „Heiligung“ und „Reinheit“ und dergleichen gesagt wird. Er meint nicht Leistungen, die der Mensch mit mehr oder weniger Verstand und mit mehr oder weniger Gründlichkeit zustande bringt, sondern die Ergebnisse, auf die dieser Herr hinaus will und die von uns nicht gehindert werden sollten.

Es kommt uns dann hoffentlich merkwürdig vor, daß von Heiligung und Reinheit geredet wird, als seien es für einen Christen die selbstverständlichsten Ergebnisse von der Welt. Unsere Erfahrungen lauten da doch ein bißchen anders: Wie schwer es sei, mit bestimmten Begierden fertig zu werden: wie schwer es sei, seine Habsucht loszuwerden — und dergleichen mehr. Beinahe aussichtslose Sachen! Aber hier steht: So geht das ganz selbstverständlich weiter nach dem Willen dessen, der sich mit euch eingelassen hat. Eure Heiligung, das ist der Wille Gottes; das ist die Arbeit, die er sich selber vorgenommen hat.

Und nun nehme ich erst einmal einen Rotstift und mache einen dicken Strich unter das Wörtchen „eure“. Das sagt Paulus also zu diesen Leuten in Thessalonich: Euch will er heiligen. Aus einigen Andeutungen im Text wird uns aber klar, daß die Leute, die da zusammengewirbelt worden sind zu dem „Musterbeispiel“ der ersten christlichen Gemeinde in Saloniki — daß das keineswegs Musterstücke der menschlichen Gesellschaft gewesen sind! Ist es nicht grotesk, wenn solche Zufallsfiguren Muster der Heiligung werden sollen?

Wir dürfen ruhig sagen: Es ist grotesk und kaum zu glauben, daß unsereiner, der nur mit Mühe und Not immer noch eine einigermaßen anständige Fassade aufrechterhält — daß unsereiner Musterstück der Heiligung werden sollte, ein leibhaftiges Abbild dessen, was dieser Herr tut und schafft.

Aber das ist Gottes Wille. Uns selber würde das freilich nicht gelingen. Den Leuten in dieser Gemeinde wird hier also nicht ein Programm auferlegt: Macht das! — sondern sie werden erinnert an das, was sich ihr Herr vorgenommen hat. Und das geht freilich ein bißchen weiter als das, was Menschen allein fertigbringen oder sich vornehmen können. Kein Programm für Spitzenkräfte, sondern eine Zusage an ganz alltägliche Leute: Er hat sich mit euch etwas vorgenommen, er will, daß jetzt euer Leben in seiner Nähe und durch seine Nähe anders wird: Heiligung!

Und dann geht er gleich ins Zeug, dieser Apostel Paulus: Meidet — sagt er —, ich hatte abschwächend gesagt: alle Unreinheit; im Text steht aber bei Luther ein sehr derbes Wort: Hurerei. Na, das hört man nicht gerade gerne. Es klingt immer so, als sei das ein Seitenhieb auf Leute, die nun eben einmal auf etwas großzügige Weise versuchen, was Mann und Frau miteinander anfangen können, um dabei das Glück zu finden. Es ist häßlich, die Leute gleich zu verdächtigen! — meinen wir.

Ich meine das auch. Das sollte man nicht. Die Frage ist natürlich, ob diese Versuche, das Glück zu finden, dann von Erfolg gekrönt sind, oder ob diese Versuche unter Umständen mehr zugrunde richten als beglücken.

Übrigens scheint mir, daß Paulus auch hier nicht meint, das Hauptproblem der Christen liege auf dem sexuellen Gebiete. Das Stichwort „Habsucht“ schreibt er — wie mir scheint — sehr viel dicker in seinem Text. Aber es geht eben auch leicht zwischen Mann und Frau allerhand kaputt. Wohl ist der breite Strom der Zuneigung zwischen Mann und Frau so stark, daß er sich auch nach Überflutung wieder sein Bett gräbt, daß man wieder gewisse Regeln findet. Aber einige sind darüber vor die Hunde gegangen als Musterstücke dafür, wie es eben doch nicht recht gut geht, sondern allenfalls für eine Weile — und dann ist doch mehr zerbrochen als gewonnen.

Achtet darauf — sagt Paulus hier seinen Leuten —, daß ihr da nicht in die Hemmungslosigkeit hineingeratet. Richtig scheint mir, was mir einmal ein vernünftiger Soldat beigebracht hat: „Hurerei" hat nichts zu tun mit einem Zuviel an Geschlechtstrieb, sondern mit einem Zuwenig an Gemüt! Da fehlt die Fähigkeit, zu merken, daß der andere nicht bloß bestimmte körperlich reizvolle Merkmale hat, sondern daß er ein Mensch ist, mit dem man reden kann. Das „Ausufern" wäre also eine Mangelerscheinung. Genau wie alle Hemmungslosigkeit und Gier nicht ein Überfluß an Lebenskraft, sondern ein Mangel an Breite des Lebens ist: Das Leben hat Schlagseite!

Ganz sicher aber steckt hinter diesem Wort von der Heiligung keine mißmutige und abwertende Meinung über den Leib. An einer anderen Stelle sagt ja Paulus, der Leib des Menschen, das sei ein Tempel, in dem Gott selber wohne. Und damit ist ein gutes Stichwort gefallen. Paulus redet hier davon, daß wir nicht hemmungslos alles durch unser leibhaftiges Leben hindurchströmen lassen sollen. Er redet so, weil er weiß, wie lieb dieser Leib des Menschen dem Herrn ist, der sich ja mit leibhaftigen Menschen in Saloniki eingelassen hat — möglicherweise auch mit uns.

Reinheit und Reinigung beschreiben also hier kein Verfahren, den Menschen auf eine etwas peinigende Weise leiblich auszuhungern, damit er gewissermaßen, wenn man ihm „unten" das Wasser abgräbt, „oben" eine Art von religiösem Wasserkopf entwickele. Christlich ist das nicht, auch wenn das hundertmal dafür ausgegeben würde. Das brächte den Menschen nur in einer anderen Weise fatal aus dem Gleichgewicht. Von Reinheit wird hier geredet, weil leibhaftige Menschen so hohen Besuch bei sich haben dürfen, daß es sich lohnt, im eigenen Hause aufzuräumen. Mit anderen Worten: „Reinheit" hat mit der großen Freude zu tun, daß wir Gott selber jeden Tag wieder in unserem Leben zu Gaste haben können. Lieber Freund, darum räume auf, damit du nicht mit dem ganzen durcheinandergeworfenen Kram dem, der bei dir wohnen will, den Weg versperrst. Es ist nämlich eine wunderbare Sache, daß er bei dir zur Tür herein will.

Es ist natürlich auch ganz schön, wenn sich die Leute dann nicht immerfort über uns ärgern müssen, sondern sagen können: Was ist aus dem geworden! Aber nicht wir selber bekommen das in Gang. Das macht der, der bei uns sein und bleiben will. Wer den in sein Leben hineinläßt, wird jeden Tag wieder merken, wo etwas quer liegt.

Und manchmal ist das etwas ganz anderes, als was andere Leute bei uns für „quer" halten. Wir sollten genau auf das Stichwort „Habsucht" achten. Das ist wahrscheinlich die wichtigste Vokabel, und das entspricht genau dem, was wir in den Evangelien hören. Da gibt es ein „Entweder-Oder": Ihr könnt nicht Gott dienen oder — wir tun meistens, als wenn da stünde: oder dem Sexus, weil der uns eben als ein sehr intensiver Trieb begegnet — es steht aber da: oder dem Mammon! Das, was sonst nach außen als Begehrlichkeit, als Sinnlichkeit zutage tritt und den Menschen ganz und gar zu beherrschen scheint, ist wahrscheinlich nicht einmal so verhängnisvoll wie die versteckte Sucht, Macht und Besitz zu haben und über alles zu verfügen. Hier steckt das eigentliche „Endweder-Oder": Entweder kramst du dir hier einiges zusammen und scharrst dir einiges zusammen, entweder hängst du hier am Haben und Verfügenkönnen über einiges, oder du läßt deinen Herrn über dich verfügen.

Gerade die Habsucht nimmt oft die tugendhaftesten Mäntelchen um. Ich würde zur Habsucht auch die Wichtigtuerei rechnen, mit der wir unsere Unersetzlichkeit in der Welt betonen, mit der wir die Bedeutsamkeit unserer Arbeit betonen; und dann wäre es beispielsweise ein Triumph der Habsucht, wenn der nach Hause kommende Ehemann unter Hinweis darauf, daß er soeben mit Aufbietung aller Kräfte die Brötchen für seine Familie verdient habe, sich für vollkommen außerstande erklärt, jetzt noch ein Wort für seine Leute übrig zu haben. Und es klingt doch so berechtigt! Man will es doch „zu etwas bringen"! Wovon haben wir uns da einfangen lassen? Womit ist da unser Leben Stunde um Stunde besetzt?

Aber der Herr, der sich unsere Heiligung vorgenommen hat, ist nicht gekommen, um uns einzufangen, sondern uns freizumachen. Das Treffendste und Schönste über „Heiligung" steht nicht in moralischen Katalogen, sondern in dem ganz schlichten Bild vom Hirten, der sein verlorenes Schaf sucht und es behutsam aus den

Dornen löst: Das ist der Wille Gottes, das ist eure Heiligung! Heiligung ist ganz einfach noch einmal ein anderes Wort für das, was der Hirte da mit dem bewußten verlorenen Schaf macht: Hier eine Ranke heraus, da einen Dorn aus dem Fleisch — nun komme schon hervor aus der Hecke, du brauchst da nicht hängenzubleiben, du braucht da nicht zu verbluten. Du darfst deines Lebens wieder froh werden.

Auch dieses Stück aus dem Brief des Paulus ist ein Ratschlag zur Freude. Und wenn es dann zum Schluß heißt: Ringet danach, daß ihr stille seid! — dann weiß ich zwar nicht ganz genau, und auch die Ausleger wissen es nicht ganz genau, was damit gemeint sein mag. Es mag sein, daß die Thessalonicher gerne furchtbar aufgeregt davon redeten, wie nahe ihr Herr sei und wie nahe das Ende der Welt sei und wer weiß alles. Das mag sein.

Es würde freilich niemals schaden, wenn wir Christen ein bißchen besser den Mund halten lernten. Und wir ringen immer so gerne um eindrucksvolle Worte! Da könnte es auch uns gelten: Ringet danach, daß ihr stille seid, da müßt ihr euch schon ein bißen anstrengen!

Und außerdem wird hier den Leuten gesagt: Arbeitet redlich; arbeitet mit euren eigenen Händen, wie wir euch geboten haben! Paulus hat selber in Thessalonich gearbeitet und sich mit seinem Handwerk sein Brot verdient. Verlanget nicht von anderen, was ihr selber erarbeiten könnt.

Ihr sollt — und jetzt kommt es ganz auf etwas Einfältiges hinaus — ehrbar wandeln gegen die, die draußen sind! Ihr sollt also gar nicht dauernd auffallen wollen, nicht einmal als Muster vieler Tugenden. Am hilfreichsten für andere wirkt Heiligung, wenn sie nicht zur Schau getragen wird, sondern wenn der andere an der brüderlichen Liebe merkt, daß jemand sich bei dir und mir eingefunden hat, der uns aus der Dornenhecke der Gier und Habsucht, der Rechthaberei und der Wichtigtuerei heraushilft.

Das beste „Wort an die Welt“, das wären leibhaftige Menschen, mit denen dieser Herr alle Tage ein Stück weiter vorankommt. Denn wirklich zu helfen, das versteht doch nur er selber. In dir und mir will er in dieser Welt Fuß fassen. — Amen.

Okuli

Epheser 5, 1-9

Liebe Freunde!

Hier ist wieder einmal die Rede von Liebe, Gerechtigkeit, Güte und Wahrheit — also von Gaben und Fähigkeiten, wie wir sie uns selber von unseren Mitmenschen ersehnen und wie sie unsere Umwelt von uns auch erwartet: Wo seid ihr denn nun, ihr Christen? Ihr werdet gebraucht! — sagt man uns.

Man sagt es um so lauter, je deutlicher zu werden scheint, daß wir Menschen zwar eine ganze Menge von Schwierigkeiten zu lösen verstehen: die Schwierigkeit, wie der Mensch bequem wohnt, wie er von einem Ort zum anderen kommt, wie er schneller rechnet. Bloß mit der Schwierigkeit, daß der Mensch selber unberechenbar ist, werden wir, wie es scheint, nicht so leicht fertig.

Daher rufen manchmal sogar Leute, von denen wir das gar nicht so ohne weiteres erwartet hätten: Nun aber her mit euch Christen; nun seid ihr dran; ihr habt lange genug geredet von Nächstenliebe, von Hilfsbereitschaft, vom Frieden; nun zeigt einmal, ob ihr mehr könnt, als gelegentlich darüber salbungsvolle Reden zu halten!

Es ehrt die Leute, die von uns etwas erwarten, daß sie uns oder vielmehr unsere Worte offenbar ernster nehmen, als wir das manchmal selber tun. Denn es ist ja gar kein Zweifel: Wo immer man uns Christen reden hört, da geht es wunderbar in einem breiten Fluß von Liebe, Nächstenliebe, Frieden, Freundlichkeit. Freilich tut man gut daran, uns zwar zuzuhören, uns dann aber etwa nicht auf dem Fuße zu folgen und uns nicht allzusehr auf die Finger zu sehen bei dem, was wir nach solchen Reden, oder nachdem wir solche Reden gehört haben, wirklich tun. Da pflegt uns manches gründlich zu mißlingen. Oder haben wir etwa die Worte, die wir selber so großartig ausgesprochen haben, ebenso schnell auch wieder vergessen?

Es wird uns unbehaglich, wenn man uns bei den Worten nimmt, die wir entweder selber sagen oder doch als Worte der Bibel oder der Überlieferung in den Mund nehmen. Es will sich oft nicht reimen auf unser Leben und will sich nicht reimen auf die Welt. Es steht also schlecht entweder mit der Welt oder mit uns Christen oder wohl mit allen beiden zusammen.

Wir Christen können nicht widersprechen, wenn man uns vorwirft: Jetzt redet ihr schon so lange vom Frieden, und es hat doch so wenig geholfen! Wollen wir uns etwa dagegen verteidigen, indem wir sagen: Ja, lieber Freund, das war ja auch gar kein Programm für die Welt; mir scheint, das war ja auch eigentlich eine Beschreibung des Weges zu Gott!? Das wagen wir nicht ohne weiteres zu sagen, weil wir die Antwort, die man uns da geben würde, schon im voraus wissen, nämlich die: Wenn ihr uns bloß einen Weg zu Gott beschreiben wollt, wenn bei euch Frieden bedeuten soll, daß ihr mit Gott im Einvernehmen seid und es in der Welt dann zugehen mag, wie es will, dann wollen wir von euch überhaupt nichts wissen; dann geht in euren Winkel und unterhaltet euch miteinander, dann sagt es aber nicht zu laut, daß ihr von Liebe und Frieden sprecht, denn diese Worte haben bei uns einen ernsthafteren Klang als bei euch Christen!

Bei euch Christen scheinen das nur Stimmungen zu sein, denen der Mensch sich dann und wann einmal überläßt. Falls es euch Christen nur darum geht, wie der Mensch zu Gott kommt, dann seid ihr heute unmodern und uninteressant geworden! So würden uns die Leute sagen, wenn wir uns mit ihnen darüber verständigen wollten, daß Worte wie „Frieden“ und „Liebe“ hier nicht Entwürfe einer neuen Lebensordnung der Welt und für jedermann wären, sondern Worte, die damit zu tun haben, daß der Mensch mit Gott zusammenkommt.

Es wird uns sicherlich kränken, wenn wir als Christen uns so zum alten Eisen geworfen sehen, sobald wir die Worte des Neuen Testamentes so zu nehmen versuchen, wie sie eigentlich gemeint sind, und sie nicht so ausbeuten wollten, wie sie vermutlich doch nicht gemeint sind. Vermutlich sind sie ja wirklich nicht ein Programmentwurf für jedermann, ein Entwurf einer neuen Welt, die dann mit sich selber großartig auskäme; so großartig, daß sie dann auf die alte Vokabel „Gott“ wirklich verzichten könnte, weil ja gar keine Not mehr da ist, die einen dazu brächte, nach Gott zu fragen.

Uns gekränkte Christen oder bedrängte Christen könnten die

Worte des Paulus vielleicht an etwas erinnern, was jeder von uns immer wieder einmal leicht vergißt, nämlich: So gewiß Paulus hier nicht ein schönes Programm für die Welt und jedermann heruntersagt und aufzählt, wie es in der Welt zugehen sollte, — so gewiß beschreibt er hier auch nicht etwa, wie ich manchmal gedacht habe, eine Methode, wie religiös interessierte Menschen fromm werden und zu Gott kommen könnten! Das tut er nämlich auch nicht.

Für Paulus ist — wenn man diesen Text hört — eine völlig unerwartete Frage viel wichtiger. Nicht die Frage, wie einer zu Gott kommt. Das eben nicht, wie mir scheint. Sondern die Frage, wie es unsereiner überhaupt fertig bringt, Gott zu entgehen, nämlich dem Zorne Gottes. Seht euch vor! — sagt er da in dem einen Vers; um dieser Dinge willen kommt der Zorn Gottes über die Ungehorsamen! Er ist hinter euch. Ihm ist nicht schon damit Genüge getan, daß man dann und wann einmal fromme Regungen oder fromme Gedanken hat. Er nimmt das bitter ernst, daß ihr euch selbst, einander und die ganze Welt so schrecklich zugrunde richtet. Er ist hinter euch her, wie wollt ihr Gott eigentlich entgehen und seinem Zorne?

Dabei nimmt Paulus sicherlich nicht an, daß das jedermann verstehen werde oder gar, daß das jedermann ernst nimmt oder glaubt. Und er ist auch nicht darauf aus, Gottes Zorn über unser Verschulden durch umständliche Reden zu beweisen. Paulus hat selber lange gemeint, es gäbe Methoden, sich so nachdrücklich für Gottes Willen einzusetzen und ihn in Taten umzusetzen, daß Gottes Zorn allenfalls anderen Leuten gilt. Da war er ein vorzüglicher Pharisäer. Aber nun ist er ein Bote Jesu geworden. Er trägt in seinem Herzen ein neues Wort Gottes für den Menschen; für genau diesen Menschen, der, gemessen an Gesetz und Willen Gottes, eigentlich schleunigst seine Rolle auf dieser Welt ausgespielt haben müßte.

Und dieses Wort Gottes über den Menschen, das Paulus zu den Menschen bringt, — dieses Wort, daß Gott sich danach sehnt, wir Schuldigen möchten uns doch umwenden und, anstatt unter sein Gericht zu geraten, ihm in die Hände fallen, — dieses Wort hat Paulus den Leuten in Ephesus und anderswo gesagt. Es ist in unserem Text keine fromme apostolische Redensart, daß Jesus „uns geliebt und sich selbst dargegeben hat für uns zum Opfer“. Und es ist auch keine fromme apostolische Redensart, wenn er sagt: Ihr, die ihr den Namen Gottes zwar gelegentlich im Munde führt, ihn in Wirklichkeit aber doch recht leicht nehmt, ihr dürft nun anfangen, mit Gott zu leben als seine Kinder, weil dieser Jesus Christus jetzt zwischen euch und Gott getreten ist.

Es ist sicher nicht gut, daß man das so umständlich sagen muß, und leider können das auch die richtigen Worte nicht ganz beschreiben. Wir haben uns so daran gewöhnt, nur ein halbes Evangelium zu lesen, zu hören und einander weiterzusagen, daß wir das ganze kaum noch vertragen und verstehen können.

Das halbe Evangelium klingt so: Natürlich ist jedes Geschöpf Gott lieb und gefällt ihm auch, und Gott ist so lieb, daß er alle kleinen und großen Fehler gnädig übersieht und nur darauf aus ist, uns von seiner beständigen Freundlichkeit endlich zu überzeugen. So etwa klingen doch manchmal unsere frommen Reden. Im Evangelium liest man es aber anders. Im Evangelium wird so geredet, als wäre es eigentlich unmöglich für uns, die Schuldigen und die Lieblosen, Gottes Gericht noch zu entgehen. Er aber habe sich ein letztes Mal aufgemacht, um uns, bevor er uns richten muß, noch einmal anzurufen und festzuhalten am Rande des Abgrundes, ob er sich hier nicht doch Menschen gewinnen könnte, die sich von seiner Liebe verwandeln lassen. Er läuft hinter uns her, damit wir nicht in sein Urteil hineinlaufen, das er sprechen muß, sondern noch einmal das helfende Wort hören, das er uns sagen will.

Nun beschreibt Paulus das, worum es dabei geht, unter dem Stichwort „Kind". Dieses Stichwort „Gottes Kinder" hat er sich nicht zurechtgelegt, weil er irgendwelche kindischen Gedanken züchten möchte in seinen Ephesern. Naive Vorstellungen über die Welt, über sich selber und über Gott und Frömmigkeit, das hätte nichts mit dem Stichwort „Kind" hier zu tun. Auch nicht naive Vorstellungen über die Freundlichkeit Gottes.

Ich sagte vorhin: Paulus trägt in seinem Herzen ein Wort Gottes über den Menschen und ein Wort für den Menschen, und das hat ihm Gott anvertraut: Dieser Jesus Christus ist in die Welt gekommen und kommt mit Paulus, damit einer wie ein Neugeborener aufatmen und nun neu anfangen kann, mit Gott zu leben.

Und dieses Wort haben die Leute angenommen in der Taufe. Ihr seid nun Kinder! — sagt Paulus. Ihr seid nun Kinder Gottes!

Nicht als Ergebnis einer Auslese. Denn die Bestandsaufnahme dessen, was bei diesen Kindern Gottes einmal alltäglich war, die sieht in unserem Text böse aus. Was wir da hören von Unzucht, Habsucht, Unreinigkeit, Geschwätz und dergleichen, das beweist: Sie waren nicht besser als wir. Und wir sind leider nicht besser als sie waren.
Nun aber hat euch Gott „angenommen". Das ist etwas anderes, als wenn Gott uns sagen ließe: Das macht mir gar nichts aus, daß ihr so seid! Sondern das ist wie ein Ruf im letzten Augenblick: Halte doch an, komm mit auf einen ganz anderen Lebensweg als mein Kind! Das steckt darin, wenn wir getauft werden, daß dann dieses Wort Gottes auch über uns ausgesprochen wird nicht nur als eine Redensart, sondern als eine Zusage, an der wir uns festhalten und von der wir uns jetzt herausziehen lassen können aus allem, wozu es uns sonst treibt genauso wie alle anderen Leute.
Es enthält auch ein gutes Stück Bescheidenheit, wenn wir Gottes Kinder sind und werden sollen. Dann heißt das, daß wir genau wie ein Kind gar nicht anders leben können als von diesem Vater. Denn ich habe noch kein Kind gesehen, das sich seinen Lebensunterhalt selber verdient, und ich habe noch kein Kind gesehen, das sich alleine zu verteidigen und seine Wohnung zu verschaffen vermochte. Wenn er uns zu Kindern macht und wenn Christ sein etwas damit zu tun hat, daß wir seine Kinder sind, dann enthält das den Hinweis darauf, daß wir ganz bescheiden wie von einer Mahlzeit zur anderen und von einem Morgen zum anderen bloß leben können von der Nähe dessen, der sich nun Vater nennen läßt.
Wer sich davon ein Programm machen möchte, was das heißt, Christ sein, der fängt etwas anderes an, als was Paulus meint. Der wäre ja unabhängig und brauchte das nicht, daß er jeden Tag und nicht nur einmal am Tage wieder von seinem Vater auf die Füße gestellt, von seinem Vater gestärkt und genährt wird.
Und wenn ein Christ nach des Paulus Meinung also einer ist, der ganz abhängig und ganz bescheiden sich an seinen Vater hält und wirklich von einem Schritt zum anderen erst wieder fühlen muß: Wo werde ich jetzt hingezogen, wo werde ich jetzt hingeschickt, was darf ich jetzt ergreifen, was sollte ich jetzt loslassen, — dann wundert es uns auch nicht, wenn hier mitten im Text ein Wort

steht, das man über dem gewaltigen Katalog von Unzucht und Unreinigkeit und dergleichen sehr leicht übersieht: Seid dankbar. Ein Kind ist sicher dankbar, wenn es bei dem Vater lebt, wenn es den so bei sich haben kann. Es ist ein böses Zeichen, daß bei uns zwar viel Eifer, auch viel großartiger Eifer für die Welt weit eher zu finden ist als ein bißchen Dankbarkeit dafür, daß für unsereinen, der das so wenig verdienen könnte, das Wort immer noch gilt: Höre zu, du bist mein Kind!

Und dann ist ein Kind jemand, der wächst. Aber das Kind braucht zum Wachsen Zeit und wächst nicht in Explosionen. Nicht wahr, ein Kind, das bringt die Mutter groß, indem sie es regelmäßig nährt. Und das Wachstumsfördernde, was sie dabei tut in den ersten Jahren, das ist, daß sie die Windeln wechselt und das Kind tränkt. Und nicht etwa, daß sie das Kind dauernd in die Länge zieht, damit es nun endlich wachsen solle. Christen brauchen sich nicht ständig moralisch in die Länge zu ziehen. Christen brauchen nicht diese Welt ständig in einen Platz voll roher Eier zu verwandeln, auf dem sie fürchten müssen, auf Schritt und Tritt eines zu zerknacken und ihr Gewissen zu verletzen. Gewissen, das ist für Christen der Spürsinn dafür, wie wir heute und jetzt mit allem, was uns bewegt, uns in der Nähe unseres Vaters halten. Der Spürsinn dafür, wo jetzt seine Hand ist, an der wir uns festhalten.

An dieser Hand könnte man sogar etwas, was uns doch wohl ziemlich unmöglich erscheint: „Wandeln". Wenn ich mich selber ansehe und mir überlege, werde ich — falls ich nicht überhaupt vergesse, daß ich Christ bin — furchtbar aufgeregt oder beunruhigt durch die Tatsache, wievieles ich habe liegen lassen, wievieles verkehrt geraten ist, mißverständlich gesagt worden ist. Wie aufgeregt unsereiner doch immer wieder wird! Aber wenn ich dann lese, daß Paulus, der von der Unruhe der Welt doch am eigenen Leibe mehr spürte als wir, hier so ruhig schreibt: Wandelt wie die Kinder des Lichtes, geht doch mit der Gelassenheit von Leuten, die genau wissen: Da ist jemand, der kennt das Ziel, und der bringt mich schon von einem Schritt zum anderen hin! — dann halte ich es manchmal für durchaus möglich, daß auch ich doch aufatmen könnte und nicht immerfort besorgt nur fragen müßte, ob nicht auch ich heute wieder weit eher eine christliche Mißgeburt als ein Kind Gottes wäre!

Wahrscheinlich ist das wohl richtig, daß ich bestenfalls ein recht schadhafter Vertreter bin. Wenn aber der mir nahebleibt und ich ihn mir nahekommen lasse, der gesagt hat: Mein Kind, mein liebes Kind, meine Größe besteht darin, daß ich mich so tief zu dir herunterbücke; sie zeigt sich darin, daß ich es fertigbringe, dich Unwerten, der du allenfalls ein Sandkorn im Getriebe der Welt bist, — sowohl was die Kleinheit als auch was die Reibung angeht, — doch in die Hand zu bekommen; laß dich doch wieder anfassen, ich halte dich ja fest! — dann fehlt am Christwerden nur noch heute und immer wieder unsere Antwort: Bitte, fasse doch wieder zu und bringe mich doch wieder einen Schritt weiter, wohin du willst! Und darauf sagt er: Ja, mein liebes Kind, genau das habe ich dir ja eben zugesagt! Da bleibt uns nur: Dankbar zu sein. Das helf uns Gott. — Amen.

Latäre

Römer 5, 1-11

Liebe Freunde!
Ich gebe ohne weiteres zu, daß ein solcher Abschnitt aus dem Römerbrief eigentlich mit seinen vielen und großen Gedanken eine ziemliche Zumutung für die Hörer ist. Es ist ja auch nicht so gemeint, daß man das alles, wenn man es einmal hört, gleich verstehen soll. Vielleicht gibt es aber zu der Tür, die zu diesem Text hier führt, einen recht einfachen Schlüssel. Und ich meine, der könnte so aussehen:
Vor einigen Wochen fragte mich jemand: „Sagen Sie mal, Sie sind doch Pastor, da müssen Sie mir doch eine bestimmte Frage beantworten können!" Da ist unsereiner immer sehr stolz, wenn jemand zu uns kommt — und wenn er obendrein noch etwas wissen möchte, was man nur von einem Pastor hören kann, dann freut man sich noch mehr. Und die Frage lautete: „Gratuliert man eigentlich zur Konfirmation den Eltern oder den Kindern?"
Da war ich einigermaßen enttäuscht! Die Antwort darauf ist ja gar nicht so schwer. Glückwünschen — das tut man beiden; den Eltern, die mit Gottes Hilfe ihre Kinder bis hierher gebracht haben, und den Kindern, die nun aus ihrer Kindheit, aus ihren Kinderschuhen herausgewachsen sind, und die für ihren Weg in das Leben, den sie nun antreten sollen, noch einmal die ganze Zusage Gottes empfangen und daran erinnert werden, daß ihnen ein Gelöbnis Gottes gehört seit ihrer Taufe, auf das sie sich berufen können. — Ja, eigentlich wäre es wichtiger, sich einmal zu fragen: Ja, wir wünschen Glück — aber was heißt das eigentlich „Glück wünschen"? Muß das unbedingt nur eine gewohnte Redensart sein? Ich weiß allerdings nicht, ob wir die Frage, was wir unter „Glück" verstehen, auch deutlich beantworten können. Wir alle, die wir hier sitzen, würden bei dem Wort „Glück" sicher nicht nur oberflächliche Gedanken haben. Wir hier sind Christenmenschen und meinen nicht, Glück bestehe darin, daß man Geld hat und daß es einem gut geht. Wir haben schon öfter gehört und festgestellt, daß man Geld haben kann, gesund sein kann — aber glücklich ist man doch nicht. Wir

müssen also schon etwas genauer zusehen. — Was ist eigentlich das „Glück“, das wir einander, uns selber, anderen wünschen? „Ich wünsche dir Glück zu deinem Konfirmationstag!“ Ich sagte vorhin, ich wüßte einen Schlüssel zu diesem Text. So merkwürdig das uns auch zunächst vorkommen mag — uns zu sagen, was eigentlich Glück sei — das scheint mir der Sinn dieses Textes! Was wir zunächst hören von Glaube und Gnade, klingt uns nicht ungewöhnlich. Nur einmal spitzt man die Ohren, als plötzlich von Trübsal die Rede ist. „Heiliger Geist“ — uns darunter etwas zu denken, hat uns schon immer Schwierigkeiten gemacht. Dann heißt es: „Versöhnung“. Kein Wunder, wenn man das nicht recht versteht! — Ich sagte aber, hier stünde ein Wort vom Glück des Christenmenschen. Und ich muß versuchen, zu sagen, was ich damit gemeint habe.

Dieser Mann schreibt: „Wir rühmen uns ...“. Damit meint Paulus nicht irgendeine Prahlerei; sondern da redet einer, der über alle Maßen froh ist — er ist also glücklich. Diesen Mann wollen wir nun fragen, warum er so froh ist, und warum er sogar uns allen sagt: „Da könnt ihr doch froh sein!“ Woher kommt denn nun sein Glück?

Es fängt an: „Nun wir denn sind gerecht geworden durch den Glauben ...“. Dann steht da: „Wir haben den Zugang zu dieser Gnade.“ Und schließlich: „Hoffnung läßt nicht zuschanden werden.“ Da haben wir dreierlei. Dieser Mann freut sich über alle Maßen beim Blick auf die Vergangenheit; er freut sich über alle Maßen in der Gegenwart; er freut sich über alle Maßen beim Blick in die Zukunft! Rückblick — Überblick — Ausblick; so könnte man es nennen. Wie kommt dieser Mann dazu, daß er sich so freut?

Sind wir Menschen, die sich ihrer Vergangenheit freuen, denen beim Blick auf ihre Vergangenheit froh ums Herz wird? Das mag verschieden sein. Es gibt Leute, die sagen ständig: „Damals hatte ich das und das!“ Ist das der Blick in die Vergangenheit, der froh macht? Das glaube ich nicht. Dieser Mann mit Namen Paulus, der im Blick auf seine Vergangenheit in lauter Jubel und Freude ausbricht — dieser Mann freut sich darüber, daß durch seine ganze Vergangenheit ein dicker Strich gezogen ist! Und diese Vergangenheit, liebe Leute — und jetzt wird es interessant — ist eine so glänzende, tadellose Vergangenheit, daß jeder von uns sich davor verstecken muß. Wir würden den Jubel über eine ausgelöschte Vergangenheit verstehen, wenn Paulus so ein Mensch gewesen wäre wie unsereiner, der immer zweierlei Leben führt: Ein Leben, das man vor seinem Nachbarn zeigen kann, und ein heimliches Leben, in dem man eigentlich seine Entschlüsse faßt, als käme es nur auf den Vorteil und nicht auf Gut und Böse an. Da kommen die Leute aber bald dahinter, dann platzt der Lack ab. Manchmal können wir es dann von innen und außen merken, daß unser Versuch, ein Leben mit doppeltem Boden zu führen, gar nichts wert war. Dann wären wir sehr froh, wenn einer käme und uns unsere Vergangenheit abnähme.

Paulus hat eine solche Vergangenheit nicht gehabt. Er hat Gott gedient mit einer Hingabe, die selbst die Besten von uns nicht einmal erreichen. Paulus ist Gott treu geblieben wie kaum ein anderer. Er hätte gar keinen Grund gehabt, sich seiner Vergangenheit zu schämen — er nicht, sondern wir! Aber eines Tages muß Paulus erfahren, daß seine ganze rechtschaffene Arbeit, sein ganzes Leben, das er dem Dienst Gottes gewidmet hat — und das hat er! — unwichtig und sinnlos ist. Er erlebt es, daß ihn einer bei der Begegnung auf dem Weg nach Damaskus vom Pferde wirft durch die Macht seiner Erscheinung und sagt: „Ich bin Christus, den du verfolgst; es wird dir schwer werden, gegen den Stärkeren anzukämpfen!" Paulus dachte, Jesus sei nur so ein Schwärmer, den er mit anderen zusammen mit gutem Recht aus dem Wege geräumt hätte, um ungestört weiter nach alter Weise fromm zu sein. Aber nun merkt er: Es kommt ja eigentlich alles darauf an, wie ich zu diesem Jesus stehe; alles andere ist Unsinn. Und diesen Jesus habe ich verfolgt!

Liebe Freunde, darüber könnte und müßte man noch eine ganze Menge sagen. Mir kam es im Moment nur darauf an: Nicht jene kleine oder große Unredlichkeit im Leben — so wichtig sie auch sein mag — ist die entscheidende Frage; sondern die entscheidende Frage ist: „Hast du in deinem Leben schon gelernt, mit Jesus Christus etwas anzufangen?" Ist er für dich allenfalls eine gemalte Figur, ein Bild, an dem man vorbeigeht, das man aber an der Wand hängen läßt — oder ist er dir mehr? Wenn es so ist, daß wir mit Jesus eigentlich nichts anzufangen wissen, dann taugt dein ganzes Leben nichts! Da ist dein ganzes Leben noch kein Weg zu Gott; dann macht es noch wenig Unterschied, was du machst — ob du nun fromm oder unfromm bist. Ich habe hier zu sagen: Das ist das Höchste, daß du lernst, mit Jesus etwas anzufangen!

Alle Anständigkeit, auch alle Frömmigkeit, auch alles Gebet — auch alles Gebet zu Gott! — das nichts mit Jesus Christus zu tun hat, ist vor Gott Torheit und Frevel. Gott hat uns nur einen Weg zu seiner Gnade aufgetan — das ist: ihn im Namen Jesu Christi zu bitten!

Das kommt uns gewiß seltsam vor. Aber Gott ist nicht irgendjemand, mit dem jeder reden kann wie man mit einem leutseligen Chef redet! Nur eine Chance gibt es — daß du dich an der Hand nehmen läßt von Jesus Christus! Wer sich nicht an der Hand nehmen läßt, der hüte sich vor seinem Tod und Untergang! Gott ist das Schrecklichste, was es geben kann — nicht ein harmloser, lieber Gott; aber denen, die sich an der Hand nehmen lassen, von dem Sohn sich zu ihm ziehen lassen, denen ist er ein gnädiger Gott und Herr, und niemand kann so stark und lebendig machen wie er.

Das ist die Erfahrung des Paulus, nachdem er gemerkt hat, welch ein wahnsinniges Leben er geführt hat, als er meinte: Gott müsse stolz darauf sein, daß Paulus ihn anbetete! Aber nun merkt Paulus: Ich habe in aller Frömmigkeit Gott nicht erkannt; den Einzigen, in dem ich Gott an der Hand hätte ergreifen können, den habe ich verfolgt!

Wir könnten sagen: „Wir verfolgen ihn ja nicht; wir haben ihn sogar daheim an der Wand!“ Es ist aber schlimmer als alle Verfolgung, wenn man seinen Namen nur leer im Munde führt! Wenn man einschläft und alle diese großen Liebeswunder Gottes nicht achtet. — Paulus hat es von den Jüngern gehört, daß dieser Jesus Christus gekommen ist zu denen, die den Weg verfehlt haben. Und das ist das Allerwichtigste, was ich sagen will: Er kommt wirklich zu denen, die den Weg verfehlt haben! Eine bestimmte Art von Frommsein verfehlt ihn am allerschlimmsten. Das klingt merkwürdig, aber es ist unserm Herrn leichter gewesen, mit den Zöllnern zu reden, als mit den Frommen, die meinten, daß sie „alles über Gott“ schon wüßten. Wo wir uns von Christus nicht packen lassen, da sind wir auf dem falschen Wege. Aber er begegnet uns wirklich — er schenkt uns Frieden mit Gott. Den kann ich nicht allein schließen — den hat einer gemacht; den hat er auch bezahlt, deinen Frieden!

Wenn du dich hinstellst und sprichst: „Ich habe jetzt nicht viel Zeit, aber wenn ich in eine fromme Stimmung komme, dann falte ich die Hände" — glaubt ihr, das könnt ihr dem Schöpfer aller Dinge zumuten? Oder wenn einer sagt: „Aber man hat ja immer das Beste gewollt!"

Liebe Freunde, laßt euch endlich einmal dazu bringen, zu lernen, daß ihr Sünder seid — und ich auch! Glaubt bitte nicht, daß seien so theologische Redensarten — es geht um euer Leben! Paulus schreibt hier wieder, was bei einem solchen Menschen, der sich Christus in die Arme legen läßt, herauskommt! Achtet darauf, daß es hier im Text mittendrin steht: Wir, die wir uns haben Gott in den Schoß legen lassen — wir rühmen uns sogar unserer Trübsal.

Wir — auch wenn er uns einmal nichts sagt, auch wenn er es einmal geschehen läßt, daß du hier beiseitegeschoben wirst im Leben — wir wissen: Niemals tut er das anders und aus einem anderen Grund heraus, als um uns immer besser und immer näher an sich heranziehen zu können. Es ist merkwürdig — es kann im Leben eines Menschen also geschehen, daß ihn die guten Tage — die haben wir ja auch ihm zu danken! — und die bösen Tage, daß ihn alle Tage näher zu Gott, zu seinem Vater heranbringen. Und es kann auch so sein, daß uns alle Tage weiter von ihm fort reißen! Haben wir nicht diese Erfahrung?

Er hat für uns den Namen „Vater". Dessen Güte sieht oft anders aus, als wir uns das gedacht haben. Und man muß mindestens ein christlicher Anfänger sein, um zu wissen, daß man sich auch der Trübsal rühmen kann. Wovor sollten wir uns aber dann noch fürchten, wenn wir wenigstens christliche Anfänger wären?

Und dann ist hier die Rede von unserer Hoffnung. Da steht am Schluß etwas von der Hoffnung, die nicht zuschanden werden läßt. Von der Hoffnung! Wir bilden uns immer ein — ich weiß das von mir selber —, daß alle diese schönen und tröstlichen Reden vom Himmel, vom Jenseits, daß das eigentlich so etwas wie Kindermärchen wären. Sicher haben Menschen sehr viel Märchenhaftes darüber gesagt — aber uns als Christen interessiert das überhaupt nicht, was Menschen darüber sagen; das brauchen wir uns gar nicht erst anzuhören. Was die Hoffnung des Christen ist, das läßt sich ganz einfach sagen: Der Christ ist ein Mensch, den Jesus Christus gefunden und bei der Hand genommen hat, und den dieser Jesus Christus festhält mitten in allen Trübsalen. Je länger der Weg wird, den dieser mit unserer Hand in seiner Hand geht, desto sicherer werden wir. Er weiß immer noch einen Weg, wo meine Weisheit zuende ist; er kennt mein Ziel; er bringt mich immer noch nach Hause; er läßt mich unter keinen Umständen mehr los! Mehr wissen wir Christen nicht — und mehr brauchen wir auch nicht zu wissen, als daß er, der Herr, angefangen hat, uns lieb zu haben und daß er nicht mehr aufhört, uns lieb zu haben. Wie er das macht, ist seine Sache — laßt alle Phantasie beiseite! Was nützt uns Phantasie? Aber Liebe erfahren, das gibt uns Hoffnung und Zuversicht! Das ist Glück.

Genauso armselig, wie ihr jetzt vielleicht dasitzt, saß ich vielleicht vor einiger Zeit da auch, trotz einiger biblischer Kenntnisse. Aber zu merken, wie nahe Jesus Christus ist — da fängt unsereiner erst an, glücklich zu werden! Das ist nicht nur so ein Feuer der Begeisterung, etwas für das Gemüt — nein! Christus hat gar nicht die Absicht, etwas für unser Gemüt zu tun. Er führt ganz handfest mitten durch unsere alltägliche Arbeit. Und wenn ihr das merkt, daß es wahr ist, auch was hier steht, daß der Geist Gottes ausgegossen ist in unser Herz, daß in uns nicht mehr die alten Gewohnheiten und Torheiten stecken — da werden wir gar nichts lieber tun als Gottes Willen! Paulus sagt uns das, um uns dazu einzuladen. Amen.

Palmarum

Philipper 2, 4-11

An diesem Text freut mich, daß Paulus uns daran erinnert: Unsereiner kann Jesus Christus nicht in Ehre und Würde einsetzen und braucht es auch nicht. Und das beruhigt mich sehr, daß es nun nicht an mir hängt, ob er euch oder anderen als ein Großer erscheint. Sein Weg kommt von Gott, und seine Herrlichkeit strahlt von Gott.

Vielleicht klingt das, was ich damit gesagt habe, nicht weniger unverständlich, als dieses Stück Text klingen mag. Denn es ist ein altes Lied, und Lieder sind durchgeprägt bis auf kürzeste Formeln. So leicht in diesem Lied die sechs Strophen zu erkennen sind, so schwer kann einem dabei einleuchten, was dieses Lied sagen will.

Aber die strenge Form eines alten Liedes zu betrachten, das hätte ja nun wenig mit dem zu tun, was wir heute suchen. Was suchen wir heute — ihr sicherlich genauso wie ich? Wir möchten wieder lebendigen Anschluß finden an den, von dem wir Christen nun schon so lange — und nicht nur in diesem Lied — sagen, daß er lebt und daß er auch Menschen wieder zum Leben hilft, wenn sie erstickt und ermattet und verkümmert sind in ihrem Alltag.

Dieses innerliche Verkümmern und Ermatten kann freilich oft verbunden bleiben mit einem ganz redlichen — ja, vielleicht sogar mit einem gesteigerten und großartigen „Bekenntnis“ zu Christus. Das weiß ich, das wißt ihr, daß es das durchaus gibt. Unsereiner kennt ein altüberliefertes, glänzend durchdachtes, in jedem Punkte sogar richtiges Bekenntnis zu Jesus Christus. Unsereiner spricht es fehlerlos mit, tritt dafür ein, daß es in Geltung bleibt, legt es sogar aus, wie es ja unsereiner zu tun hat. Aber bei all diesem richtigen Bekenntnis kann unser Leben verkümmern und zum schweren Druck auf andere Leben neben uns werden.

Das ist nicht ganz neu. Bei dem Evangelium, das ja zu diesem Text am Palmsonntag gelesen wird, dem Evangelium vom Einzug in Jerusalem, begrüßen die Leute Jesus mit einem völlig richtigen Bekenntnis als den Erwarteten, den Großen und den Messias.

Aber wie schnell ist dieses Bekenntnis wieder vergessen. Es hilft ihnen nichts, so richtig es auch in den Worten ist. Woran mag das liegen?

Vielleicht haben sich an dieses Bekenntnis zu stark die eigenen Hoffnungen und Erwartungen der Menschen gehängt, die es aussprachen. Und damit wird aus dem Bekenntnis ein Wunschtraum, der ganz anders läuft, als die Taten und Kräfte laufen, die von Gott an diesen Jesus Christus gebunden sind und bis zu uns durchdringen wollen.

Es gibt also ein Christus-Bekenntnis und einen Christus-Glauben, der „richtig" sein kann und doch nicht die lebendige Wahrheit erreicht, steht vielleicht sogar zwischen Gott und uns, so daß er uns nicht so lebendig machen kann wie er will. Auch Paulus muß schon damit gerechnet haben, daß es das gibt; daß Leute von einem Apostel persönlich belehrt sind und richtig belehrt sind — denn wer von dem Apostel Paulus belehrt ist, der muß doch zweifellos richtig belehrt sein! — und daß unversehens sich doch in dem so Belehrten keine Kraft mehr findet.

Auf die Kennzeichen, an denen jene Leute in Philippi damals merken sollen, ob Kraft und Leben dieses Herrn noch in ihnen sind oder bloß noch „richtige" Worte über ihn gebraucht werden, macht Paulus hier aufmerksam. An der Stelle, an der man das merkt, nennt er etwas sehr Merkwürdiges. Er fragt nämlich danach, ob es ihnen leicht oder schwer sei, einander ohne Zank und ohne Murren zu ertragen.

Ein Anfänger könnte sich hier denken: So schwer ist das doch nicht; wenn die Leute nur alle ein bißchen anständiger sind, dann geht es! Wer aber kein grüner Anfänger mehr ist, der weiß, daß es furchtbar schwer ist, das durchzuhalten, was da steht: „Erfüllt meine Freude, daß ihr eines Sinnes seid, gleiche Liebe habt, einmütig und einhellig seid!" Denn solange Menschen miteinander leben, ob sie nun in einer christlichen Gemeinde leben oder außerhalb einer christlichen Gemeinde, solange tun sie einander weh und werden immer wechselweise schuldig am anderen. Jeder geplagt durch Schuld des anderen, jeder zur Plage des anderen und an ihm schuldig geworden. Es gibt nicht den Raum, in dem Menschen leben können, ohne einander zu stoßen, zu verletzen, und darum können sie eben nicht einmütig und eines Sinnes sein.

Es sei denn, daß sie immer wieder — denn das ist nicht mit einem Mal getan — lebendige Glieder — so sagt man ja, und da meint man nicht bloß Gemeindeglieder, sondern Leute, die da an einem lebendigen Körper festhängen — lebendige Glieder dieses Jesus Christus würden.

Und Paulus schreibt das nun seinen Leuten in Philippi wie ein Vermächtnis. Er weiß nicht, ob es das letzte Wort ist, das er ihnen sagen kann, denn er sitzt im Gefängnis und muß mit einem Todesurteil rechnen. Von dort schreibt er: Seht darauf, ihr, die ihr seine Glieder sein dürft, wie der aussieht und wie der lebt und was der wirken will, der sich mit euch eingelassen hat! Und um ihnen das zu zeigen, schiebt er hier mitten in den Text dieses Lied von 6 Strophen ein. Paulus meint nicht, die Leute sollten das Lied von 6 Strophen auswendig lernen, und wenn sie sich in diesen 6 Strophen nicht versprechen, dann hätten sie es erfaßt. Sondern für diese Leute, die genauso wußten, wie wir es wissen, was Tod ist und was Schicksal ist, so wie es auch dieser Paulus weiß, soll durch dieses Lied festgehalten werden, daß in Jesus Christus und mit ihm ein ganz anderer Weg gegangen wird, als unsereiner sich den Weg Gottes vorstellen würde.

Ich meine das so: Wenn wir uns vorstellten, wir brächten wirklich einmal fertig, in die Nähe Gottes zu kommen, dann würden wir doch denken, an dieser Stelle seien wir endlich einmal gesichert vor Schicksal, vor Tod und vor Schuld vor dem, was Menschen einander antun können. Wenn uns so vieles schmerzhaft trifft, dann pflegen wir es darauf zurückzuführen, daß wir eben noch so weit weg von ihm sind, so mitverstrickt in Schuld und Elend.

In diesem Liede hier, dem Lied von Jesus Christus, wird aber gesagt: Der war dort, wohin wir kaum hoffen dürfen, hinzugelangen; dort, wo kein Schicksal und kein Tod und keine Not hingreifen darf. Und von dort macht er sich auf, hielt diese Entrücktheit und Geborgenheit nicht fest wie einen Raub; genoß es nicht, draußen zu sein aus aller Kümmerlichkeit, sondern er geht hinunter.

Er erniedrigt sich selbst, er wird nicht erniedrigt: er geht selbst hinunter zu den Schuldigen, denen es nicht anders zukommt, als da unten zu stehen unter den Zuchtruten von Tod und Schicksal. Er geht bis hinunter, gerade weil sie Schuldige sind und sich darum nicht selber freimachen können, beugt sich, trägt die Schuldigen.

Und sein Dienst an den Schuldigen wird an ihm bestätigt durch eine Erhöhung, einen Triumph, der alle Welt, Himmel und Erde und was unter der Erde ist, überwindet. Dieser Triumph hängt nicht davon ab, ob da und dort ein paar Leute anfangen, Christuslieder zu singen. Unser Lied, und wenn es auch noch so laut wäre, ist ein lahmes Lied gegenüber dem, was die ganze Schöpfung nun anzustimmen hat, weil Gott in Christus ein solches Wunder der Liebe getan hat.

Und Paulus mahnt: Darauf steht, was da gesagt ist: Gottes Wille ist, daß der Schuldige getragen werde. Tragen — das ist mehr als ertragen; ertragen — das ist ja das einzige, was wir vermögen und was uns schon bitter genug wird. Dieser Jesus aber hat die Schuldigen nicht nur geduldet mit geschlossenen Augen, sondern in die Arme genommen. Denn das ist es, was den Christen von Anfang an gesagt wird: Dieser Christus, der da liebt und leidet, der ist nicht nur einer, an dem sich erweist, was Menschen fertigbringen; sondern dieser Jesus Christus nimmt nach Gottes Willen die, die ihn schlagen, ja selber noch in die Arme, die Schuldigen, die Haßerfüllten.

Seht, wenn ihr nun diesem Jesus Christus gehört — sagt Paulus —, dann wartet ihr nicht mehr ängstlich oder fieberhaft jeden Tag darauf, daß Tod und Schicksal und Elend um euch und in euch aufhören, sondern dann laßt ihr euch von ihm wieder als Schuldige tragen und bringt es sogar fertig, unter den anderen Schuldigen dieser Welt herumzugehen nicht als Menschen, die mit dem Finger auf fremde Schuld zeigen, sondern als Glieder Christi, die tragen, mittragen an der Schuld der anderen.

Ich weiß, dieser Satz ist wohl richtig; das macht ihn uns aber nicht leichter verständlich. Vielleicht hilft es ein wenig weiter, wenn man sich einmal fragt, was wohl Paulus selbst mit diesem Satz anfängt in dem Gefängnis, in dem er sitzt. Er schreibt im ersten Kapitel: Ich hoffe, daß ich nicht zuschanden werde, sondern Christus durch mich gepriesen werde — im Leben und im Tode! Damit meint er nicht, daß er seinen Prozeß zu gewinnen hofft; damit meint er nicht, daß er seine Gegner irgendwann überzeugen wird oder überwinden wird; sondern damit erhofft und erbittet er sich nur, daß er zu den Menschen gehören möge, welche die Augen nicht losbekommen von diesem Jesus Christus, zu dem hin er wächst wie eine

Blume zum Licht; er hofft, daß er die Augen nicht losbekommen wird von dem, der das Licht und das Leben ist, und nicht ein ängstlicher Mensch werden wird, der anstatt der Sonne, deren Strahl ihn gefunden hat und bescheint, nur immer die Sense sieht, die ihn schneiden wird. Mag sie kommen, die Sense; der, der mich lieb hat, trennt sich nicht von mir, wenn mein Leben getrennt wird von dem, woran ich hier hänge.

Das nennt Paulus seine „Bewährung": Nur immer den ansehen, der die Schuld trägt — und alle Schuldigen hinauftragen will zu Gott. Und ihren Halt an diesem Jesus Christus sollen — nein: dürfen! — Christen bewähren, indem sie sich auch noch zu dem schuldigen Menschen neben sich halten. Es ist mir kein Zweifel, daß Paulus das mit seinem Hinweis auf die „Einmütigkeit" meint.

Es gibt da einen Spruch, den sich Brautpaare gerne wählen: Einer trage des anderen Last, so werdet ihr das Gesetz Christi erfüllen! (Galater 6, 2) es kommt einem beinahe grausam vor, ihnen sagen zu müssen, daß das, was hier „Last" heißt, nicht nur des anderen lästige Eigenschaften sind, sondern seine Schuld, seine Sünde; und „Sünde", das meint nicht nur moralische Pannen, sondern die Gemeinheit, die Verworfenheit des anderen. Sie ist es, die zu tragen ich aufgerufen bin. Trage den Schuldigen; trage seine Schuld mit; erbitte Vergebung Gottes für ihn! Und das ist gewiß etwas anderes, als sie mit mühsamer Gelassenheit ertragen.

Des anderen Last und Schuld tragen, so wie ich mit meiner Last und Schuld von Jesus getragen werde — darauf läuft das hinaus, was Paulus mit Demut meint. Diese Demut hat mit dem zu tun, was das blaß gewordene christliche Stichwort „Fürbitte" meinte. Das Gebet: Rechne diesem Menschen seine Schuld nicht zu, der du diesen Menschen, der ebenso fürchterlich ist wie ich, auch liebst. Und hilf mir, daß auch ich ihm seine Schuld nicht anrechne!

Diese Demut ist freilich etwas ganz anderes, als was unsereiner gewöhnlich darunter versteht. Demut — dabei denken wir an eine Bescheidenheit, die nicht über ihr eigenes Format hinaus gelten will. Das wäre aber nichts weiter als eine gesunde Verständigkeit. Solche Verständigkeit mag freilich ebenso selten wie angebracht sein, aber die „Demut", die Paulus von Christen erwartet, läuft auf mehr hinaus, als daß der Kleinere sich verständig vor dem Größeren beugt.

Hier ist auch nicht die Rede von einer Demut, die aus einem erschütterten Selbstbewußtsein stammt und Gott und Menschen ständig mit Schilderungen des eigenen Versagens zur Last fällt. Was wir da gerne für Demut halten, das ist ein Krankheitszustand, eine Nervenkrankheit oft genug, aber keine christliche Haltung. Und hinter unserem Klagen über die eigene Armseligkeit warten wir ja oft auf Bewunderung unserer Offenherzigkeit oder wollen uns damit berechtigten Ansprüchen an unsere Haltung entziehen.

Hier aber hat Demut etwas von dem Mut, auch die Schuld anderer Menschen am eigenen Leibe mitzutragen; eben nicht zu sagen: Ich bin doch noch weniger schuldig als der! — sondern so, wie Jesus zu dem Allerschuldigsten und Verlorensten sich am hilfreichsten beugte, so auch selber den Schuldigen mitsamt seiner Schuld auf sich zu nehmen.

Dann kann es allerdings keinen Streit mehr geben in einer Gemeinde. Dann kann es nicht mehr so sein, daß einer auf den anderen lauert, wann er wohl seine Vorwürfe anbringen könnte. Dann wäre es unmöglich, daß einer eines Tages zum anderen sagt: Ich bin mit dir fertig! Denn mit dem Tragen des Schuldigen kann nie einer fertig werden. Da läge wohl der Dienst, den Christen einander leisten sollten und zu dem Paulus ermutigt. Und diesen Dienst könnten nur „Glieder Christi" leisten; nur sie hätten dazu die Kraft.

Ich möchte euch zum Abschluß noch eine Aufgabe mitgeben, die mich beschäftigt. Ich weiß nicht, wie es kommt, daß ich diese jetzt etwa 20 Jahre alte Geschichte in den letzten Wochen so oft vorerzählt bekam. Und jedesmal wurde mir die gleiche Geschichte anders ausgelegt. Ich frage mich, wie man sie mit diesem Wort des Paulus aus dem Philipper-Brief auslegen müßte.

Das ist die Geschichte: Da sitzen irgendwelche Deutsche in einem Lager, in dem die Sieger nach dem Zusammenbruch die sogenannten Nazis eingesperrt haben. Die Sieger waren ja der Meinung, ganz Deutschland müsse von Naziverbrechern geradezu wimmeln. Und wenn ihnen die meisten Deutschen sagten: Damit habe ich nichts zu tun! — dann meinten die Sieger: Um so schlimmer, dann sind die Deutschen also nicht nur Verbrecher, sondern auch noch Lügner und Feiglinge; darum sperren wir sie vorsichtshalber erst einmal ein!

Und in dem Lager geschieht nun folgendes: Erst einmal kommt da ein angesehener Prediger in das Lager und sagt in einem Gottesdienst den Leuten, die sich um ihn drängen: Ihr Unglücklichen seid von uns draußen nicht vergessen! Tief gerührt und dankbar sind die Männer.

Aber nach einiger Zeit kommt wieder ein Prediger und hält einen Gottesdienst. Aber der sagt zu ihnen: Vergeßt nicht, ihr sitzt hier als Schuldige! Darüber empören sich die Leute, und nur unter dem Schutz der Lagerwache gelangt dieser Bußprediger wieder aus dem Lager heraus.

Ich will euch jetzt die verschiedenen Kommentare ersparen, mit denen mir diese Geschichte jeweils versehen wurde. Den richtigen Kommentar dazu weiß ich auch nicht. Ich vermute nur, daß beide Prediger etwas falsch gemacht haben könnten. Es ist menschlich zwar ein wunderbarer Trost, Eingesperrten zu sagen: Sie haben euch da draußen nicht vergessen! Und es ist umgekehrt natürlich ein gewaltiger Gewissensernst, jemandem ins Gesicht zu sagen: Höre einmal zu, so unschuldig, wie du sein möchtest, bist du auch nicht! Dazu gehört manchmal mehr Mut, als dem anderen den erhofften Trost mundgerecht zu servieren.

Aber in beidem scheint mir zugleich Richtiges und Falsches zu stekken. Was hätte wohl in einen solchen Gottesdienst gehört? Vielleicht dieses alte Kirchenlied von dem, der sich erniedrigt und die Schuldigen auf seine Hände nimmt: Da ist noch einer, der gerade die Schuldigen trägt, der wird sich unter keinen Umständen je von irgendeinem lossagen, also auch von euch nicht.

Und dann wäre durchaus zu sagen gewesen: Die euch für schuldig halten, sind selber schuldige Menschen. Menschen sind immer Mitschuldige. Wie sollten sie es schaffen, Schuld und Unschuld an anderen Menschen auseinanderzuhalten? Schuld und Unschuld mag nur das eigene Gewissen trennen, wo es erwacht. Soweit euch euer Gewissen selbst Schuld gibt, werdet ihr euch nicht gegen Strafe auflehnen. Aber gerade soweit ihr unschuldig seid, wird euer Leiden bedeutungsvoll. Nämlich gerade das, was ein vor Menschen Unschuldiger an Leiden trägt, hat sühnende Kraft für das, was im Namen eines Volkes an anderen Unschuldigen begangen wurde.

Es besteht die Möglichkeit, daß wir sagen: So will ich denn nun tragen, auf daß ein wenig von dem, was in dieser Welt immer wieder an Unschuldigen begangen wird, getragen und gesühnt werde. Versteht ihr, was ich damit meine? Und man brauchte das nicht bloß im Lager zu sagen. Man könnte das auch in seinem eigenen Leben sagen. Ich sage „Man könnte ...“, und ich kann es selbst auch nicht. Ich ahne nur, daß dann unser Leben ganz andere Farben bekäme und wir Gut und Böse, Glück und Unglück, Segen und Unsegen gar nicht mehr so nennen würden, sondern vielleicht Gabe und Aufgabe.

Und gerade wenn die Aufgabe am schwersten wäre, die uns, den Mitschuldigen unter Schuldigen, auferlegt würde, wäre der uns sicher am nächsten, der gekommen ist, um zu tragen. Wo wären wir, wenn er uns nicht heute auch noch tragen wollte? — Amen.

Karfreitag

Jesaja 52, 13—53, 15

Liebe Freunde!

Als der Krieg schon begonnen hatte — 1939 —, saß ein junger Soldat noch einmal in einem Gottesdienst in der Friedenskirche zu Schweidnitz. Vielleicht wurde sein Marschbefehl geschrieben, während er in der Kirche saß. Es macht einen Unterschied, ob einer im Gottesdienst sitzt, der in ein friedliches Zuhause zurückkehren wird, oder ob einer die harten Befehle des Krieges über sich weiß und vor sich einen Weg, der in den mörderischen Strudel eines Krieges hineinführt, in Not und Entsetzen. So einem kann sogar vor dem Kreuz auf dem Altar bange werden, weil er dabei an das Kreuz denken muß, das vielleicht bald den Platz bezeichnet, wo man ihn verscharrt hat.

Der junge Soldat mochte daher das Kreuz gar nicht ansehen. Er hob die Augen zu dem prächtigen marmornen Aufbau, der den Altar überdachte. An dem oberen Gesims sah er große Buchstaben, fügte sich die Worte zusammen und las nun den ganzen Spruch:

> Fürwahr, er trug unsere Krankheit und lud auf sich unsere Schmerzen; die Strafe liegt auf ihm, auf daß wir Frieden hätten, und durch seine Wunden sind wir geheilt.

Er las den Spruch immer wieder, und der Spruch begann ihn zu stärken. Das kam nicht daher, daß der junge Soldat an diesem Spruche irgendetwas verstanden hätte. Er hätte auch gar nicht erklären können, wie das kam, daß ihm dieser Spruch half. Wer so verzagt ist und Hilfe braucht, der merkt wohl, ob ihm geholfen wird; er fühlt sich wie von einer starken Hand aufgehoben und getragen. Er braucht nicht mehr zu fragen, ob es das wohl überhaupt geben könne, daß ihn einer trägt. Aber er kann auch nicht erklären, was ihm geschieht. So kann das zugehen: Solche Worte tragen unsereinen, und wir können weder sagen, wie das zugeht, noch gar behaupten, wir hätten ein solches Wort verstanden und ergründet. Das Wort trägt uns und wahrt doch sein Geheimnis.

Woher stammt eigentlich dieses merkwürdige Wort, das da über dem Altar eingemeißelt stand? Es findet sich in der Mitte der Bibel, bei Jesaja. Dort steht es in den letzten Kapiteln, die nach den Zeiten des Jesaja der Sammlung seiner Schriften beigefügt wurden: Im Kapitel 52 und 53. Es gehört zu einem merkwürdigen Lied.

Das Lied beginnt mit einem Triumphschrei Gottes:

> Siehe, meinem Knechte wirds gelingen, er wird erhöht und sehr hoch erhaben sein. Wieviele sich auch an ihm ärgern werden, weil seine Gestalt häßlicher war als die anderer Leute, so wird er doch viele Völker in Staunen setzen; Könige werden ihren Mund vor ihm zuhalten. Denn denen nichts davon verkündet ist, die werden nun sehen, und die nichts davon gehört haben, die werden es nun merken!

Und dann beginnt ein scheues Sich-entschuldigen:

> Aber wer hat denn geglaubt, was uns verkündigt wurde? Er schoß auf wie ein Reis aus einer Wurzel in dürrem Erdreich; er hatte keine Gestalt noch Hoheit; da war keine Gestalt, die uns gefallen hätte! Er war der Allerverachtetste und Unwerteste, ein Mann der Schmerzen und der Krankheit! Er war so verachtet, daß man das Angesicht vor ihm verbarg, darum haben wir ihn für nichts geachtet!

Und dieses Fragen und Klagen wird zum Danklied:

> Fürwahr, er trug *unsere* Krankheit und lud auf sich *unsere* Schmerzen ... durch seine Wunden sind wir geheilt! Wir gingen alle in die Irre wie Schafe — ein jeder sah auf seinen Weg — aber der Herr warf unser aller Sünde auf ihn!

Und nun klagt das Lied um den, der für uns gelitten hat:

> Als er gemartert ward, litt er willig und tat seinen Mund nicht auf wie ein Lamm, das zur Schlachtbank geführt wird; wie ein Schaf, das verstummt vor seinem Scherer ... Aus Drangsal und Gericht ward er hinweggenommen; sein Geschick, wen bekümmerte es? Er ist aus dem Lande der Lebendigen hinweggerissen, da er für die Missetat meines Volkes geplagt ward, und man gab ihm sein Grab bei Gottlosen und Übeltätern, wiewohl er niemand Unrecht getan hat und kein Betrug in seinem Munde gewesen ist.

Aber wieder wird daraus ein Lobgesang:

So wollte ihn der Herr zerschlagen mit Krankheit. Wenn er sein Leben zum Schuldopfer gegeben hat, wird er Nachkommen haben, und des Herrn Plan wird durch seine Hand gelingen.

Und ein neuer Siegesruf Gottes beschließt:

Gänzlich gerechtfertigt ist mein Knecht vor der Menge, da es ihre Sünden waren, die er sich auflud. Darum will ich ihm die Vielen zur Beute geben, die Starken soll er zum Raube haben! Dafür, daß er sein Leben in den Tod gegeben hat und den Übeltätern gleichgerechnet ist, die Sünden der Vielen getragen hat und hat für die Übeltäter gebetet.

Der Mann, aus dessen Mund dieses Lied stammen mag — vierhundert Jahre vor Christi Geburt — ist unbekannt. Wen meinte er? Was auch immer ihm die Kühnheit eingegeben haben mag, im Namen Gottes zu sprechen — er war doch ein Mensch seiner Zeit. Und „ein Mensch seiner Zeit" sein heißt immer, in dieser Zeit nach den Spuren Gottes zu spähen, nach den Antworten Gottes für diese Zeit zu fragen, hinhorchen auf das, was Gott unserer Zeit wohl sagen mag, und — unbewußt — in die Worte, zu denen Ergriffenheit drängt, das hineindeuten, was uns bedrängt. Wer kann sich davon freihalten, in das, was wir von Gott zu hören meinen, hineinzudeuten, was wir als Antworten für unsere Zeit erwarten?

Aber was meint nun dieses Lied? Wen meint es denn? Welteroberer sind gekommen — Alexander und Cäsar — und sind wieder vergangen. Und auch dieses Lied verglomm wie ein verlöschender Docht. Eine dunkel gewordene Erinnerung in den Schriften einer von der Weltgeschichte überfluteten Winkelsekte in Palästina.

Und wie ein verlöschender Doch war auch der eine, der an einem Rüsttage vor dem Passahfest abgetan wurde draußen vor Jerusalem.

Da wurde das halbvergessene Lied zur Deutung seines Todes. Sein Sterben und das lebendige Feuer, das nun Menschen ergriff, wurde die Erfüllung dieses rätselhaften Siegesliedes.

Es ist die nüchterne Wahrheit, wenn wir sagen: Dieses Lied ist es, das nun auf die Altäre der Christen das Kreuz gestellt hat, als

Zeichen des Sterbens und des Lebens, als Zeichen des Unterganges und des befreienden Sieges, der Auferstehung Jesu.
Und aus dem alten Siegeslied sind viele Lieder geworden: Lieder, wie wir sie in der Passionszeit singen und jetzt gesungen haben. „Du großer Schmerzensmann“, „O Haupt voll Blut und Wunden“, „Christus, der uns selig macht, kein Bös hat begangen, ward für uns zur Mitternacht wie ein Dieb gefangen . . . “. Lieder, die den anreden, der da am Kreuz hängt. Lieder, die uns tragen — ohne daß wir wissen, wie das geschieht. Aber trotz aller dieser Lieder bleibt das Kreuz rätselhaft. Immer wieder wird gefragt: Was soll es uns heute bedeuten?

1959 wird in Hamburg eines dieser alten Lieder neu vertont und aufgeführt. Im Kreis der Hörer meint man, daß der Text von Bert Brecht sei, denn es ist das Stundenlied aus „Mutter Courage“, freilich von Brecht nun erweitert. Eine Strophe ist am Anfang hinzugekommen:

Als er aus dem Tempel stracks die Händler ausgewiesen,
ward Jesus geholt eines Tags mit Schwertern und Spießen.

Was dann folgt, steht wörtlich so in unserem Gesangbuch. Es ist das Lied Nr. 56: Christus, der uns selig macht . . . ! Nur ist zwischen den Strophen jeweils eingeschoben ein Gegenchor:

Lauft’s ihr Leut, dort seht’s ihn schon
zwischen die Folterknecht,
weil er hat die Wahrheit g’sproch’n!
G’schieht ihm recht! G’schieht ihm recht!

Und nachdem es hieß:

Gekleidet zu Hohn und Spott ward er sehr geschlagen
und das Kreuz zu seinem Tod mußt er selber tragen,

steigert sich der Gegenchor:

Lauft’s, ihr Leut, dort wird er broch’n
von die Folterknecht!
Weil er hat die Wahrheit g’sproch’n!
G’schieht ihm recht!

Wir werden nicht so töricht sein und meinen, daß Brecht damit den Gefolterten und Gekreuzigten verhöhnen will. Aber er gibt seine Deutung des Kreuzes: Hier wird das Kreuz Jesu Christi verstanden als ein Signal für die Krankheit der Welt, in welcher es den Tod bringt, sich in die Angelegenheiten der Händler einzumischen, die Wahrheit zu sagen und gegen das Unrecht aufzutreten. Hier ist das Kreuz ein Zeichen dafür, daß die Redlichen von dieser Welt nicht ertragen werden, ein Zeichen zum Aufstand für eine bessere Welt!

Der dort hing, der hat aber kein Zeichen zum Aufstand gegeben. Er hat die Welt nicht in Schuldige und Unschuldige geteilt. Vor ihm sind die Mächtigen und die sich selbst etwas dünken — nichts. Aber es genügt vor ihm auch nicht, machtlos zu sein, um einen Anspruch an Gott zu haben. Vor ihm sind alle Söhne verlorene Söhne, auch die, die nach Utopia auswandern. Und weil sie alle verlorene Söhne sind, opfert er sich in Liebe für sie alle. Sie alle will er in den Frieden mit Gott heimholen.

Oder bedeutet dieses Kreuz die Verwerfung der Frommen? Die haben ihn ja verworfen und sich damit das Urteil gesprochen! Und er hat den Frommen in das Gesicht gesagt, daß ihre Frömmigkeit und Zucht nur Tünche sei. Aber indem er die Frommen verwarf, hat er die Unfrommen nicht geadelt. Und der, der sogar Zucht und Sitte nur eine Tünche nennt, ist damit nicht der Lobredner der Huren und der Gelegenheitsmacher geworden.

Er läßt sich von keinem beschlagnahmen; weder von den „Kirchlichen“ noch von den „Unkirchlichen“, weder von den „Moralischen“ noch von den „Unmoralischen“. Wer zu ihm will, der muß auch heute noch hinaus zu ihm auf das freie Feld. Dorthin, wo weder die Pläne der Weltverbesserer noch die Sehnsüchte der Weltflüchtigen noch die Schlauheit der Weltkundigen etwas gelten. Die alle haben Augen immer nur für die Sünden der anderen.

Wer zu ihm will, muß hinaus auf das freie Feld, wo nur noch ein Plan gilt, und „des Herrn Plan wird durch seine Hand gelingen“: Der Plan Gottes, daß Sünder ihm „zur Beute“ werden! Das sind nicht Sünder, die seelenruhig weiter Sünder bleiben wollen. Auch das ist ja nur eine Art, diesem Kreuz auszuweichen. Sondern Sünder, die ihr eigenes Leben nicht billiger mehr retten können als durch ein Wunder Gottes.

Als die Christen das Kreuz auf ihren Abendmahlstisch stellten, bekannten sie allesamt sich als Verlorene, die nur noch einmal zu leben beginnen können, wenn Gott sie annehmen will; die nur noch leben können, wenn der lebt, von dem es heißt, daß er unsere Krankheit trug! Und von dem es heißt: Er wird das Licht schauen und leben.

Das Kreuz ist nicht ein Zeichen, dem eine Deutung nahekommen kann. Das Kreuz ist ein Ruf und eine Einladung. Auf einen Ruf ist eine Deutung, ein kluger Gedanke, ein Einfall, den wir haben könnten, keine angemessene Antwort. Das Kreuz hat uns angerufen, und wo Gott ruft, da ist die Antwort, auf die er wartet, das Gebet: Hilf, daß dein Kreuz uns zunichte mache mit all unserer Schuld und mitsamt all unseren Entschuldigungen, und hilf, daß deine lebendige Nähe uns wieder umfange und trage. — Amen.

1. Ostertag

1. Korinther 15, 50-58

Liebe Freunde!
Es erregt uns manchmal, wenn wir hören, daß in unserer Zeit gerade unter den Theologen Worte gebraucht werden, die uns daran zweifeln lassen, ob wir das eigentlich zu Ostern so noch sagen dürften, so altmodisch: Christ ist erstanden; er ist wahrhaftig auferstanden! Es erregt uns freilich nur, sofern die Erregung über anderes, was in der Welt reichlich und schrecklich geschieht, uns einmal die Zeit dafür läßt. Es erregt uns also nicht gerade alle Tage. Aber dann sagen wir: Da seht einmal diese Kirche, die nicht einmal mit sich selber einig ist; da seht einmal diese Theologen, die bösen, modernen Theologen; habt ihr schon gehört, was die so alles sagen?
Nun, ich wäre beruhigter, wenn wir uns über die Auferstehung Jesu viel mehr erregten. Und ich wäre sogar recht beruhigt, wenn viele Leute mit Nachdruck sagen würden: Das kann ja gar nicht sein, daß Jesus Christus auferstanden ist! Nun habe ich sehr merkwürdig geredet, denn ich müßte ja nun gerade beruhigter sein und das Gefühl haben, meine Aufgabe erfüllt zu haben, wenn keiner mehr dabei mit dem Kopfe schüttelt, wenn wir sagen: Er ist wahrhaftig auferstanden!
Ich meine es aber so: Wenn der Herr als lebendiger Herr und Auferstandener anerkannt werden soll, dann darf er das nicht nur dem Umstand verdanken, daß unter uns althergebrachte Worte im Gange sind, die man eben am Osterfeste gebraucht, immer abwechselnd mit „Fröhliche Ostern!“, wobei das Verhältnis 100 : 1 steht zwischen „Fröhliche Ostern!“ und „Der Herr ist auferstanden!“ Er, den Gott, der Herr, auferweckt hat, könnte uns durch die Kruste aller Meinungen eher verdeckt als gezeigt werden. Er verdankt sein Leben nicht der Meinung von Menschen, sei sie alt oder neu.
Seht ihr, die Sache fing doch eigentlich damals ganz aussichtslos an. Da war zum Beispiel ein gewisser Paulus, der sagt Leuten, die auf so etwas in keiner Weise vorbereitet sind, daß Jesus Christus

lebt; und das sind Leute, die den Namen „Jesus Christus" nicht einmal kennen. Er redet mit Leuten, die eigentlich nur mit einem schallenden Gelächter darauf antworten können, wenn er ihnen sagt: Da ist jemand gekommen, der ist für dich gestorben und der lebt und kommt jetzt zu dir; ob du ihn gleich nicht siehst, so will er dich doch anrühren und tragen und verwandeln!

Es wundert mich gar nicht, daß zum Beispiel die Leute in Athen sagten, dieser Paulus sei schlichtweg verrückt! Das kann es ja gar nicht geben! Dieser kleine Mann — denn Paulus soll nicht sehr groß und eindrucksvoll gewesen sein — könnte das gegen eine so starke Meinung der ganzen Welt unmöglich zustande gebracht haben, daß sich Leute bereitfinden, mit ihm Osterlieder zu singen auf den, der ihr Herr ist und als der Auferstandene bei ihnen lebt. Es sei denn, daß Paulus die Wahrheit spricht und dieser Herr selber beweist, daß er lebt.

Dann braucht dieser Paulus nichts zu beweisen. Und er kann auch nichts beweisen, so wenig, wie die Berichte der Evangelisten etwas beweisen können oder auch nur etwas zu beweisen brauchen.

Bis zu einem bestimmten Zeitpunkt hat es mich sehr beunruhigt, was jedes Kind ja merken kann: Daß in manchen Einzelheiten — und gar nicht einmal so geringen Einzelheiten — die Berichte der Evangelisten über Jesu Auferstehung nicht übereinstimmen wollen. Dann kam ich darauf, mich darüber zu freuen. Wie selbstverständlich müssen Leute den Auferstandenen gekannt haben, die mit einer solchen großzügigen Beiläufigkeit, gewissermaßen nur mit kurzen Hinweisen, den Tag beschreiben, an dem es geschah. Wie sicher muß ihnen gewesen sein, daß sie nicht eine genaue Beschreibung eines merkwürdigen Ereignisses zu geben hatten, dessen nun mit allen ungewöhnlichen Einzelheiten zu gedenken wäre, sondern daß sie nur, gewissermaßen mit dem Daumen über die Schulter auf einen Anfang hinweisen, auf den ersten Tag, dem nun lauter Tage folgen, an denen sie umgehen können mit dem, der damals aus dem Tode als das neue Leben in Person zu ihnen kam. Der ist wahrhaftig lebendiger, von dem sie da reden, als alles das, was sich sonst „Leben" nennt und was doch nur seine kurze Zeit hat und immer allzu rasch an die Grenze seines Lebens hier auf dieser Welt kommt. Dieser Jesus Christus aber lebt und will vergängliche Menschen mit unvergänglichem Leben anstecken.

Freilich, es hat damals auch schon in Korinth Leute gegeben, die legten sich die Botschaft von dem Auferstandenen auf ihre Weise aus. Die meinten, der schwierige Gedanke der Auferstehung der Toten — denn der Auferstandene will ja die, die hier leben, mit hineinreißen in sein Leben —, der schwierige Gedanke, der könne wohl beiseite bleiben. Das Wort von der Auferstehung Jesu bedeute, daß mit Jesus großartige, unsterbliche Ideen in die Welt gekommen wären, und man könne dies oder das von ihm lernen.
Und dagegen redet Paulus in diesem ganzen 15. Kapitel des ersten Korinther-Briefes, das ich jetzt vor mir aufgeschlagen habe. Er redet davon, wie das Leben Jesu, des Auferstandenen, uns, die Sterbenden, so ergreift und packt, daß nicht einmal der leibhaftige Tod uns aus dieser Gemeinschaft mit dem lebendigen Herrn herausreißen kann. Und was er da am Schluß sagt, das will ich euch jetzt vorlesen: „Das sage ich, liebe Brüder: Fleisch und Blut können das Reich Gottes nicht erben!" Das Leben, von dem hier die Rede ist, das wächst nicht aus einem schon im Menschen vorhandenen Keim der Unsterblichkeit in uns langsam heran; wir reifen nicht in einer wunderbaren Höherentwicklung heran, bis wir dann großartige Leute geworden wären, von denen Gott sagt: O, lieber Freund, das wäre aber jetzt schade, wenn es mit dir zu Ende gehen sollte! So weit bringt es keiner, daß er bis in die Nähe Gottes wächst.
Und weiter sagt Paulus: „Das Verwesliche erbt nicht das Unverwesliche!" Uns Dahinsterbenden fällt es nicht zu wie ein Erbteil, auf das wir von Natur aus Anrecht haben; und wenn einer nun stirbt, dann wäre sein Leben „erfüllt", dann wäre er „heimgegangen". Nein, sagt Paulus, das sind alles leere Worte; das hat alles noch nichts zu tun mit dieser Auferstehung Jesu Christi; das gehört alles noch zu den großartigen Sehnsuchtsgedanken, in denen der Mensch sich schon immer darum bemühte, mit der Angst vor seinem eigenen Sterben fertig zu werden und sich einen Reim zu machen, der das Wörtchen „Tod" nicht mehr das Letzte sein läßt, sondern hofft, da müsse doch ein Weiterleben sein!
Paulus streift das nur und sagt: Liebe Freunde, das könnt ihr euch alles sparen, es geht ganz anders zu! „Siehe", sagt er, „ich sage euch ein Geheimnis: Wir werden nicht alle entschlafen, wir werden aber alle verwandelt werden und dasselbe plötzlich, in einem Augenblick zur Zeit der letzten Posaune; denn es wird die

Posaune schallen, und die Toten werden auferstehen unverweslich, und wir werden verwandelt werden; denn dies Verwesliche muß anziehen die Unverweslichkeit, und dies Sterbliche muß anziehen die Unsterblichkeit!"

Es geht hier nicht um die Einzelheiten, sondern nur um das eine: Dem Leben, das Jesus bringt und um das es hier geht, sind die sogenannten „Lebenden" nicht näher als die Toten. Sondern alle beide sind dem Leben, auf das Gott, der Herr, nun hinaus will und das nun wie ein Sonnenlicht in diese Welt hereinbricht, nur dadurch nahe, daß an ihnen die Auferweckung Toter geschieht, die völlige Verwandlung. Und zwar eine Verwandlung, die sich erst im letzten Augenblick vollenden wird, in dem letzten Augenblick aller Zeit, die uns aber hier und jetzt schon anrührt, wo der Lebendige zu uns kommt, uns zu den Seinen zählt und zu seinen Gliedern macht. Und dann sagt Paulus: „Wenn dies Verwesliche wird anziehen die Unverweslichkeit und dies Sterbliche die Unsterblichkeit, dann wird erfüllet werden das Wort, das geschrieben steht: Der Tod ist verschlungen in den Sieg; Tod, wo ist dein Stachel? Hölle, wo ist dein Sieg? Der Stachel des Todes, das ist die Sünde; die Kraft der Sünde ist das Gesetz. Gott sei Dank, der uns den Sieg gegeben hat durch unseren Herrn Jesum Christum."

Hier nennt Paulus das Unausweichliche und Bittere mit Namen: Tod und Sünde! Beidem können wir nicht entgehen. Wir können trotz aller kühnen Künste nicht hindern, daß Leben dem Tode heimfällt, und wir können — Stichwort Schuld und Sühne — Geschehenes nie mehr ungeschehen machen. Und mit dem, was nun einmal in deinem Leben geschehen ist, bleibst du unter dem Gericht und dem Urteil dessen, von dem dein Leben gemessen wird, ob du nun willst oder nicht.

Aber dieses Schreckliche und Unausweichliche nennt Paulus bei Namen und streicht es zugleich durch im Namen Gottes: „Gott sei Dank, das ist besiegt von Gott!"

Das ist besiegt von Gott? Da stand noch das Kreuz, und da starb einer, und sie hielten ihn für einen, an dem man wieder einmal sieht, daß die Wahrheit nichts gilt in der Welt und die Redlichkeit und die Liebe verachtet wird und nur der Haß ihr antwortet. Jener eine aber hielt bei den Menschen aus. Und hielt stille sogar ihrem Haß. Und daß dieses Gottes Wille war, bestätigte er am

Ostertage und gab den Menschen den, der litt, als den lebendigen Heiland und Herrn.

Geschehenes kann nicht ungeschehen gemacht werden, das gilt für alles, was wir tun. Das gilt auch für das, was hier der lebendige Gott getan hat.

Es gibt freilich nun immer noch zweierlei: Ich kann vorbeilaufen am Kreuz; ich kann das sogar auf fromme Weise machen, indem ich mich verneige und sage: Der Herr ist für mich gestorben, und er ist auferstanden! — und ich gehe doch meinen eigenen Weg. Dann bin ich bei allem Bekenntnis ein Verleugner des lebendigen Heilandes. Denn der lebendige Herr ist einer, der mit mir gehen will und mit dem ich gehen kann und gehen soll.

Oder ich kann natürlich auch vorbeigehen und spotten und lachen und sagen: Das ist nichts, das ist Fabel, das ist Märchen. Das eine ist um nicht ein Gramm schlechter oder besser als das andere.

Oder ich könnte sagen: Paulus, du redest, als lebe da einer, und der wolle zu mir! Du hast es mir zwar auch nicht erklären können, wie das zugeht, aber wie hättest du wohl so froh durch die Welt gehen können, wo man dich geprügelt und angespuckt und ausgelacht hat, wenn er dich nicht getragen hätte? Höre zu, jetzt will ich den rufen, der dich getragen hat, ob er mich wohl auch tragen will heute, jetzt. Und ich will auch stille halten, wenn er mir zeigt, daß auch mein Leben heute und jetzt wieder durchgestrichen werden muß, wie man etwas durchstreicht, was einer auf eigene Faust gepfuscht hat, ein Schuldiger unter Schuldigen. Und ich will stille halten, wenn er zu mir sagt: Wir müssen jetzt ganz neu anfangen, wir beide miteinander und du mit den anderen Menschen. — Paulus, wenn der lebt, von dem du sagst, daß er lebt, dann wollen wir mit ihm reden und ihn bitten, daß er uns so nahekommt wie dir! Und Paulus sagt: Auf nichts anderes hat er ja auch heute wieder gewartet. — Amen.

2. Ostertag

Apostelgeschichte 10, 34-46

Liebe Freunde!

Es ist gewagt, über eine alte Predigt zu predigen. Diese alte Predigt des Petrus in der Apostelgeschichte hat eine Vorgeschichte, die etwas merkwürdig anzuhören ist. Da lebt ein gewisser Kornelius, der in Cäsarea, einer Stadt am Meer, eine römische Garnison befehligt. Er ist kein Jude, aber ein frommer Mann, hält sich zu den Gottesdiensten der jüdischen Gemeinde und spendet willig von seiner Habe. Er betet auch treulich jeden Tag sein Gebet.

Eines Tages hört er während des Gebetes, daß ihm gesagt wird: Laß dir einen gewissen Petrus holen! Und er schickt Leute nach der Stadt Joppe, die ihm genannt worden ist.

Dieser gewisse Petrus — das ist unser Apostel Petrus — der ist da zur Mittagsstunde auf dem Dach. Auch er hat da plötzlich eine Erscheinung: Er sieht vor sich ein Tuch, das ist gefüllt mit Tieren, reinen und unreinen, und er hört die Worte: Schlachte und iß! Petrus sträubt sich als frommer Jude und sagt: Nein, unreine Tiere kann ich doch nicht anrühren! Ihm wird gesagt: Nenne du nicht unrein, was Gott rein gemacht hat!

Im gleichen Augenblick kommen die Boten; Petrus macht sich auf und geht in das Haus dieses Mannes, der ja nun kein richtiger in die Gemeinde aufgenommener gläubiger Jude ist. Damit verletzt Petrus als frommer Jude das Gebot, daß er nicht mit Leuten außerhalb der jüdischen Gemeinde essen oder in ihr Haus gehen darf. Aber er sagt: Ich habe gemerkt, daß Gott hier etwas Besonderes vorhat! Und nun beginnt er und sagt den Leuten, die gar nicht wissen, warum sie eigentlich den Petrus holen sollten, das, was nun hier als seine Predigt und seine Botschaft berichtet ist.

Ich habe das hier ein wenig dürr erzählt; in Wirklichkeit wird alles viel schöner und farbiger ausgemalt. Es ist eine Geschichte, die man Kindern gut erzählen kann, eine erbauliche Geschichte.

Aber das Wort „erbaulich“ hat für uns einen Beigeschmack. Ob wir nun solche erbaulichen Geschichten hier in diesem Buche finden oder anderswo, wir sind durch solche erbauliche Geschichten eher verstimmt. Diese sogenannten „Kalendergeschichten“ kennen wir. Sie sind meist zu schön, um wahr zu sein. Ist das am Ende mit dieser Geschichte auch so? Zu schön, um wahr zu sein?

Wenn man genau hinsieht, dann begreift man, daß man sogar das Wort „Erbauungsbuch“ für die ganze Apostelgeschichte gelten lassen kann — nur hat das Wort „Erbauung“ hier doch einen anderen Sinn. Denn seht ihr: Es kann ja sein, daß das Wort „erbauen“ auch bedeutet „Zusammenfügung“, so daß man wieder Kraft und Zusammenhang seines eigenen Lebens und seines Lebens mit Gott bekommt.

Geschrieben ist die Apostelgeschichte in einer Zeit, in der die Christen dringend eine Ermutigung brauchten. Sie sollen wissen, daß Gott selber alles in Gang brachte, in Cäsarea und anderswo. Mag die Geschichte immerhin ausgemalt sein; daß sie das sagen will, bleibt deutlich. Und warum sich Christen das sagen lassen zu der Zeit, als die Apostelgeschichte niedergeschrieben ist, das bleibt auch deutlich. Die Apostelgeschichte schildert, wie es angeht von dem Tage der Auferstehung, und wie es weitergeht in einer Weise, die man sich eigentlich nicht so erklären kann.

Schüttelt ruhig den Kopf bei der hier berichteten „Vision des Kornelius“ — „Vision des Petrus“. Eines wird uns damit gesagt: Es geht anders als auf dem vorberechneten und berechenbaren Wege! Vorsicht, Gott geht andere Wege! Das steckt darin. Und damit das zweite: Gott sei Dank, dann geht er seine Wege auch weiter, wenn wir keine Wege mehr sehen. Denn die Leute, die das lesen, die sitzen nicht in einem sogenannten christlichen Lande, wo es selbstverständlich ist, daß Kirchen sind.

Sondern da ist man eben zu Gange, ihnen zu bestreiten, daß sie überhaupt unter den Menschen geduldet werden könnten, diese verwegenen Leute, die es wagen, dauernd einen Titel zu gebrauchen, der nur seiner Majestät dem Kaiser zukommt: Kyrios! Wir haben ja das auch noch eben gesungen: Kyrie — Herr. Man hält sie für einen versteckten und gefährlichen Geheimbund, diese Christen, die einen zum Herrn haben, von dem man doch nicht genau weiß, was der will und wer das ist. Die Christen kommen unter Drang und Druck, und es scheint alles zu Ende.

Das sagt ihnen dieses erbauliche Buch: Schaut zurück, wie war es? Er ging immer ganz andere Wege, als ihr dachtet. Und so wird er ganz gewiß auch andere Wege weitergehen, wo ihr meint, nun gäbe es überhaupt keine Wege mehr, nun sei alles ganz und gar zu Ende! Er geht seinen Weg.

Und das steckt auch in diesem Musterstück einer Predigt drin; denn die Predigt des Petrus ist kaum eine Nachschrift und auch nicht so gemeint. Ja, vielleicht sollen sogar die Leute, die dieses Buch in die Hand nehmen mit der Frage: Wie ging das eigentlich zu, daß das Evangelium bis zu uns kam? — vielleicht sollen sie an diesem Musterstück sich sagen lassen, wie man das Evangelium eigentlich weitersagen sollte: So sollte eine richtige Predigt aussehen!

Es ist schon bemerkenswert, zu sehen, was dieser „richtigen" Predigt, diesem Musterstück, alles fehlt, was wir für wichtig halten, zum Beispiel die Anknüpfung an Fragen der Gegenwart. Dafür ist einiges drin, was wir für völlig überflüssig halten, weil es doch so gar nicht verstanden werden kann.

Am Anfang begegnet uns etwas Merkwürdiges. Da spricht nämlich Petrus etwas aus, was ihn zu überraschen scheint: „Nun erfahre ich in Wahrheit, daß Gott die Person nicht ansieht, sondern in allerlei Volk, wer ihn fürchtet und recht tut, der ist ihm angenehm." Da sagen wir: Petrus, wie kannst du dich darüber bloß wundern? Nichts ist selbstverständlicher als das! Wenn einer nur Gott fürchtet und recht tut, zu dem kommt früher oder später schon Gott. Das ist ja doch ein Mensch, der sich vorbereitet hat! Da kommt auch einmal der Tag, wo diese Vorbereitungen und Bemühungen, die so redlich sind, nicht unbelohnt bleiben.

Das ist ja genau die Art und Weise, wie ich mir selbst das eigentlich immer gedacht habe: Es gibt eben Leute, die wollen gar nichts wissen von Gott oder dergleichen; aber andere, die sind ein bißchen nachdenklicher und finden schließlich zu Gott! Warum wundert sich Petrus eigentlich über etwas, was uns als selbstverständlich erscheint?

Sein Erstaunen hängt damit zusammen, daß er aus einem Volk kommt, das Erfahrungen mit Gott hat. Und diese Erfahrungen mit Gott besagen eben nicht, daß es so zugeht: Einer, der ein bißchen fromm veranlagt ist, gibt sich Mühe, und dann wird da etwas daraus! Diese Erfahrungen mit Gott sehen ganz anders aus. Der, den alle Welt „Gott" zu nennen pflegt — denn ein Wort für

„Gott“ kommt in allen Sprachen vor, und wir denken uns etwas dabei, manchmal recht Verschiedenes, manchmal denken wir uns dabei auch etwa das gleiche —, der, den alle Welt „Gott“ nennt, der geht ganz andere Wege.

Das weiß Petrus aus der Geschichte seines Volkes. Da hat alles damit angefangen, daß ein Unbekannter zu einem Unbekannten — Abraham — sagt: Gehe hin, und wenn du gehst, wirst du merken, daß ich dich segne, und du wirst überhaupt begreifen, was Segen heißt! Da gehören Weisung und Zusage zusammen. Und wer auf die Weisung hört, auch ohne daß er darauf vorbereitet war, zu dem wird die Zusage kommen. Wer aber kopfschüttelnd sagt: Von der Seite kann das nicht kommen, Gott muß in einer anderen Art zu mir kommen! — dem wird der, den alle Welt „Gott“ nennt, verborgen bleiben. Gott geht völlig andere Wege mit den Menschen, als diese Menschen zu erwarten pflegen.

Und dieses Volk, aus dem Petrus stammt, das sich merkwürdigerweise das „Volk Gottes“ nennt, hat begriffen, daß man sich auf das Hören einüben muß, wenn man diesen Gott vernehmen und mit ihm zusammenkommen will. Auf das Hören und auf das Gehorchen, und nicht auf das Nachdenken und auf das Diskutieren kommt es an. Nur Hören und Gehorchen haben hier Aussicht. Und so hören sie und horchen jedes Wort ihrer Bibel ab und mühen sich darum, zu gehorchen.

Wenn sie sich von den anderen Leuten absondern, dann tun sie das, weil sie in ihrem Kreis die Stille suchen, in der man richtig hören kann; weil sie meinen, man könne eben nicht mit jedermann an jeder Marktecke bereden, was Gott vorhat. Da müsse man erst einmal den Mund halten, die Ohren aufmachen und dann das Herz und sich selbst in Bewegung bringen lassen. Darum bemühen sich die Frommen dieses Volkes; sie sind die gewissenhaften Frommen des Gesetzes. Einüben ist hier alles. Und wer sich nicht einübt auf die Weisung, der wird auch nicht die Zusage spüren.

Darum wundert sich Petrus, daß hier, wiederum ganz anders, als er sich das gedacht hat, der Weg, auf den der gedrängt wird, zu Leuten hinführt, die nach jüdischer Meinung die nötige Vorbereitung gar nicht haben können. Dieser Gott, von dem wir wissen, daß es so schwierig ist, ihn zu hören — und auf das Hinhören kommt es an —, der will also auf einmal mit Leuten reden, die doch verhältnismäßig unvorbereitet sind?! Er will wieder einmal anders hinaus, als die meinten, die ihn doch wohl kannten; immer wieder anders!

Nun folgt also die Predigt des Petrus, und die steckt voll von dem „immer wieder anders“, denn sie redet von diesem Jesus Christus. Da geht es ja auch immer wieder anders.

Der geht durch das Land, bestätigt durch Zeichen; durch Zeichen, über die die einen Leute den Kopf schütteln und sagen: Unsinn! Und andere Leute sagen bewundernd: Das sind Wunder Gottes, das möchten wir haben: Brot, Gesundheit! Und beide haben ihn mißverstanden. Dieser Weg Jesu ist ganz und gar gebunden an Gott. Ich staune immer wieder, wie dieser Jesus sich jede Stunde führen läßt. Immer wieder hören wir, daß er hinausgeht und betet.

Ja, und dann geht es wieder ganz anders. Wie kann ein Weg, der sich so auf das Zuhören und Gehorchen einübt, zum Untergang führen, zum Verbrechertod am Kreuz? Ganz anders!

Und wiederum geht es ganz anders, als es nach unserer Logik weitergehen muß, auch nach der Logik der Jünger: Der da untergegangen ist, der steht mitten unter ihnen und sagt: Jetzt fangen wir an! Und wiederum, wir fangen jetzt nicht so an, wie ihr das denkt, daß euch Gaben, Glück und Herrlichkeit in die Hände fallen; sondern wir fangen so an, daß ihr hingehet in meinem Namen als meine Zeugen. Und dieser Weg mit mir ist der Weg des Lebens, auch dann, wenn dieser Weg mit mir ein sehr schrecklicher Weg werden sollte, ganz anders als ihr dachtet.

Und daß wir es nur nicht übersehen: Es ist schon eine recht unbegreifliche Sache, wenn hier steht: Er schickt Zeugen zu Menschen! Warum kommt er denn nicht selber? Was wäre die Welt doch froh und von allen Schwierigkeiten befreit, wenn damals in Jerusalem dieser Jesus Christus, statt nach Emmaus zu gehen oder in ein verschlossenes Zimmer, sich auf dem Marktplatz gezeigt hätte, überwältigend gezeigt hätte, was er beginnt, anstatt daß er Zeugen schickt und sich gewissermaßen hinter ihnen verbirgt? Auch das ist wiederum ganz anders, als wir es erwarten.

Wir leiden ja geradezu darunter, daß Gott nicht endlich mit Macht kommt und uns überwältigt. Warum läßt er sich denn bloß durch Zeugen vertreten; durch Leute, die wie dieser Petrus durch einen geschickten Redner leicht aus dem Konzept gebracht werden; durch

Prediger, die ständig in die Gefahr geraten, nur gerade das auszupacken, was ihnen im Kopf herumgeht, und das interessiert die anderen meistens gar nicht einmal so sehr? Warum versteckt er sich so? Warum legt er es darauf an, so heimlich und unauffällig hier zu sein, daß einer ohne weiteres von hier nach Hause gehen und sagen könnte: Na ja, Ostern wurde gesagt, und alles, was die Christen immer so sagen: Wo zwei oder drei versammelt sind . . .! — aber gemerkt habe ich natürlich nichts, und mit dem, was da gepredigt wurde, konnte ich auch nicht viel anfangen! Und dieses Achselzucken ist sogar berechtigt.

Warum versteckt er sich so? Warum macht er es da auch wieder anders? Warum macht er es eben nicht wie in den Kalendergeschichten, wo die Leute immer so ein prächtiges „Aha-Erlebnis" haben? Warum schickt er so kümmerliche Zeugen, die man achselzuckend abtun kann? Vielleicht tut er es gerade, weil er uns nicht Gewalt antun will, weil er nicht unsere Einwände niederschlagen will. Es scheint, er will nicht besiegen, sondern locken, indem er so still bis an unser Herz herankommt.

Und dann steht er so leise vor unserer Tür, daß du von ihm wirklich nichts hörst, als daß dir ein Zeuge sagt: Paß auf, da steht er! Auf daß du selber jetzt entscheidest, ob du mit ihm zu tun haben willst. Deswegen verbirgt er alle Seine Macht, damit nur ja keiner gezwungen werde — weder ihr noch ich.

Er, der so mächtig und lebendig ist, steht ganz still und unauffällig vor deiner innersten Tür. Willst du mitkommen? Willst du gehen in alle Welt für mich? Willst du dann auch erfahren, daß ich bei dir bin? Diesen einen Schritt, ob du nun mitkommen willst oder nicht, den erspart er dir nicht. Alle anderen Schritte hat er getan.

Und wir sind nicht ungeschickt darin, die anderen Schritte, die er getan hat, hoch zu loben, uns aber den einen Schritt — auf den es ankommt — zu ersparen. Dieses „Und jetzt komme mit!", das doch gar nicht dich in eine andere Welt versetzt und gar nicht woanders hinführt als in genau dein Haus, wo du jetzt hingehen wolltest. Aber du sollst nun dorthin gehen als ein Mensch, der fragt: Herr, was willst du jetzt, was ich dir zuliebe tue? Was willst du jetzt, der du bei mir bist? Dann wärest du einer, der sich jetzt geben läßt, was er zu tun hat; dann wärest du losgelöst — wie es hier heißt — von der Sünde.

Und nun will ich versuchen, es euch einmal ganz kurz zu sagen: Das Stichwort „Sünde" — da denkt man also an Leute, die morden und ehebrechen und wer weiß was Scheußliches machen, was alle Welt schrecklich findet. Und doch ist Sünde wahrscheinlich nichts anderes, nicht mehr und nicht weniger als — unsere Besserwisserei. Wir wissen immer schon besser, was wir jetzt tun möchten. Wir wissen immer schon, was wir jetzt tun müssen. Wir wissen immer schon, was für uns das Richtige ist. Wir möchten nicht hören und wir möchten nicht fragen. Wir meinen, wir wüßten es schon, was unserem Leben Freude und Inhalt gibt.

Sünde — unsere Besserwisserei — auf die dürfen wir verzichten. Wir *dürfen* darauf verzichten. Er zwingt es uns nicht ab, er macht es wieder einmal ganz anders. Du kannst in deinem Trott weitermachen, ich auch, aber wenn du ihn jetzt anfangen läßt — und das muß man wohl immer wieder —, dann könnte auch an uns das Wunder geschehen, das dann am Schluß in unserer Geschichte genannt wird.

Nach der Predigt, so heißt es hier: Der Geist Gottes packte sie! Werden diese Leute also doch gewaltsam mitgerissen? Nein, das sind Leute, die auf einmal wunderbarerweise, obwohl sich in dieser Welt gar nichts geändert hat, Gott loben und dankbar werden. Nichts in der Welt ist anders, aber sie überlassen sich jetzt einem, der mit ihnen geht und ihren Weg führt. Ganz anders, als sie es erwarteten. „Wir wissen aber, daß denen, die Gott lieben" — den Gott, der es immer ganz anders macht, der ja auch ganz anders viel mehr an uns tut, als wir dachten — „wir wissen aber, daß dem alle Dinge zum Besten dienen" und allen anderen um uns herum auch. Helf uns Gott, daß auch unser Leben wieder ein kleines Loblied auf ihn wird. — Amen.

Quasimodogeniti

1. Johannes 5, 1-5

Liebe Freunde!
Wer diese Verse aus dem Johannes-Brief unvorbereitet hört, dem klingen sie wie eine starre und altertümliche Abhandlung von Glauben und Glaubensbekenntnissen. Mit Erleichterung entdecken wir unter den schweren dogmatischen Formeln wenigstens einen wohltuenden Hinweis auf die Liebe von Menschen zu Menschen. Darüber könnte es sich auch heute noch lohnen, nachzudenken, was der Mensch dem Menschen an Liebe tun kann und tun soll.

Aber dieser Text geht nicht von dem aus, was der Mensch dem Menschen tun kann und soll. Wird hier nicht im Gegenteil von einer völligen Hilflosigkeit des Menschen geredet? Oder wie soll es denn sonst zu verstehen sein, daß die Rede davon ist, daß jemand „geboren" werden soll? Wer nicht geboren ist, der ist doch überhaupt nicht lebendig!

Genau das wollen die Worte dieses alten Textes sagen. Wer den ganzen Brief liest, der wird gewahr, daß es freilich damals — wie heute — Leute genug gibt, die das Wort von der „neuen Geburt des Menschen" gerne und oft gebrauchen. Sie meinen damit mehr, als daß wir uns gelegentlich „wie neugeboren" fühlen. Das heißt bei uns dann nicht mehr, als daß wir uns wieder einmal besonders frisch und im Vollbesitz unserer alten Kräfte fühlen.

Geistreiche Leute meinen aber mit der „Neugeburt des Menschen", daß ein Mensch eine neue Stufe gesteigerten Lebens und gesteigerter Einsichten gewinnt. Er tritt in einen neuen Lebensbereich ein, in dem er wahrnimmt, was dem gewöhnlichen Sterblichen verschlossen bleibt — weshalb er den gewöhnlichen Sterblichen auch etwas verächtlich von oben herab betrachtet wie einen Zurückgebliebenen.

Leute, die dieses „gesteigerte" geistliche Leben für christlich halten, mag es immer wieder geben. Aber der verständnisvolle Blick, mit dem sie ihresgleichen anerkennen — und nur ihresgleichen — und die etwas mitleidige Verachtung, der herabgezogene Mundwinkel, mit dem sie auf andere herabschauen, sollte uns enthüllen, daß hier wenig Ähnlichkeit mit Jesus zu finden ist.

Nein, wenn Johannes hier davon redet, daß Menschen „geboren“ werden müssen, dann meint er nicht eine erhebende Steigerung unseres Bewußtseins, sondern redet davon, daß wir allesamt als „Ungeborene“ tot und unlebendig sind. Ein Toter ist nicht nur hilflos und leblos. Wo ein Toter liegt, da ist der Platz vergiftet und verpestet.

Der junge Arzt, der im Gefangenenlager die Leichenöffnungen machte, durch welche die Todesursache festgestellt werden sollte, hatte sich dabei eines Tages nur ein wenig mit dem Skalpell den Gummihandschuh angeritzt. Die winzige Hautwunde blutete nicht einmal. Aber er starb. Ihm war nicht mehr zu helfen. So giftig sind Tote, so mörderisch verdirbt ihr Zerfall das Leben.

Und davon geht dieser Text aus, daß dort, wo wir „leben“, der Platz vergiftet und verpestet ist. Wie von Toten! Was hier gerühmt wird als die Liebe von Mensch zu Mensch, als lebendiger Umgang mit Gott und Menschen, das müßte als ein Wunder an Toten zustande kommen, als eine Geburt aus dem Tode in das Leben. Dazu kann sich ein Mensch ebenso wenig verhelfen, wie sich ein Toter lebendig machen könnte. Ohne diese Geburt bleibt das, was wir so unser Leben nennen, nicht nur kraftlos und hilflos, sondern vergiftet auch noch anderes Leben. Es sei denn, daß Gott endlich Leben gebe.

Ist das ein unverständlicher und altertümlicher Gedanke, der uns heute wenig mehr sagt? Von der völligen Hilflosigkeit des Menschen läßt sich gerade heute vielleicht leichter verständlich reden, als vor — sagen wir — fünfzehn Jahren. Vor fünfzehn Jahren erlebten wir eine Zeit, die wir rückblickend vielleicht auch wieder einmal „die goldenen Jahre“ nennen werden.

Der mörderische Lärm des blutigen Krieges war verhallt. Unsere Ohren und unsere Herzen genossen diese Stille. Und wenn auch Gräber und Trümmer um uns waren, so waren die Überlebenden doch so voll guten Willens. Wir hofften, daß nun endlich Kriege vorbei sein würden. Die ganze Welt schien so rührend bereit zu einem neuen Anfang.

Mit welchen Hoffnungen sahen wir, daß da ein Uno-Gebäude entstand, groß und mächtig. Gemeinsame Sehnsucht und gemeinsame Arbeit mußten doch nun den Frieden bringen, so wie gemeinsame Anstrengungen den Aufbau und den Wohlstand bringen mußten und brachten. Endlich mußten sich doch alle Nöte beheben und alle Fragen lösen lassen.

In dem wunderbaren und von mir so hochgeschätzten Hilfswerk „Brot für die Welt" — nur eine Bemühung unter so vielen großherzigen anderen Unternehmungen — lebt dieser Gedanke noch weiter und soll auch weiterleben. Aber ein wenig steckt auch darin von unserem rührenden Optimismus: Wenn es nur endlich genug Brot für die Welt gibt, dann hat diese Welt auch den Frieden oder ist wenigstens nicht mehr allzuweit davon entfernt!

Brot und Frieden, Wohlstand und Gutwilligkeit der Menschen, das schmolz in eines zusammen, das schien uns so klar der Weg zu sein, der nun vor uns lag. Es gab kaum einen, dem dabei das Herz nicht froh und warm wurde.

Es schienen nur kleine Mängel und Rückstände überwundener Weltkrisen zu sein, wenn es da in Korea wieder brannte und auch an anderen Orten: Letzte Brandherde eines Feuers, das nun endlich verlöschen würde. Schreckliche Mahnzeichen einer überwundenen Zeit.

Aber nun scheinen die hoffnungsvollen „goldenen" Jahre vergangen. Nun starren wir auf Brandherde, die immer mehr werden wollen, und sehen entsetzt Brandherde und Unruhen auch mitten in Ländern, die reichlich Brot und Wohlstand haben. Oder sind nicht Unruhen und Brandherde auch in unserem Land?

Aufgeregt meinen wir bald hier, bald da den wunden Punkt gefunden zu haben. Aufgeregtheit macht sich zum Richter und sagt: *Das* ist es, was nun beseitigt, umgestürzt, beiseitegeschoben werden muß, damit dem wirklichen Frieden, dem wirklichen Fortschritt Bahn geschaffen werden kann.

Und unheimlicherweise ist doch das, was da an wahrhaft Schrecklichem vor dem Gewissen der Welt angeprangert wird, immer wieder nur halbe Wahrheit: So schrecklich das ist, was die Zeitung füllt, so wahr und schrecklich bleibt auch, was merkwürdigerweise gar nicht gesehen und angeprangert wird: Daß es in den Bürgerkriegen in Nigeria, in Zentralafrika und Südsudan mehr Getötete gab als in Vietnam und Kambodscha! Aber wie gebannt starren wir nur immer auf den einen Winkel und sehen gar nicht das noch schrecklichere Ganze. Was ist nur mit uns geschehen? Was ist mit uns, wenn wir nicht einmal mehr die ganze Wahrheit wissen und wissen wollen, nicht einmal mehr sehen und sehen mögen, wo überall es längst brennt?

Und wo wir nun einzelne Brandherde sehen, da verordnet empörte Humanität dieser kranken Welt die Kur der Gewalt. Gewaltsam sollen bestimmte Hindernisse, bestimmte politische Mächte beiseitegeschoben werden — immer in dem brennenden Glauben: Wenn nur dies endlich angegriffen und beiseitegeschoben werde, wenn nur jenes abgetragen sei, was sich hier „etabliert" habe, dann müsse darunter der fruchtbare Acker der neuen Welt erscheinen! Wißt ihr, das ist Geist der Kreuzzüge; genau der Geist, den wir für so längst vergangen und überwunden hielten; der um eines herrlichen Zieles willen Gewalt predigt, weil nur so den für feindlich erklärten Gewalten zu begegnen sei.

Wir dürfen keinen deswegen verachten und dürfen uns nicht zum Richter machen. Aber das müssen wir wissen, daß unser Glaube, die Welt sei auf dem Wege zur völligen Heilung, notfalls mit Gewalt, und sie werde dank ihrer technischen Vervollkommnung immer problemloser — daß dieser Glaube immer wieder daran gescheitert ist und scheitern muß, daß wir Menschen, die einander immer wieder die Kur der Gewalt verordnen, allesamt immer noch daliegen in der giftigen Hilflosigkeit von Toten, die einander die Welt verpesten.

Und da sind wir plötzlich wieder bei unserem alten Text. Die Worte: „Wer da glaubt, daß Jesus sei der Christus, der ist von Gott geboren, und wer da liebt den, der ihn geboren hat, der liebt auch den, der von ihm geboren ist" — nämlich den Menschen neben sich — diese Worte werden gesagt zu Menschen, die sich selbst nicht lebendig machen können, so verzweifelt sie sich auch bemühen mögen. Tote können sich nicht lebendig machen. Tote verpesten, was in ihrer Nähe ist und vergiften den, der sie anrührt.

Aber hier in unserem alten Text redet einer von der Erweckung von Leben, die bis in den toten Menschen hineingreift. „Wer da glaubt, daß Jesus sei der Christus, der ist von Gott geboren" — achtet doch bitte vor allem auf das Wörtchen „geboren". Weniger als Geborenwerden hilft uns nicht! „Wer da glaubt, daß Jesus sei der Christus", das ist ganz bestimmt nicht einer, der kopfnickend sagt: Jawohl, so ist es, daß dieser Jesus göttliche Eigenschaften hat! Das ist ganz gewiß nicht einer, der meint, das sei sicher wahr und es sei ja auch schon lange genug gesagt worden, so daß es sich nicht mehr lohne, das noch zu bestreiten.

Glauben — das heißt hier: In der Gegenwart Jesu leben! In der Gegenwart von einem, der bis ganz herunter in unsere Welt gekommen ist, wie dieser Jesus, und der bei uns bleibt nach dem Willen Gottes, als der Christus, der lebendige Heiland, der Tote auferwecken will.

In die Nähe Jesu gelangen wir nicht durch geistige Anstrengungen, etwa indem wir uns den Weg Gottes in diese Welt vorzustellen versuchen, oder durch sittliche Anstrengungen. Noch keiner ist jemals durch eigene Anstrengungen in die Nähe Jesu vorgedrungen. Wenn es möglich geworden ist, in seiner Nähe zu leben, dann nur, weil er auch heute noch bis zu uns nach Gottes lebendigem Willen herkommt. Sogar bis in diese Kirche und zu uns. Was unsereiner so verhältnismäßig hilflos weiterzusagen versucht, das macht nur er selber wahr. Wir sind nicht dadurch in seiner Gegenwart, daß wir endlich unsere Gedanken gebändigt hätten, an nichts anderes mehr zu denken als an ihn. Wir sind bei ihm nicht dadurch, daß wir unsere Gedanken endlich gezähmt hätten, keinen Zweifel mehr aufkommen zu lassen. Sondern wir sind mit ihm zusammen, weil er die Toten nicht mehr tot sein lassen will. Daher tritt er zu uns, weil wir seiner Gegenwart alle Stunden wieder bedürfen, auch wenn wir das gar nicht alle Stunden merken.

Seltsam, wie das hier ganz anders ist, als wir uns das denken möchten: Der ihn, diesen Heiland, braucht, der merkt das so wenig wie ein Toter, und nichts wäre doch so aussichtslos, wie ein Besuch eines Lebendigen bei einem Toten. Aber er kommt doch zu uns und läßt es uns immer wieder sagen. Er kommt, weil er uns lebendig machen will.

Wenn er zu uns tritt, dann ist unsere Selbstgerechtigkeit zu Ende, denn wir können nur sagen: Ich habe es erwartet, ich habe es verdient! Und sie geht auch darin zu Ende, daß wir erst in seiner Nähe merken, wie töricht es war, zu meinen, wir wüßten schon, wie es weitergehen solle, und könnten auch richtige Schritte allein machen.

Und unsere Gedanken über Mitmenschlichkeit werden hier auch gründlich auf den Kopf gestellt. Wir halten es für zeitgemäß und klug, den christlichen Glauben so zu verkündigen, daß wir sagen:

Die Liebe zu Gott beweist sich an der Liebe zu den Mitmenschen! So sagen wir gerne, damit jedermann sehe: Es hat doch einen gewissen Sinn, von Gott zu reden; es kommt etwas Gutes für den Mitmenschen heraus dabei! Das ist gewiß wahr, und in dieser Form, die uns ganz lieb ist, findet sich der Hinweis auf die Liebe zu Gott und die Liebe zu Menschen auch wirklich in diesem Brief.

An dieser Stelle aber hat Johannes den Satz auf den Kopf gestellt und gesagt: Daran erkennen wir, daß wir Gottes Kinder lieben, wenn wir Gott lieben und seine Gebote halten! Warum wird das so „andersherum" gesagt? Wir sollen daran erinnert werden, wo die lebendige Liebe anfängt. Wir sollen uns merken: Das, was du und ich Liebe zum Menschen nennen, das ist lebendige und heilende Liebe nur, wenn sie gespeist wird aus der Liebe, die zwischen Gott und dir angefangen hat. Dann erst fließt „lebendiges Wasser" von unserem Leben weiter zum anderen, wenn Gott selber mit seiner Liebe mich, den Toten, lebendig gemacht hat, wenn ich bei ihm „trinke". Denn so heißt der Spruch im Johannes-Evangelium ganz: Wen dürstet, der komme zu mir und trinke, und wer an mich glaubt (wer mit mir zusammenbleibt), von dessen Leibe werden Ströme lebendigen Wassers fließen!

Dieses lebendige Fließen läßt sich nicht in Gang bringen, wenn du dich abmühst, die Not des anderen siehst und den besten Willen hast. Von Toten kann nichts Lebendiges fließen. Brüste dich daher nicht damit, daß du schon wüßtest, was der Mensch neben dir braucht. Brüste dich nicht damit, du könntest ihm helfen. Du und ich, wir haben tote Hände und ein totes Herz. Du und ich, wir haben nichts Lebendiges zu geben, wenn er nicht selber den Toten lebendig macht. So ist denn unsere Selbstgerechtigkeit zu Ende, mit der wir stolze Programme entwerfen und Aufgaben übernehmen wollen. Jetzt will er kommen und nur er kann alles tun.

Und er kommt, um etwas zu tun. Mit ihm zusammenkommen, das ist nicht gemeint als Erquickung nur für dich, sondern als neue Lebenskraft, die du weitergibst an andere. Ein Mensch in der Nähe Jesu darf nicht „frommer Selbstversorger" bleiben und kann es auch nicht. Das meint nur ein Toter, daß „der Glaube" darauf hinauslaufe. Glaube läuft — nein: strömt! — in lebendigen Kräften zu dem anderen hin. Wer das Weiterfließen verstopfen möchte, dem versiegt selber wieder das Leben, das aus Gott quillt.

Er macht uns Tote lebendig, damit er lebendige Glieder für alle seine Kinder in der Welt bekommt. Und damit ist Schluß für unsere Selbstgerechtigkeit, auch für unsere fromme Selbstgenügsamkeit. Der Tote wird lebendig gemacht.

Weil er zu uns kommt, endet auch der ständige Selbstvorwurf: Aber ich tauge doch nichts, ich schaffe doch nichts, nun habe ich schon wieder dies oder das verdorben! Das weiß er. Er kennt unsere vergiftende Leblosigkeit besser als wir. Aber er kommt nicht zu uns, um uns kritisch zu betrachten, sondern um uns mit seinem nahen Leben anzustecken. Er kommt nicht, damit wir uns unter seinem Blick als die Unwürdigen verkriechen, sondern er kommt, damit wir uns in seine Arme flüchten können. Und auch wenn an unsereinem kein Wort echt ist und kein Gedanke, nicht einmal die schönen Worte, die wir mit zunehmender Leidenschaft über die Liebe sagen, er fängt uns *doch* auf.

Das ist „Vergebung der Sünden", daß er nicht wegläuft vor den Toten, weder vor dir, noch vor dem neben dir, noch vor mir. Du kannst es selber bei ihm erlernen und merken, wie man sogar einen kalten, widerwärtigen und drückenden Menschen festhält — und kannst es mit ihm auch nun an anderen tun: „Seine Gebote sind nicht schwer!"

Seine Gebote sind nicht schwer? Ich habe selten einen unmöglicheren Satz gehört! Wenn es nur die Gebote wären, die unser Leben einzäunen, damit es nicht in das Leben anderer hineinwuchert — die zehn Gebote — dann wäre das schon schwer genug. Aber wenn es gar die Weisung sein sollte, einen anderen zu tragen und zu ertragen, sogar herzlich zu lieben, dann sind seine Gebote doch unerfüllbar?! Unerfüllbar bleibt es doch, Menschen immer liebevoll zu tragen! Es sei denn, daß er selber mich trägt. Nicht wahr, dann trägt er ja alles andere mit, was mir so schwer auf den Armen und auf dem Herzen liegt.

„Seine Gebote sind nicht schwer" — so ungezwungen soll das möglich sein, wo doch unsere Achtung vor uns selbst alle Stunden wieder kaputt geht, wenn wir nicht ganz geschickte Lügner sind, und wo doch unsere Liebe zum Nächsten ständig am Nächsten wieder kaputt geht? Und weder ist der Nächste liebenswürdiger geworden, noch bist du selber liebesfähiger geworden!

Aber obwohl das so ist, und der Spiegel deines Gewissens zeigt dir gar keinen christlichen Helden, sondern noch immer den kleinen schäbigen Wichtigtuer, ist er doch gekommen und spricht: Ich jedenfalls halte nun bei dir aus!

„Das ist die Liebe zu Gott, daß wir seine Gebote halten ...“ das heißt: Darauf führt die Liebe hinaus, mit der er zu uns kommt, daß du aufatmend sagst: Du meinst tatsächlich mich auch noch? Und er sagt: Ja, und auch du darfst nun lieben, wie ich liebe. Komm, ich bewege dich. Und das tut er, obwohl wir es immerfort wieder von neuem nötig haben, daß er uns aufhebt und lebendig macht, denn der „Geborene“ will ja jeden Augenblick wieder matt werden und sterben.

Nichts müßte uns geläufiger sein, als daß diese lebendige Liebe sich nicht ein für allemal erlernen läßt, wie man ein Handwerk erlernt, sondern daß unsereiner angezündet werden muß von seinem Licht, damit wir auch nur einen kleinen Augenblick wieder leuchten. Nein, du bist nicht liebenswürdiger geworden und der neben dir ist es auch nicht geworden. Und doch hält dieser Jesus bei dir aus. Er ist nicht nur, wie wir manchmal meinen, eine Persönlichkeit von großem Format, zu deren Denkweise wir uns emporringen müßten, sondern er ist einer, der dich lieb hat und der, wie es heißt, stark genug ist, die Welt zu überwinden.

„Alles, was von Gott geboren ist, überwindet die Welt, und unser Glaube ist der Sieg, der die Welt überwunden hat.“ Diese Welt voller Tod und Kälte, wo wird sie denn von uns überwunden? Da, wo du ihn wieder an dich heran und deinen Heiland sein läßt. Daß die Welt überwunden wird, das hängt mit deinem Geborenwerden zusammen. Diese tote und schreckliche Welt, die hängt nicht in Längen- und Breitengraden dieses Globus, sondern in dir und in mir. Dort fängt er seinen Sieg an.

Eine Welt voll Kälte und Widerstand steckt in dir und in mir, und die Wärme, die von ihm kommt, geht auch in jeder Stunde in dir und in mir wieder in die Todeskälte über. Aber in jeder Stunde beginnt er wieder neu, dich und mich zu wärmen. *Das* heißt für ihn Liebe. In jeder Stunde soll es wieder hinauslaufen auf das Wunder, daß der Tote auferweckt wird, daß du lieben kannst auch dort, wo du gar nicht damit zu rechnen wagst, daß du es vermagst, und nicht meinst, daß der andere neben dir es irgend wert sein könnte.

Wirklich, seine Gebote sind nun nicht schwer. Spuren davon merken wir schon da, wo unsereiner — wie flüchtig und menschlich das auch immer aussehen mag — einen Menschen lieb hat und von einem geliebt wird. Da werden einem Opfer, die unsereiner bringt, gar nicht schwer, sondern unser einziger Kummer bleibt, nicht noch mehr getan zu haben. Das sind schwache Spuren davon, wie leicht es unter bestimmten Umständen werden kann, etwas zu tun, was eine Last scheint und auch Beschwerde ist. Ja, wo Liebe ist, da steht plötzlich alles ein wenig auf dem Kopf, und die gewohnte Trägheit ist wie weggeblasen.

Und unser Text redet davon, wie gründlich dieser Jesus alles auf den Kopf stellen will: Die schweren Gebote sind nicht schwer! Die Liebe zum Nächsten fängt nicht beim Nächsten an, sondern — bei Gott. Dort, wo nur lauter Niederlagen sind, nämlich in dir und mir, da erringt er doch ständig einen Sieg. Dort, wo ein Toter ist, wird doch ein Lebendiger geboren. Und was eine ganze Welt nicht zustande bringt, das geschieht in dir selbst. Und dieser Sieg in dir ist ein Sieg, von dem die ganze Welt zehren kann und den sie nicht mehr zunichte machen kann.

Das Wunder, daß irgendwer neben dir dein „Nächster" wird, das bringt nicht die bloße räumliche Nähe zwischen euch fertig, sondern das bringt nur der fertig, der so fern, unseren Gedanken so unerreichbar scheint. Dieses Wunder bringt der fertig, der als Sieger heute auch zu dir kommt, der mit dir und mir auch heute wieder fertig werden will und fertig werden wird.

Nun wissen wir wenigstens, was dieser Johannes doch alles gewußt hat. Er wußte wirklich alles von unserer Erbärmlichkeit und der Hoffnungslosigkeit der Welt. Aber er wußte auch, daß es in dieser Welt voll Tod und Kälte diesen Sieg gibt und überall und immer wieder geben wird. Den Sieg, der mit dem Kreuzestod Jesu begann. Der Sieg vom Kreuz her, das ist wirklich etwas anderes als eine „Kreuzzugsidee". Das ist auch etwas anderes als Programme und Entwürfe. Das ist Leben für Tote und — Gott sei Dank — Leben für uns und die neben uns. — Amen.

Miserikordias Domini

1. Petrus 2, 21-25

Liebe Freunde!
Ein netter junger Arzt, mit dem ich mich im Gefangenenlager angefreundet hatte, fragte mich eines Tages, welche Krankheitsfälle nach meiner Meinung für den Arzt die schwierigsten seien. Ich packte die Anfangsgründe des medizinischen Wissens aus, die er mir beigebracht hatte, aber er lächelte über meinen Eifer und sagte: Die schwierigsten Fälle sind für uns Ärzte die eingebildeten Kranken und die eingebildeten Gesunden. Die eingebildeten Kranken wollen gar nicht gesund werden und finden immer neue Gründe, Hilfe und Rücksichtnahme in Anspruch zu nehmen; und die eingebildeten Gesunden hören auf keine Warnung und keinen Rat und entziehen sich immer wieder unseren ärztlichen Verordnungen. Beide lassen im Grunde den Arzt nicht an sich heran.
Ich weiß nicht, ob man das so sagen kann, aber es könnte doch wohl stimmen. Es könnte sogar auf ganz anderen Lebensgebieten auch „eingebildete Kranke“ und „eingebildete Gesunde“ geben. Vielleicht auch unter uns Christen.
Nun scheint es ja bei der Frage, ob einer Christ ist, um etwas ganz anderes zu gehen als bei der ärztlichen Behandlung. Wenn einer in ärztliche Behandlung kommt, dann weiß er auch warum. Aber zum Christen wird man ganz unversehens, weil das hierzulande eben christliche Sitte ist. Wen wundert es, daß uns kaum anzumerken ist, daß wir Christen sind?
Böse Leute reden sogar von „Karteichristen“. Ich mag dieses häßliche Wort nicht. Im Neuen Testament kommt es bestimmt nicht vor. Und Pastoren sollten sich besonders hüten, dieses Wort zu gebrauchen. Dann wird man ihnen nämlich sagen: Und was seid ihr? Berufschristen! Und wenn ihr euren Beruf besser verstündet, dann würden die Leute auch nicht nur so als Namenschristen dahinleben. Bitte sehr, betreibt doch einmal euer Geschäft etwas geschickter! Es gibt für euch Anknüpfungspunkte: Vielen Leuten leuchten doch religiöse Gedanken durchaus ein. Beinahe jedem taucht doch einmal der Gedanke auf: Es gibt einen Gott, es muß doch einer sein, der

über dem Ganzen steht. Und in vielen Menschen lebt die tiefe Sehnsucht, es müsse doch irgendwo eine letzte Instanz geben, die Recht und Unrecht auseinanderhält und lohnt und straft. Es wäre ja einfach schrecklich, wenn Unrecht ungestraft bliebe und Sinnlosigkeit die Welt regierte!

Und viele Menschen haben sich in Not an den Gedanken geklammert, es müsse doch einen geben, dem unser Seufzen und Leiden nicht gleichgültig sei, und der durchhilft, wo alle andere Hilfe versagt. Bitte, da sind Anknüpfungspunkte genug. Wenn ihr Pastoren da nur geschickt anzuknüpfen verstündet, dann würden die Leute auch auf euch hören und ihnen wäre geholfen. Ihr müßt natürlich auch ein bißchen mit der Zeit gehen und euch nicht so an den schwerverständlichen Wortlaut der alten Botschaft klammern!

So sagen die Leute, die es durchaus gut mit uns Christen meinen. Dieser altmodische Abschnitt aus dem 1. Petrus-Brief könnte ihnen Grund geben zu sagen: Seht ihr, so etwas kann heute kein Mensch mehr verstehen!

Die Leute haben natürlich recht. Wie schwerverständlich klingt zum Beispiel schon ein Wort aus dem Text, das da ziemlich am Schluß vorkam: Durch seine Wunden seid ihr heil geworden! Das klingt allerdings merkwürdigerweise so, als gehe es auch da, wo ein Mensch Christ wird, um so etwas wie die Heilung eines Kranken.

Das klingt, als wolle jemand hier an uns heran, wie ein Arzt an einen Kranken. Ob es da auch so etwas geben könnte, wie den eingebildeten Gesunden und den eingebildeten Kranken, und beide verstünden die gefährliche Kunst, den „Arzt" nicht an sich heranzulassen? Und zwar einen Arzt, den nicht wir gesucht hätten, sondern der uns sucht?

Dieser alte Schriftabschnitt redet wirklich ganz anders von Gott und von den Christen, als wir sonst davon zu reden pflegen. Wir meinen, ein Christ sei jemand, der sich für Gott entschieden habe. Hier wird aber merkwürdigerweise so geredet, als habe uns jemand gerufen. Das steht nämlich gleich am Anfang: Ihr seid berufen!

Was wir uns unter dem Wort „Gott" denken und ersehen, das mag tief und ergreifend sein, und niemand möge je darüber spotten. Aber dies ganze Buch — die Bibel — ist nicht ein Zeugnis der rührenden Sehnsucht der Menschen nach Gott, sondern das überraschende Zeugnis davon, daß sich einer, den unsere Gedanken nicht erreichen können, unfaßlicherweise nach uns sehnt. Da hat einer nach uns gerufen — damit fängt dieser Text an.

Es war auch in diesem Text die Rede von „Fußspuren“. Da ging es um Fußspuren, denen wir folgen sollten. Aber solche Fußspuren führen erst einmal bis zu uns hin, wie auch dieser Text sagt.

Und zwar führen sie zu Leuten hin, die in „Sünde“ stecken wie in einem Dornengestrüpp und kraftlos sind wie Kranke. Fußspuren Gottes, die zu Menschen hinführen, die jedenfalls ungeeignet dazu sind, den Namen „Kind Gottes“ zu tragen. Zu allen möglichen Leistungen mögen wir geeignet sein: zu Leistungen für Orden und Auszeichnungen, geeignet dazu, es in dieser Welt zu etwas zu bringen. Aber dazu, den Namen „Kind Gottes“ zu tragen, sind wir mit Sicherheit ungeeignet. Und auf solche Leute wie unsereinen führen seine Fußspuren zu! Er kommt nicht zu einigen, zu den Besseren vielleicht, sondern die Sache kommt so zustande, daß er uns allen nachläuft und alle heilmachen möchte, wie wenig wir auch davon verstehen mögen oder uns danach sehnen mögen.

Ich weiß wohl, daß es vielen Leuten Bedenken macht, daß bei uns ahnungslose Kinder getauft werden, denn Kinder können sich ja noch nicht für irgendetwas entscheiden und können nichts verstehen! Das ist ganz gewiß richtig. Aber wir verstanden ja auch nicht, was „Leben“ heißt, und wurden doch eines Tages geboren. Nun aber führen Gottes Fußspuren in diese Welt, in alle Welt und auch bis zu uns: Ihr seid berufen, ihr gehört zu denen, die „heil“ werden sollen, für euch hat Christus gelitten!

Diese Worte von Kreuz und Leiden Jesu klingen uns vertraut. So redet die Kirche eben, und das mag in der Kirche auch manchmal eine Redensart geworden sein, bei der wir uns nicht viel zu denken vermögen. Aber Er denkt sich etwas dabei, der sich da herabbückt zu lauter Schuldigen und Kraftlosen und will sie sich nicht nehmen lassen, sondern sie aufheben und auf die Füße stellen. Nicht *wir* fassen in der Taufe zu, sonder *er* faßt zu, faßt voller Liebe und Sehnsucht nach einem Ahnungslosen, um ihn auf die Füße zu stellen: Nun komm auf die Füße und komme mit mir!

So ist er auch zu uns gekommen, und wir ahnten bei unserer Taufe ganz gewiß nichts und fühlten nichts. Für uns mag das ein bloßer Name sein, daß wir seither Christen heißen. Für ihn ist das aber kein bloßes Gerede, daß unser Name und sein Name in der heiligen

Taufe zusammen genannt wurden. Mag Taufe für uns „Formsache“ sein, für ihn ist es eine heilige Taufe, und wir dürfen ihn nun wirklich beim Wort nehmen, denn er hat es nicht vergessen: Du und er, ich und er, wir hängen jetzt zusammen. So ernsthaft und kraftvoll ist das gemeint, daß seine Fußspuren bis zu uns hinführen.

Und da sind wir natürlich schon wieder am Kopfschütteln: Wenn das so ernsthaft und kraftvoll gemeint ist, wie geht es dann zu, daß diese Welt von uns Christen so wenig hat? Christen werden doch einmal der „Sauerteig“ genannt, da müßte doch Brot zustande kommen, Kraft zum Leben, wo Christen sind? Und Christen werden „Licht der Welt“ genannt, aber sie machen nichts heller, sondern manches noch verworrener? Und sie heißen „Salz der Welt“ — es dürfte nicht so fade zugehen in der Welt, wenn Christen Christen wären!

Aber ach, Christen sind doch rare Vögel, solche Christen, an denen die Ernsthaftigkeit und Kraft ihres Herrn erkannt werden kann. Hier steht zwar so häufig, daß er unsere Sünden getragen hat und daß wir heil geworden sind, daß wir seinem Vorbild nachfolgen dürfen, daß wir nicht mehr verirrte Schafe sind. Aber wir kommen nicht voran und wissen nicht, wo es eigentlich hingehen soll. Wo steckt denn unsere verhängnisvolle Kunst, kein Christ zu sein, wenn es unser Herr an nichts fehlen läßt?

Denken wir noch einmal an die Geschichte von dem eingebildeten Kranken und dem eingebildeten Gesunden, die beide den Arzt nicht an sich heranlassen, obwohl er vor ihnen steht und ihnen helfen kann und will.

Vor dem Christen steht auch einer, der die Menschen nicht so herumirren lassen will: „Ihr waret wie die irrenden Schafe, aber ihr seid nun bekehrt zu dem Hirten und Bischof eurer Seelen.“ Ob ihr auch hilflos seid wie verlaufene Schafe, jetzt habt ihr einen Hirten!

Es ist ja nun nicht gerade eine Auszeichnung, wenn uns jemand ein „Schaf“ nennt. Wir sind im Gegenteil eifrig darauf bedacht, eine andere Art zu zeigen als die „Schafsart“, die hinter jemandem herläuft und keinen Schritt ohne einen Hirten zustande bringt.

Es ist daher nicht erstaunlich, daß wir Christen viel lieber Löwen sein möchten. Löwen sind stark und sich ihrer Stärke bewußt. So möchten wir auch unseren Christenstand erleben als ein Wunder, daß uns die Versuchung von gestern heute nicht mehr verlockt; daß die Schwäche und üble Gewohnheit von gestern heute völlig abgefallen ist, daß wir verwandelt sind, großartig, herrlich, ansehnlich. Wir möchten Eindruck auf unsere Mitwelt machen und sagen daher vieles, was den Ohren der Mitwelt schmeichelt. Ich entdecke diese Schwäche keineswegs nur an irgendwelchen anderen Leuten, sondern leider auch an mir selber. Wer könnte sich auch von Modekrankheiten frei halten, zumal wenn es sich um christliche Modekrankheiten handelt?

Ich möchte mit dem, was ich sage, niemanden kränken oder herabsetzen. Ich möchte nur ganz vorsichtig auf eine christliche Modekrankheit hinweisen: Eindrucksvoll sich schuldig zu bekennen. Mir scheint aber, Schuldbekenntnisse taugen nur, wenn sie jemand ausspricht auf die Gefahr hin, sich damit ans Messer zu liefern und für seine Schuld auch zur Verantwortung gezogen zu werden; bestraft zu werden für erwiesene und eingestandene Schuld. Wer aber Schuldbekenntnisse ablegt, um — wie er sagt — „im Gespräch zu bleiben", der schielt auf die Wirkung und mißbraucht das Wort „Schuldbekenntnis"; der will möglicherweise nur auf eine besonders raffinierte Art den eindrucksvollen Löwen spielen; es gibt ja auch die geschickte Methode, sich größer zu machen, indem man sich ganz demütig stellt.

Alles Versuche, als Christ den Löwen zu spielen. Und es läuft hinaus auf löwenmäßige Programme: Jesus das Vorbild. Dann liest man einfach nur *den* Abschnitt unseres Textes, der eindrucksvolle Grundsätze unseres „Vorbildes" nennt: Er tat keine Sünde, es fand sich kein Betrug in seinem Munde, er schalt nicht, wo er gescholten wurde. Und wir meinen, das gebe nun ein herrliches Programm.

Und ich wäre der Letzte zu leugnen, wie herrlich dieses Programm ist und daß dies alles tatsächlich unser Weg sein soll. Aber es ist kein Programm für eingebildete Gesunde, die keinen „Arzt" an sich heranlassen, sondern meinen, es bedürfe nur einfacher Hausmittelchen, eine tote Welt lebendig zu machen. Eingebildete Gesunde, sie wollen Christen sein und Löwen zugleich. Ihnen genügt ein Vorbild, ein Hinweis, und schon meinen sie, nun könnten sie alles durch sich selbst. Sie? Wir alle möchten so gerne Löwen sein. Die Stimme reicht weit, aber aus den Schritten will nichts Rechtes werden.

Löwen sind imposante Kreaturen. Schafe, die einen Hirten brauchen, sind ganz und gar nicht eindrucksvoll. Eingebildete Gesunde übersehen die Fußspuren, die zu ihnen hinführen: Nur durch den, der zu ihnen kommt, werden sie heil. Und nur, wenn sie demütig Schritt für Schritt bei ihm bleiben, bleiben sie heil und vermögen mit ihm seinen Weg zu gehen. Programme, auch christliche Programme sind für eingebildete Gesunde. Den Arzt lassen wir damit nicht an uns heran.

Und wo sind die eingebildeten Kranken? Die eingebildeten Kranken lesen in unserem Text nur den Abschnitt von Kreuz und Sünde: Welcher unsere Sünden hinaufgetragen hat auf das Kreuz! Wie wahr! — seufzen sie. Wie bin ich doch kraftlos! Ich kann gar nichts tun, ich merke jeden Tag, wie meine Kräfte und Vorsätze versagen. Wenn es sich um körperlich Kranke handelte, müßten wir hier von „Simulanten“ sprechen. Das ist ein sehr häßliches Wort und bezeichnet Leute, die lieber im Bett bleiben, obwohl sie gesunde Beine bekommen haben. Sie finden es einfach schön zu jammern und sich bejammern zu lassen.

So gibt es eine Art, Christ zu sein, bei der wir ständig nur die eigene Schwäche bekennen und sie zugleich als Ausrede für unsere Untätigkeit gebrauchen.

Aber die Fußspuren Gottes führen in Jesus Christus bis zu uns hin — nur dadurch gewinnen wir Kraft — und sie führen nun auch weiter und in die Welt. Der Weg, der vor uns liegt, ist nicht ein langer Marsch, den wir mit eigenen Kräften und eigenem Verstand unternehmen. Nachfolgen seinen Fußstapfen — da geht es voran, aber freilich nur Schritt für Schritt und nur, wo wir uns an unseren Hirten drängen.

Laßt uns darüber nachdenken, ob wir eingebildete Gesunde sind oder eingebildete Kranke. Blickt euch nicht danach um, ob es das irgendwo in der Welt gibt, sondern fragt euch danach. Ihr seid Christen nicht, weil euch etwas Kluges eingefallen ist, sondern weil seine Fußspuren bis zu uns hinführen. Und zu wem seine Fußspuren führen, der kann nun in aller Hilfslosigkeit und bei aller Schwäche Schritt für Schritt mit seinem Hirten gehen.

Ihr habt mich nicht erwählt, spricht er, sondern ich habe euch erwählt, und führe dich Schritt für Schritt. Ich bin der gute Hirte, auch deiner; ohne mich könnt ihr nichts tun — aber ohne mich braucht ihr nun auch nicht einmal einen einzigen Schritt mehr zu tun. — Amen.

Jubilate

1. Petrus 2, 11-20

Liebe Freunde!

Es tut mir beinahe leid, euch diese „altkirchliche Epistel" zuzumuten. Daß sie „alt" und „kirchlich" ist, merkt man deutlich. „Seid untertan . . ." — welcher moderne Mensch wagt, so etwas zu fordern? Und „kirchlich" mag es ja sein, von „aller menschlichen Ordnung" etwas zu halten. Aber können Christen es sich denn noch leisten, so unbesehen für die Erhaltung der Ordnung einzutreten, wenn sich die Aufgabe stellt, neue Lebensformen für eine neue moderne Welt zu suchen? Muß man nicht da aus den alten Ordnungen erst einmal heraus wie aus zu eng gewordenen Schuhen oder einem zu eng gewordenen Anzug, der überall drückt und schon aus den Nähten reißt?

Unser Textabschnitt kann bestimmt den Leuten nicht gefallen, die in ihrer Bibel nach Stellen suchen, die uns Christen einen Anstoß geben könnten, die Verwandlung der Welt in Gang zu bringen und in Gang zu halten. Eine „Theologie der Revolution", wie man so etwas nennt, läßt sich aus diesem Abschnitt wirklich nicht gewinnen. Andere Leute können nun wieder triumphieren und sagen: Da seht ihr es, daß wir recht haben; auch die Bibel sagt, daß die Christen einen anständigen Lebenswandel zu führen haben, Zucht und Ordnung halten sollen und die Politik anderen Leuten überlassen sollen. Durch Gehorsam und Unterordnung halten die Christen die menschliche Gesellschaft im Gang. Frömmigkeit, das ist gewissermaßen das Öl im Getriebe der menschlichen Gesellschaft!

Haben wir unseren Text richtig verstanden, wenn wir ihn so hören? Ganz gewiß liefert unser Text keinen Sprengstoff, um die Ordnung der Welt in die Luft zu sprengen. Aber stimmt es, daß diese Worte Öl in das Getriebe der Gesellschaft bringen sollen? Worauf will unser Mann denn hier hinaus, wenn er es unternimmt, im Namen Gottes zu seinen Mitchristen zu reden?

Wer den Anfang des Kapitels nachliest, der wird merken, daß hier einer getauften Leuten sagen will, worauf nun ihr Leben als getaufte Christen hinauslaufen soll. Es wird hier nicht gefordert, daß etwas in der Welt geändert werden soll, sondern davon ausgegangen, daß sich etwas sehr Wichtiges bereits geändert hat — und das, obwohl die Welt um die Leute herum aussieht, wie sie vorher aussah.

Da heißt es unmittelbar vor unserem Text: Ihr waret „nicht ein Volk“, also gewissermaßen ein „Unvolk“, jetzt aber hat euch Gott, der Herr, zu einem Volk gemacht, und zwar zu *seinem* Volk. Ihr waret ein „Unvolk“, das heißt doch wohl: Ihr waret Leute, die gar nicht zueinander finden und gar nicht beieinander bleiben konnten. Aber jetzt gehört ihr zusammen, und zwar nicht, weil ihr es euch vorgenommen hättet, sondern weil sich ein anderer das vorgenommen hat, euch zusammenzubringen und bei sich und beieinander zu behalten.

Es liegt nicht in der Luft, daß Menschen zueinander kommen. Es ist ja gerade unsere Not, daß Menschen, die so gerne sich einigen möchten und immer wieder einmal dazu große Anläufe unternehmen, zwar eine Weile meinen, es sei nun alles geeint — aber dann bricht das Geeinte wieder auseinander. Das gibt es in der Weltgeschichte ständig. Es sollte uns nicht verblüffen, wenn auch wir das ständig erleben.

Es ist fast zum Lachen: Da waren wir einmal hierzulande so einig, daß man Regierung und Opposition beinahe nicht mehr voneinander unterscheiden konnte. Aber wir ertragen es nicht, einig zu sein; wir müssen irgendwie gegeneinander sein. Merkwürdige Sache!

Hier im Text wird zu diesen menschlichen Bemühungen und Erfahrungen nichts weiter gesagt; hier wird nur davon geredet, daß sich jemand — und wir nennen ihn Gott — daran gemacht hat, Menschen zueinander zu bringen, und zwar so, daß sie es miteinander aushalten können und sogar mit den anderen, die von Gott gar nichts wissen und gar nichts wissen wollen. Sie werden nicht über neue Methoden der Völkerversöhnung belehrt, sondern sie haben es nicht mehr nötig, zu fürchten und zu hassen, weil jemand sie merken läßt, daß er ihnen nahe ist. Wie jener „jemand“ das macht, das weiß nur er selber. Die Leute aber haben jedenfalls gemerkt, daß ihnen nicht bloß Petrus oder Paulus Reden über Gott hielten, sondern daß da unversehens jemand zu ihnen kam, und dadurch wird ihnen anders um das Herz. Sie sehen einander nicht mehr voller Mißtrauen an, sondern voller Verwunderung. Sie bleiben beieinander, sie finden zueinander, sie halten es miteinander aus.

Und nun — das sagt dieser Abschnitt — sollen sie es sogar bei den anderen aushalten. Bei Leuten, die weder von Taufe, noch Bekehrung, noch von diesem Jemand etwas wissen oder auch nur wissen wollen. Unter ihnen gehen die Getauften jetzt als Leute herum, mit denen sich Gott etwas vorgenommen hat in dieser Welt, in der man sich sonst nur einigt, um sich schleunigst wieder zu zerstreiten.

Aber geht diese Welt denn die Christen etwas an? Unser Text nennt sie doch Pilger und Fremdlinge! Das klingt ja wieder so, als ob die Christen sich in dieser Welt fremd fühlen und sich von dieser Welt absetzen sollten. Man hat das Wort „Pilger" schon manchmal so verstanden, als sollten die Christen sich im Abstand halten von dieser Welt, die eigentlich nicht so richtig versteht, wo diese Christen ihr Recht und ihren Herrn und ihre Weisung und Leitung herhaben.

Aber hier muß ich etwas erklären. Pilger — das sind nicht Zigeuner, die mit dem Zigeunerwagen außerhalb der Orte durch die Welt ziehen. Sondern Pilger haben ein Ziel vor sich. Und „Fremdlinge", die sind zwar hier nicht zuhause, aber ein Bürgerrecht haben sie, und ein Zuhause haben sie, und einen Herrn haben sie auch und gehören zueinander. Sie sind nicht darauf angewiesen, es „unterwegs" zu etwas zu bringen, in dieser Welt sich dauerhafte Rechte zu erwerben. Ihr Bürgerrecht, ihr Heimatrecht ist bei ihrem Herrn. Und wenn es hier heißt: Ihr Pilger und Fremdlinge, enthaltet euch! — dann heißt das eben nicht: Haltet euch von den anderen zurück, als wären sie ansteckend! — sondern: Paßt auf, denkt daran, wohin ihr gehört! Die Grenze, die ihr im Auge behalten müßt, die läuft nicht zwischen euch und irgendwelchen anderen Leuten, sondern die läuft genau durch euch selber mitten hindurch. „Enthaltet euch von den fleischlichen Lüsten, welche wider die Seele streiten!" — das zeigt ja deutlich, daß die Gefahr in uns steckt. Es klingt zunächst so, als werde uns hier ein Stück Enthaltsamkeit gepredigt. Aber Enthaltsamkeit wovon? Was ist denn „fleischlich"? Das könnte man in diesem Brief nachlesen, das steht im ersten Kapitel: Alles Fleisch ist wie Gras und alle Herrlichkeit des Menschen. Alles das, was dem Menschen so furchtbar wichtig erscheint, woran er sich verzweifelt klammert, solange er noch nicht sein „Bürgerrecht" bekommen hat, das ist es, das man mit Vorsicht betrachten sollte. Der Eifer, mit dem andere nach allerhand Plunder greifen, steckt an! Darum Vorsicht!

Und „Seele", das ist das Leben, das mit der Taufe zugesagt und gegeben wird: Höre zu, du bist jetzt mein Kind, mein Bürger, und das Bürgerrecht nimmt dir keiner mehr!

Die Grenze läuft also zwischen unserem Verlangen, uns in dieser Welt recht günstig einzurichten — das kann man übrigens auch mit christlichen Redensarten großartig fertigbringen — und der Freude an dem Platz und Bürgerrecht bei Gott.

Das ist eine andere Grenze als die zwischen viel Geld haben oder wenig Geld haben. Ich habe da kaum große Unterschiede festgestellt. Es gibt Leute, die viel Geld haben, geizig sind, und es gibt Leute, die wenig haben, die sind dann neidisch. Das heißt: Beide Male hängen sie an etwas Vergänglichem fest, ob sie es nun haben oder ob sie es nicht haben. So ist es mit sehr vielen anderen Dingen auch. Der Grenze, an der sich zeigt, ob ich mein Bürgerrecht und meinen Platz bei meinem Herrn im Gedächtnis halte, bin ich immer dann gefährlich nahe, wenn ich mißtrauisch, ängstlich, besorgt und undankbar werde. Da bin ich bestimmt wieder ein Stück von meinem Platz neben meinem Herrn weggeraten. Wo ich aber wieder Vertrauen bekomme und dankbar bleibe und nicht weich werde, auch wenn mich manches drückt, dann — glaube ich — bin ich ihm nahe genug geblieben. Das ist die einzige Grenze, die zu überschreiten du dich hüten müßtest.

Nicht die anderen können dich und mich um das Bürgerrecht bringen und um den Platz als Gottes Kind, aber du selber und ich selber. Paß auf, mein Lieber! Paß auf! Wenn du deinen Platz bei deinem Herrn nicht hältst und dein Leben nicht von ihm zu einem kleinen Loblied machen läßt alle Tage, woran sollen es dann die anderen merken, wie nahe er ist? An deiner Festigkeit, an deinem Vertrauen und an deiner guten Geduld könnten die anderen dann an dem Tage, „an dem es ans Licht gebracht wird", an dem es ihnen auf einmal aufgeht, merken, daß du das alleine gar nicht fertig gebracht hast. Dann finden sie den auch, der Menschen zu sich zieht und zueinander bringt und bei sich hält. Anderen zuliebe achte auf diese Grenze! Das ist sehr wichtig!

Es geht hier nicht darauf hinaus, daß wir Christen uns auf Hochglanz polieren, damit Gottes Auge wohlgefällig auf uns ruht. Sondern wir sollen uns an ihm so festhalten, daß die anderen merken, was er sogar mit solchen Figuren, wie wir es nun einmal sind, doch noch fertigbringt, nämlich, daß sogar wir „Freie" werden.

Denn das ist das zweite große Stichwort, das jetzt kommt. Ihr seid Leute mit einem Bürgerrecht, das nicht von hier stammt und das euch auch keiner hier nimmt und nehmen kann, und damit seid ihr freie Leute geworden.

Das scheint allerdings eine sehr seltsame Freiheit zu sein, denn die Rede ist anschließend vom Staat, vom Gehorsam und vom Ertragen der Sklaverei, denn „Knecht" heißt „Sklave". Wie können Leute, die in so jämmerlichen Verhältnissen sind und so angebunden sind — wie können die frei sein?

Das Stichwort „Sklave" ist übrigens vielleicht nicht so überholt, wie man manchmal meint. Natürlich, die Einrichtung der Sklaverei gibt es nicht — und doch gibt es sie noch! Damit meine ich nicht, daß es noch immer Abhängigkeit von Willen und Willkür anderer Menschen gibt, so sicher das stimmt. Ich denke vielmehr an die Sklaverei, daß ich aus bestimmten Beschränkungen meines Lebens, aus bestimmten Verpflichtungen gegenüber belastenden Menschen nicht loskomme, so wenig loskomme, als wäre ich Sklave und hätte eine Kette am Bein. Diese Art Sklaverei hat nicht aufgehört. Ich fürchte, sie wird auch nicht aufhören. Ob ich nun gebunden bin durch Krankheit, eigene oder anderer, oder durch äußere Umstände, ich bin so fest angebunden, daß dagegen ein Sklave alter Art noch ein freier Mann gewesen ist. Ja, und sollte es möglich sein, in solchen drückenden Ketten frei zu werden?

Ich weiß, wieviele Leute über Freiheit reden, viel klüger reden, als ich das kann: Freiheit wovon, Freiheit wozu! Und dergleichen mehr. Ich habe eine ganz kindliche Meinung über die Freiheit. Ich meine: Um frei zu sein, muß man etwas haben; um frei zu sein von Angst, muß man Sicherheit haben; um frei zu sein von Hunger, muß man etwas zu essen haben; um frei zu sein von Not, muß man Schutz haben. Man muß etwas haben, um frei zu sein. Es ist Unsinn, von „Freiheit" zu reden, wenn einer nichts hat. Also wenn wir frei sein sollen, dann müssen wir ja wohl etwas haben.

Und was haben diese „Fremdlinge", was sie frei macht? Sie haben jemanden, von dem dann, wenn man in unserem Bibeltext umblättert, geschrieben steht: Alle eure Sorge werft auf ihn, denn er sorgt für euch. Wenn man so jemanden hat, dann kann man mit einer größeren Gelassenheit das besehen, was man besitzt, gegeben bekommt oder auch einmal genommen bekommt.

Und dann kann man auch mit einiger Gelassenheit in die Verhältnisse dieser Welt hineinschauen. Es ist bemerkenswert, wie gelassen hier davon geredet wird, daß es da einen Staat gibt, der sich durchsetzt und macht, was er will, von den Leuten auch einiges verlangt und durchaus nicht immer das Richtige verlangt. Hier aber steht ganz schlicht: Seid untertan aller menschlichen Ordnung! Und die ist oft eine „allzumenschliche" Ordnung. Das ist eine erstaunliche Anerkennung, und sie gilt sogar einer Staatsform, die beileibe nicht so fortschrittlich ist wie die unsere, wo jeder einigermaßen mitzureden hat und mitreden kann, seiner Empörung Luft geben kann, ohne daß er gleich etwas zu befürchten hat. Das war zur Zeit der Römer anders. Hier aber steht: Seid untertan, ihr könnt es aushalten, ihr Freien!

Der Punkt, auf den es hier ankommt, ist offenbar nicht der Unterschied zwischen der einen Staatsform und einer anderen, sondern der Unterschied zwischen einem freien Menschen in Jesu Nähe und einem, der darauf angewiesen ist, sich seine Freiheit durch Staatsform oder andere Methoden verschaffen zu müssen. Den Christen wird gesagt: Hört einmal, eure Freiheit ist euch bereits gegeben; ihr habt jemanden, ihr gehört zu jemandem und dürft beieinander bleiben. Darum als die Freien, als Knechte Gottes, um des Herren willen könnt ihr mit einer bemerkenswerten Unbefangenheit anerkennen, daß der Staat, der noch immer eine klägliche Sache bleibt, ein Stück Ordnung aufrecht hält. Was die Staatsmänner nicht einmal sehen, ihr wißt es, ihr Christen: Auch Staatsmänner gebraucht euer Herr, wie er will, und auch über ihnen sitzt er; diesen Herrn habt ihr nicht eingesetzt, den werden jene auch nicht absetzen, darum habt keine Furcht!

„Tut Ehre jedermann, habt die Brüder lieb, fürchtet Gott, ehret den König!" Das konnte so einfach nur gesagt werden in einer Zeit, in der die Christen das noch nicht so mißverstehen konnten, als sollten sie das vom römischen Staat geforderte Opfer für den Kaiser darbringen. Das spricht dafür, daß unser Text schon sehr früh geschrieben wurde. Später war es so weit, daß man das „Ehret den König!“ nicht mehr Christen so ohne Erklärung hätte sagen können. Später wäre das nämlich als Aufforderung verstanden worden, durch Teilnahme am Kaiserkult anzuerkennen, daß der Kaiser und der Staat etwas Göttliches sind. Dazu haben aber die Christen stets eindeutig gesagt: Von Gott und Göttlichkeit des Staates und des Kaisers kann überhaupt keine Rede sein. Das sind Menschen wie wir auch. Sie haben die Aufgabe, eine notdürftige Ordnung zu halten; und sie wissen meistens nicht einmal, wer ihr Auftraggeber ist und ihr Richter sein wird, den sie über sich haben. Der Staat bleibt ein Notbehelf für die Nöte dieser Welt; er ist nicht das Schiff, mit dem die Menschen zum anderen Ufer fahren; er ist es nicht, der den Christenmenschen die Freiheit verschaffen kann. Christen sagen ganz nüchtern: Es gibt keine Gesellschaftsform, die den Menschen frei macht; denn um frei zu sein, müßte man nicht nur einiges los sein, sondern vor allem viel mehr haben: nämlich einen haben, der uns alle Sorgen abnimmt.

Die Christen sind so frei und stark, daß sie nicht einmal dem Staate, dessen Mangelhaftigkeit sie genau kennen, den Gehorsam kündigen. Die Grenze für den Gehorsam geht nicht einmal dort, wo sie persönlich leiden; sie geht aber dort, wo ein anderer zu Leiden kommt. Da haben die Christen aufzupassen, und da haben sie aufgepaßt; da sollten sie immer aufpassen, wo ich einem anderen Luft machen muß, daß er nicht zerdrückt wird durch Macht und nicht bedrückt wird durch Unordnung, die sich Ordnung nennen läßt. Da habe ich als Christ zuzufassen. Was ich dann fertigbringe, ist freilich nicht mehr, als daß es den Leuten ein wenig Luft verschafft. Nicht wo es um mich geht, sondern wo es um andere geht, da habe ich als Christ zuzufassen. Es kann auch manchmal eine Regierung sein, der ich helfen und etwas Luft verschaffen müßte.

Aber als Christ weiß ich vor allem, woher ich innerlich „Luft“ bekommen kann, um die Welt in ihrer Unvollkommenheit zu ertragen. Richtlinien und Prinzipien verschaffen nicht die Kraft, die das erfordert. Richtlinien haben Christen auch niemals bekommen, sondern immer jemanden, der zu ihnen sagt: Komm einmal mit, ich brauche dich in dieser Welt und für diese Welt! Komm einmal mit, ich mache dich frei von deiner Schuld und Hoffnungslosigkeit, auch von der Hoffnungslosigkeit, daß auf dieser Welt das, was du heute baust, morgen wieder einfällt — weshalb mancher überhaupt nicht mehr bauen mag. Ich mache dich frei von der falschen Hoffnung, du brächtest jetzt als Christ etwas fertig, was durch alle Zeiten strahlt als die großartige Lösung. Das wird auch nicht sein. Auch du wirst hier in dieser Welt nur bei Notbehelfen Hand anlegen können.

Ich mache dich frei von der Furcht, es sei alle Arbeit in dieser Welt vertan und alles verloren. Ich mache dich frei von der Furcht, Verantwortung mitzutragen und Verantwortung zu übernehmen, wenn auch in dieser Welt, in der Macht zugleich erhält und zugleich verdirbt und zerstört, alles zweideutig bleibt.

Komm mit! Du gehst als mein Pilger nämlich Schritt für Schritt mit mir zusammen; ich brauche dich und deinesgleichen, um den anderen Lasten zu erleichtern, unter denen sie mich gar nicht hören können. Du bist ja jetzt bei mir und hast soviel Freiheit, daß du dich einfügen kannst, ohne dich zu verkaufen an irgendwelche Gesellschaftsordnung, an irgendeine Ordnung, so wenig wie du dich zu verkaufen brauchst an das Reichsein oder an das Armsein, an das Gesundsein oder an das Kranksein. Ich halte dich immer fest.

Du kannst dich einfügen. Du lebst in einer Welt, in der du siehst, wie erstaunlich schnell das, worauf man sich verließ, zerschlagen werden kann. Und höre zu, sagt er, ich brauche dich, damit es in dieser Welt auch Leute gibt, an denen andere sehen können, wie erstaunlich Menschen sogar das ertragen können in Geduld und Gelassenheit und dabei guten Mutes bleiben, weil sie es keinen Tag und keinen Schritt allein tragen müssen. Also komm, mein Pilger, mein freier Mann; greife mit zu, du wirst sehen, wo Hilfe nötig ist! Laß dich nur nicht von mir weglocken, weder durch Verzweiflung noch durch falsche Hoffnungen! Eines ist nur wichtig, daß du dich von mir gebrauchen läßt und immer wieder fragst und auf mich hörst, was ich dir sagen will.

Ich glaube, etwas davon hat er uns heute sagen wollen. — Amen.